民法典总则编
重大疑难问题专题研究

米新丽 等 / 著

中国法制出版社

CHINA LEGAL PUBLISHING HOUSE

作者简介

米新丽　首都经济贸易大学法学院教授

张世君　首都经济贸易大学法学院教授

王德山　首都经济贸易大学法学院教授

翟业虎　首都经济贸易大学法学院教授

刘润仙　首都经济贸易大学法学院副教授

郑文科　首都经济贸易大学法学院副教授

陶　盈　首都经济贸易大学法学院副教授

李晓娟　首都经济贸易大学法学院讲师

张　娜　首都经济贸易大学法学院讲师

徐　冲　北京市丰台区人民法院民三庭庭长

陈颖奇　北京市丰台区人民法院民三庭法官助理

叶呈嫣　中南财经政法大学公共管理博士后研究人员，

　　　　马克思主义学院讲师

卫洪光　中国人民大学法学院博士研究生，

　　　　东京大学社会科学研究所客座研究员

刘　娜　宜春职业技术学院教师

　　《民法典总则编重大疑难问题专题研究》是在我们承担的教育部人文社会科学重点研究基地重大科研课题《民法总则重大疑难问题专题研究》（14JJD820005）的最终研究成果上丰富而来。本书选取了《中华人民共和国民法典》总则编当中的重大疑难问题，强化和突出以民法为社会实践服务的基本思路，针对中国特色社会主义建设中反映到民法上的实际问题，特别是在民事审判中反映出来的现实问题，进行理论联系实际的分析，提出解决的方法和对策，突出民法学在解决现实问题中的特色和优势。

　　课题研究过程中，课题组成员形成了以下共识：第一，总则是整个民法的领头羊，在研究总则的部分或者全部问题时，不能仅仅着眼于这一问题本身，而应当考虑到该问题在其他一些民事法律制度中的应用，使之具有普遍的适用性；第二，通过对总则中的若干重大疑难问题进行研究，形成具有独立见解的观点，为民法典的科学性、民族性和社会适用性贡献我们的智慧；第三，总则理论博大精深，中外民法学家、民法学者已有诸多严谨的、具有科学体系的、卓有成效的研究成果，本课题是在前人成果的基础上，力图在某些方面有所突破。

　　课题研究过程中，课题组成员以认真严谨的态度进行了问题探讨。研究内容基本按照本课题初期规划的总体研究思路展开。在这一过程中，课题组召开了数次研讨会，就总则的几个重大疑难问题，如民法的渊源、民事主体制度、民事权利客体、民事法律行为与代理、民事责任与时效等进行了充分研讨。主要研究成果通过分析习惯与习惯法的区别联系以及交易习惯的特点和影响探索民法的渊源；通过对法人人格权、农户法律地位、民事主体宣告死亡制度以及监护制度尤其是成年监护制度的研究，探索总则中民事主体制度的创新规定和重要作用；通过对民事权利客体的现代化研究，以及对网络虚拟财产、个人数据等新型权利客体的考察探索民事权利客体制度的建立与完善；在民事法律行为领域着重考察了民事法律行为的成立、生效以及无效的民事法律行为的法律后果等；对家事代理制度进行了探索；对总则与侵权责任中责任形态的对接以及诉讼时效利益作出了新的理解与解释。

在课题研究过程中，《中华人民共和国民法典》于2020年5月28日通过，《中华人民共和国民法总则》条文多数被吸纳入《中华人民共和国民法典》的总则编，故在涉及《中华人民共和国民法总则》和《中华人民共和国民法典》总则编的规定时，本书主要使用了《中华人民共和国民法典》总则编的表达。在等待出版的过程中，最高人民法院相继出台了关于《中华人民共和国民法典》的配套司法解释，其中包括《最高人民法院关于适用〈中华人民共和国民法典〉总则编若干问题的解释》（法释〔2022〕6号），对于其中所涉及的相关内容，本书亦予以体现。

各章节分工撰写情况如下：米新丽撰写第一章第一节、第三节；张世君撰写第二章第一节；郑文科撰写第二章第五节、第五章第二节；王德山撰写第四章第一节、第二节；刘润仙撰写第一章第二节、第二章第三节；翟业虎、刘娜撰写第四章第三节；陶盈撰写第三章第一节、第五章第一节；李晓娟撰写第二章第四节；张娜撰写第三章第二节；徐冲、陈颖奇撰写第三章第四节；叶星嫣撰写第二章第二节；米新丽、卫洪光撰写第三章第三节。全书由米新丽统稿。

基于《中华人民共和国民法总则》的重要性，国内外的民法学者对民法总则的研究从未停止过。无论是在民法典早已制定的德国、法国等大陆法系的国家和地区，还是在中国，民法学家和热爱民法的学者对民法总则中的一些基本问题和若干疑难问题的研究热情一直长盛不衰，研究成果丰硕。本课题在研究过程中，吸收和借鉴了大量前人的优秀成果，在此向贡献这些成果的专家、学者表示衷心感谢！同时感谢教育部人文社会科学重点研究基地——中国人民大学民商事法律科学研究中心的信任，给我们提供了宝贵的研究机会，感谢中心卢淑贞女士提供的大力支持和帮助！在此过程中，首都经济贸易大学法学院研究生王亚兰、史可鑫等同学承担了大量校对工作，在此一并表示感谢！

由于受研究视野、研究能力、实践经历等所限，本课题成果尚存在不足甚至疏漏之处，敬请各位专家、学者和读者批评指正，我们定当虚心接受。

首都经济贸易大学法学院《民法总则重大疑难问题专题研究》课题组
2023年6月

目录
Contents

第四章　民事法律行为与代理

第五章　民事责任与时效

第一章

作为民法
渊源的习惯

第一节 习惯、习惯法与民法渊源

2017年3月15日，第十二届全国人民代表大会第五次会议通过了《中华人民共和国民法总则》[①]（以下简称《民法总则》），于2017年10月1日起施行。《民法总则》的通过，拉开了民法典编纂的序幕。[②] 作为《民法典》的开篇之作，《民法总则》在民法典中起着统领性作用。其内容丰富，既有传承，又有创新，将习惯纳入即其创新之一。《民法总则》第10条第一次承认了"习惯"的民法渊源地位，也确立了我国民法典将采用"法律—习惯"二元法源结构。[③] 2020年5月28日，第十三届全国人民代表大会第三次会议通过的《中华人民共和国民法典》（以下简称《民法典》）几乎全部吸纳了《民法总则》，并将其作为"总则"编。原《民法总则》第10条随即成为《民法典》第10条。

————

① 《中华人民共和国民法典》于2021年1月1日起实施，《中华人民共和国婚姻法》《中华人民共和国继承法》《中华人民共和国民法通则》《中华人民共和国收养法》《中华人民共和国担保法》《中华人民共和国合同法》《中华人民共和国物权法》《中华人民共和国侵权责任法》《中华人民共和国民法总则》同时废止。最高人民法院对相关司法解释也进行了废止或修改。本书对这类法律规范的效力不再特别标注。

② 我国民法典将由总则编和各分编组成，目前考虑分为物权编、合同编、侵权责任编、婚姻家庭编和继承编等。编纂工作按照"两步走"的思路进行：第一步，编纂民法典总则编，即提请本次会议审议的民法总则草案；第二步，编纂民法典各分编，拟于2018年整体提请全国人大常委会审议，经全国人大常委会分阶段审议后，争取于2020年将民法典各分编一并提请全国人民代表大会会议审议通过，从而形成统一的民法典。参见李建国：《关于〈中华人民共和国民法总则（草案）〉的说明——2017年3月8日在第十二届全国人民代表大会第五次会议上》，载《人民日报》2017年3月9日。

③ 《民法总则》第10条规定："处理民事纠纷，应当依照法律；法律没有规定的，可以适用习惯，但是不得违背公序良俗。"除第10条外，《民法总则》第140条和第142条也规定了"交易习惯"和"习惯"。

那么,《民法典》第10条的"习惯"应如何理解？从已有的文献来看,多数学者将其理解为"习惯法"。如有学者认为,《民法总则》第10条关于习惯法的规定为创新性规定,是在总结《中华人民共和国民法通则》(以下简称《民法通则》)等原有民事法律规范和我国民事实践基础上的突破性规定,具有重要的意义。[①]有学者认为,《民法总则》第10条中的习惯为"习惯法"。[②][③]既然如此,习惯是否等同于习惯法？二者是否可以互换使用？成为民法渊源的究竟是习惯还是习惯法？或者二者均可成为民法渊源？本书拟对上述问题进行探讨,对习惯、习惯法和民法渊源的关系问题做出回答。

一、习惯、习惯法概念辨析

有学者曾坦率地指出,把法律研究与社会理论问题联系起来的各种学说常常争论不休,可是仔细一看,许多争论竟来自一种弥漫在术语中的混乱,而这应该在研究开始时就予以排除[④]。"弥漫在术语中的混乱"这一问题在习惯、习惯法、法律渊源的概念使用上表现得十分突出,这既带来了理解上的疑惑,更导致了这样的后果:大家的探讨无法聚焦,导致学术研究上的自说自话。故在研究之始,厘清概念是很有必要的。

何谓"习惯"？《中国大百科全书(法学卷)》给出了这样的定义:"习惯是社会生活中,长期实践而形成的为人们共同信守的行为规则。"[⑤]同为工

---

① 高其才:《认可、吸纳与空漏:〈民法总则〉对习惯的规范及完善》,载《江海学刊》2017年第5期。

② 彭诚信:《论〈民法总则〉中习惯的司法适用》,载《法学论坛》2017年第4期。

③ 肖明明:《〈民法总则〉中"习惯"的体系性解释与适用》,载《人民法院报》2017年12月13日。

④ [美]R. M. 昂格尔:《现代社会中的法律》,吴玉章、周汉华译,译林出版社2001年版,第45页。

⑤ 参见《中国大百科全书》总编辑委员会、法学编辑委员会编:《中国大百科全书(法学)》,中国大百科全书出版社1984年版,第87页。

具书的《辞海》对习惯的定义是"由于重复或多次联系而巩固下来的并且变成需要的行为方式，如良好习惯、坏习惯"①。有学者认为，"法学著作中所讲的习惯是指一种社会规范，是人们共同生活中的惯例"②。有学者认为，"习惯乃是为不同阶级或各种群体所普遍遵守的行动习惯或行为模式。它们所涉及的可能是服饰、礼节或围绕有关出生、结婚、死亡等生活重大事件的仪式。它们也有可能与达成交易或履行债务有关"③。还有学者认为，"所谓习惯，是指多数人对同一事项，经过长时间，反复而为的同一行为。因此，习惯是一种事实上的惯例。其通行于全国者，谓之一般习惯。通行于一地方者，谓之地方习惯。至一般人所信行者，谓之普通习惯。适用于特种身份或职业及地位者，谓之特别习惯"④。另有学者认为，"所谓习惯，是指当事人所知悉的实践生活和交易习惯。也就是说，习惯包括生活习惯和交易习惯。生活习惯是指人们在长期的社会生活中形成的习惯。所谓交易习惯是指在当时、当地或者某一行业、某一类交易关系中，为人们所普遍采纳的且不违反公序良俗的习惯做法"⑤。从"习惯"的以上定义中可以看出，学者并无太大分歧，只是表述不同而已。由此可以归纳出习惯的特征：习惯具有长期实践性、反复性，是某群体、某一区域或某一行业的通行做法，这些做法具有行为规则的意义。

何谓"习惯法"？《中国大百科全书——法学卷》中，习惯法是"国家认可并由国家强制力保证实施的习惯，是法的渊源之一"⑥。《牛津法律大辞

---

① 参见《辞海》，上海辞书出版社1990年版，第108页。需要说明的是，《辞海》并非法学专业工具书，其对"习惯"的解释是从一般意义而不是专业意义上进行的，所以在进行法学专业研究时，不宜采《辞海》中的解释。

② 沈宗灵：《比较法研究》，北京大学出版社1998年版，第132页。

③ ［美］E·博登海默：《法理学——法律哲学与法律方法》，邓正来译，中国政法大学出版社2010年版，第400页。

④ 梁慧星：《民法总论》（第三版），法律出版社2007年版，第28页。

⑤ 王利明：《民法总则研究》，中国人民大学出版社2003年版，第62页。

⑥ 参见《中国大百科全书》总编辑委员会、法学编辑委员会编：《中国大百科全书（法学）》，中国大百科全书出版社1984年版，第87页。

典》指出："当一些习惯、惯例和通行的做法在相当一部分地区已经确定，被人们所公认并被视为具有法律约束力，像建立在成文法的立法规则之上一样时，它们就理所当然可称为习惯法。"①

从学界来看，有学者认为"所谓习惯法，系指在当代社会生活中所反复惯行之事项，经国家承认而具有法的效力之规范，英美法称Common Law或Customary Law"②。

有学者认为"习惯法（customary law）这一术语被用来意指那些已成为具有法律性质的规则或安排的习惯，尽管它们尚未得到立法机关或司法机关的正式颁布"③。

还有学者认为，习惯法是指长期和恒定、获得特定群体内心确信为行为规则的习惯。④

以上关于习惯法的定义，虽然侧重点有所不同，如有的强调国家认可，有的强调社会公认或内心确信。但存在这样的共同点：由习惯发展而来，具有确定性和群体性，获得公认或内心确信，具有法的效力或具有法律性质。

总结以上关于习惯与习惯法的定义，可以看出这两个概念虽有紧密的联系，但亦有本质区别。其联系主要在于：二者均具有长期性、反复性；均具有规则意义；习惯是习惯法产生的基础。其本质区别在于：习惯法获得公认或内心确信，或者获得国家认可，从而具有法的效力或法律性质，而习惯并不具备这些特征，不能产生法的效力。习惯作为来源于既定的社会秩序的制度事实，必须经过严格的评判之后才能成为直接构造法律秩序的裁判规范

---

① ［美］戴维·M.沃克：《牛津法律大辞典》，北京社会与科技发展研究所组织翻译，光明日报出版社1989年版，第236页。

② 林诚二：《民法总则》（上册），法律出版社2008年版，第21页。

③ ［美］E·博登海默：《法理学——法律哲学与法律方法》，邓正来译，中国政法大学出版社2010年版，第401页。

④ 参见王利明：《论习惯作为民法渊源》，载《法学杂志》2016年第11期。

（the norm for decision）。①卡尔·拉伦茨教授在谈及交易惯例和商业习惯时也强调了这一点：交易惯例和商业习惯既不是法律渊源，也不是习惯法。虽然交易惯例往往受到法律制度的重视，但它本身不是法。交易惯例的要求不具备法律要求的意义，对它的承认和遵循，既不是根据它内在的法律信念，也不是根据立法者的权威。②

二、学界关于习惯、习惯法与民法渊源关系的探讨

习惯与习惯法存在本质区别，但学界在民法渊源（亦被称为民法法源）的问题上存在这样不同的观点：有学者认为习惯是民法渊源，③另有学者认为习惯法是民法渊源，④还有学者认为习惯法是正式的法律渊源。⑤此外，还普遍存在习惯、习惯法混用的现象。比如，有学者指出，"本书中的民事习惯与习惯法的含义基本相同。笔者认为，一种民事习惯之所以能称为习惯，是因为其本身具有规范的调整效力，故也可称为习惯法，学者也是在这个意义上来予以使用的，从本书引用的资料的表述就可以说明这一点"。⑥

---

① 参见［奥］尤根·埃利希：《法律社会学基本原理（一）》（英汉对照），叶名怡、袁震译，九州出版社2007年版，第278—279页。

② 参见［德］卡尔·拉伦茨：《德国民法通论》（上册），王晓晔、邵建东、程建英、徐国建、谢怀栻译，法律出版社2004年版，第12—13页。

③ 参见姚辉：《论民事法律渊源的扩张》，载《北方法学》2008年第1期。在本书中，姚老师认为"将民间习惯作为法律的渊源可以增强国民对法律的认同感和需要性，逐步建立人们对法律的信仰"。另参见齐一雪：《论民事习惯在民法典中的角色扮演》，载《齐鲁师范学院学报》2014年第5期。虽然该文并没有直白表达民事习惯是民法渊源，但从其对《瑞士民法典》第1条第2款理解可以看出，其认为民事习惯是民法渊源。

④ 参见梁慧星：《民法总论》（第三版），法律出版社2007年版，第28页。另参见李永军：《民法总论》（第二版），法律出版社2009年版，第25页。

⑤ 参见高其才：《作为当代中国正式法律渊源的习惯法》，载《华东政法大学学报》2013年第2期。

⑥ 参见李建华、许中缘：《论民事习惯与我国民法典》，载《河南省政法管理干部学院学报》2004年第2期。

有学者认为"在我国现行的司法体制中，不存在习惯与习惯法的区分问题"①。

不仅如此，就连对习惯和习惯法进行明确区分的学者，在谈及法律渊源问题使用这两个概念时也经常混用。比如，王利明教授在其文章中，对习惯和习惯法进行了明确的区分："习惯"一词主要是一个事实概念，不具有价值上的褒贬评判，它是人们日常生活中经过反复实践的交往规则。这些习惯能否被承认为习惯法，还需要区别对待。习惯法是指长期和恒定、获得特定群体内心确信为行为规则的习惯。②但在同一篇文章中，王利明教授提出"民法总则应当确认习惯是重要的民法渊源"③的同时，又提出"民法总则应当明确习惯法与基本原则的关系"，"就习惯与民法基本原则的适用关系而言，在司法实践中，习惯法在作为法律渊源的适用过程中，常常涉及其与民法基本原则之间的关系问题……"④在有些民法教科书中，也存在这种情况。比如，朱庆育教授在其《民法总论》中，探讨民法法源时，虽然将习惯和习惯法做了区分，但在用词上依然进行了混用。他谈到了"习惯的法源地位"，同时认为"在制定法之外，尚需其他规范性法源作为补充，其中最重要的，当属习惯法"，又谈到"《民法通则》与最高人民法院《裁判规范规定》均未将习惯当作法源"。⑤

为什么会出现这种情况呢？笔者认为这与对法律渊源的理解有密切关系。

---

① 参见王洪平、房绍坤：《民事习惯的动态法典化——民事习惯之司法导入机制研究》，载《法制与社会发展》2007年第1期。该文在民事习惯的司法证明部分，陈述了习惯与习惯法在司法适用上的区分，但之后笔锋一转，认为在我国现行司法体制中，不存在习惯与习惯法的区分问题，并给出了两点理由：我国不存在公示习惯法的书面汇编（法典）；我国现行司法体制不承认判例的法源地位。

② 王利明：《论习惯作为民法渊源》，载《法学杂志》2016年第11期。

③ 王利明：《论习惯作为民法渊源》，载《法学杂志》2016年第11期。

④ 王利明：《论习惯作为民法渊源》，载《法学杂志》2016年第11期。

⑤ 参见朱庆育：《民法总论》，北京大学出版社2013年版，第39—40页。

三、法律渊源①与民法渊源

何谓法律渊源？这又是一个可以从多种角度来解释的概念。我国法学界对这个概念的界定并不一致。张文显教授主编的《法理学》，参照《牛津法律大辞典》，列举了法的渊源的主要含义：法的理论渊源，即法律原则或法律制度的理论基础；法的历史渊源，即形成法律的历史资料，或专指历史上产生某一法律原则或规则的行为和事件；法的文献渊源，即法律文件的原始记录、综述和汇编；法的文化渊源，即有关法律的百科全书、教材、专著及法学参考资料；法的本质渊源，即法的本质的根源；法的效力渊源，即具有法律效力的表现形式。该教材中特别指出了采用效力渊源的说法。②在孙国华、朱景文两位教授主编的《法理学》中，也将法律渊源等同于法律的效力来源。③周旺生教授将法律渊源的基本要素概括为"资源、进路和动因"。④彭中礼教授在其《法律渊源词义考》一文中，对法律渊源的语源传承、法律渊源的概念流变进行了系统的历史考察，并在此基础上提出应从司法适用的立场来探讨法律渊源。⑤又借助对"法律"和"渊源"词义的考证，进一步提出"法律渊源"中的"渊源"从本来意义上可以理解为"资料的来源"。其隐喻含义是指多元化的规范体系。如果法律渊源之法是法官要适用之法，那么其渊源只能是制定法、判例法、习惯法等当中的某一条或某几条规范。这时，"法律渊源"中的"渊源"就变成了司法者适用规范的来源。认为法律渊源是多元规

---

① 法律渊源是法学研究中重要的、基础性概念，是部门法渊源的上位概念。本书所探讨的民法渊源即为法律渊源的一种。学界对法律渊源这个概念存在多种解释，正是不同的解释影响了习惯、习惯法和民法渊源的关系。故此处先来探讨法律渊源。
② 参见张文显：《法理学》（第四版），高等教育出版社、北京大学出版社2011年版，第52页。
③ 参见孙国华、朱景文：《法理学》，中国人民大学出版社1999年版，第257页。
④ 周旺生：《重新研究法的渊源》，载《比较法研究》2005年第4期。
⑤ 参见彭中礼：《法律渊源词义考》，载《法学研究》2012年第6期。

范的集合，是法官从中发现裁决案件所需要的裁判规范。[1]

从《牛津法律大辞典》列举的法律渊源含义来看，角度不同，含义亦呈多样。从上述学者对法律渊源含义的界定来看，虽然各有不同，但多数学者在法律渊源是法律效力渊源上能够达成一致，而且在很多情况下是作为效力渊源来使用的。彭中礼教授的观点也可做此理解。

民法渊源是法律渊源的下位概念，可理解为民法这个部门法的法律渊源。关于法律渊源含义的上述界定和观点，同样适用于民法渊源。事实上，民法学者在使用民法渊源的时候，也往往是基于效力渊源的角度。比如，刘得宽教授认为，"民法之法源者，民事法则之所由来也。易言之，即民事裁判依据基准之源泉"。[2]学者林诚二教授亦持类似观点："所谓法源，系指直接或间接构成民法法规之一切法则，即民法之构成来源。申言之，法源者，乃法院得据以裁判依据之一切民事规范也。"[3]李永军教授在其《民法总论》中，对民法渊源概念的各种观点进行了梳理和分析，并在此基础上提出，"在下面的论述中，我们使用的'民法的法律渊源'一词是指具有规范效力的民法的实际存在形式"。[4]并指出民法之具体法律渊源包括制定法、习惯法、判例和法理。[5]

在明确法律渊源和民法渊源的概念之后，本书将对习惯、习惯法与民法渊源的关系问题进行探讨。

四、作为民法渊源的习惯、习惯法

作为民法渊源的是习惯还是习惯法？或者两者皆可？

---

[1] 参见彭中礼：《法律渊源词义考》，载《法学研究》2012年第6期。
[2] 刘得宽：《民法总则》（增订四版），中国政法大学出版社2006年版，第15页。
[3] 林诚二：《民法总则》（上册），法律出版社2008年版，第12页。
[4] 李永军：《民法总论》（第二版），法律出版社2009年版，第24页。
[5] 李永军：《民法总论》（第二版），法律出版社2009年版，第24—29页。

（一）习惯作为民法渊源

从历史渊源的角度来看，或者从"渊源"的"资料的来源"之本意讲，习惯可以作为民法渊源。比如，《十二铜表法》就是法学家、法官等法律职业者将早期罗马适用的习惯加以整理而形成。大陆法系各国在制定民法典过程中，在继受罗马法的同时，亦对本国民事习惯予以充分尊重。正如历史法学派代表人物萨维尼所说，"法律首先产生于习俗和人民的信仰（popular faith），其次乃假于法学——职是之故，法律完全是由沉潜于内，默无言声而孜孜矻矻的伟力，而非法律制定者（a law-giver）的专断意志所孕育的"。"法的最好来源不是立法，而是习惯，只有在人民中活着的法才是唯一合理的法；习惯法是最有生命力的，其地位远远超过立法；只有习惯法最容易达到法律规范的固定性和明确性。它是体现民族意识的最好的法律。"[①]

事实上，从我国民事立法来看，有不少习惯已经内化为成文法的有机组成部分。比如，《民法典》第1条规定："为了保护民事主体的合法权益，调整民事关系，维护社会和经济秩序，适应中国特色社会主义发展要求，弘扬社会主义核心价值观，根据宪法，制定本法。"此处的"弘扬社会主义核心价值观"就与习惯存在紧密联系。"社会主义核心价值观"中"文明、和谐、公正、敬业、诚信、友善"等要求与民众固有民事习惯的观念和规范有一定共同之处。比如，我国民间广泛存在的生产、生活中的互助习惯为"友善"的具体体现，童叟无欺、公平买卖的买卖习惯是"公正"在债权领域的表现，有借有还、再借不难的民间借贷习惯与"诚信"一脉相承，以和为贵的民事纠纷处理习惯则与"和谐"具有内在一致性。《民法典》延续《民法总则》之规定，强调"弘扬社会主义核心价值观"，这从某一方面反映了民事立法尊重生活、尊重传统、尊重习惯的基本态度。[②]

所以，从历史渊源和"渊源"本意的角度来讲，习惯作为形成法律的重

---

① 何勤华：《历史法学派述评》，载《法制与社会发展》1996年第2期。
② 参见高其才：《认可、吸纳与空漏：〈民法总则〉对习惯的规范及完善》，载《江海学刊》2017年第5期。

要历史资料，作为立法的重要资料来源，是民法渊源。那么习惯法呢？是不是民法渊源？

（二）习惯法作为民法渊源

从效力渊源角度讲，成为民法渊源的应为习惯法。因为从这个角度讲，民法渊源承担了裁判规范的功能。比如，《民法典》第10条规定"处理民事纠纷，应当依照法律；法律没有规定的，可以适用习惯，但是不得违背公序良俗"。这里的"可以适用习惯"即将习惯作为裁判规范，作为处理民事纠纷的依据。按照裁判的逻辑，此处习惯应为三段论中的"大前提"。正因如此，学者们不约而同地认为第10条中的习惯为习惯法。从域外立法来看，《瑞士民法典》第1条明确承认了习惯法为法律渊源。该法第1条第2项规定："法律无规定之事项，法院应依习惯法裁判之。"此处非常明确地载明了可以成为裁判依据的是习惯法。那么，既然如此，为何《民法典》第10条采用"习惯"而非"习惯法"的概念呢？笔者认为，主要原因是学界存在的对习惯和习惯法不予区分的观点。

从历史渊源或渊源本意的角度讲，习惯可以成为民法渊源。从效力渊源的角度讲，成为民法渊源的应该是习惯法。正如前文所述学者们对习惯和习惯法的混用，很有可能是基于法律渊源的不同含义，在使用时没有进行明确的区分。但从民法学者对民法渊源的使用来看，多是从效力渊源的角度加以界定，本书也持该种观点。从这个意义上来讲，成为民法渊源或民法法源的应为习惯法。

有学者认为"法律上说的习惯，就是指经过法律确认、具有约束力的习惯。在当代社会，法律之外、能够得到一般人普遍遵守并对之负有法的确信的习惯法，应当说是极为罕见的，能够具有如此重要地位的行为规则，一定会被立法或司法解释所吸收，不会放任其处于民间习惯的状态"。"当代这种习惯／习惯法的概念之争，其实并无实质意义。"[1]对此，本书持不同观点。首

---

[1] 参见孟强：《民法总则中习惯法源的概念厘清与适用原则》，载《广东社会科学》2018年第1期。

先，习惯是一种客观的存在，不论立法或司法解释是否吸收，它都在那里。事实上，在民法调整的范围内，无论物权还是债权领域，均存在大量的民事习惯，在亲属法领域亦有存在。此外，在少数民族地区，也存在许多的风俗习惯。这些习惯并不都是经过法律确认、具有约束力的。如果"法律上说的习惯，就是指经过法律确认、具有约束力的习惯"，那么对那些未经法律确认、尚无法律效力的习惯应该冠以何种称谓呢？事实上，法律亦无法完全将其排除在外。因为今天未被法律确认，并不意味着将来不被法律确认，今天没有法律效力，并不意味着将来没有法律效力。更何况，习惯还在不断地生成。其次，习惯并不总是能够被立法或司法解释及时吸收。正如学者所言，"民间习惯（或民商事习惯调查所获各种资料）本身仅仅只是国家立法的一种资源、一种必不可少的材料，而绝不是国家立法直接搬用或移植的规则和条文；从民间的民商事习惯到国家的民商法律，其间必须经过诸多的'加工'，既包括价值判断，更包括技术提炼，而这种'加工'没有学者们对材料本身的深刻理解、深入研究、升华是绝不可能完成的"。这一"加工"的过程，通常并非短期所能完成，往往需要较长的时间。因为这不仅仅需要学者们的深刻理解、深入研究和升华，而且这也是制定法复杂的、漫长的立法程序使然。最后，区分习惯和习惯法，既有利于减少法律学习者在概念学习中的困惑，也有利于法律研究者形成更加清晰的分析框架，还有利于法律适用者（司法者）对两者进行更为恰当的识别和运用。

结　语

习惯与习惯法是两个既有密切联系又有本质区别的概念，应该予以区分。在其与民法渊源的关系上，由于对法律渊源的不同界定而存在不同的观点。笔者认为，从历史渊源或渊源本意的角度讲，习惯可以成为民法渊源。从效力渊源的角度讲，成为民法渊源的应该是习惯法。《民法典》第10条所言"习惯"，应为习惯法。

第二节 习惯在民法渊源中的地位与作用
——基于实用主义视角

一、民法渊源的思考

（一）法律渊源的含义与沿革

对于法律渊源的概念与分类，莫衷一是。沈宗灵先生认为：在大多数的法学著作中，法律渊源主要是指效力渊源，即按照其效力来源分为制定法、判例法，以及习惯、法理等。[1]沈先生进一步认为，法律渊源的影响因素很多，社会制度、国家管理形式和结构形式，政治、思想道德、历史文化传统等。[2]最早的成文法的许多内容不外乎就是将现有的习惯进行一定的取舍，成文法最初的意义在于使规则让所有人知晓，而不是特权阶层肆意妄为的领域，如公元前5世纪罗马法最早的成文法《十二铜表法》以及公元前536年中国最早的成文法即郑国铸的"刑书"。在成文法出现后，随着民族国家的建立，其立法权不断强化，习惯在法律渊源中的地位逐渐让位于成文法，甚至在英美法系习惯法排在判例法之后。

笔者发现，在我国司法实践中，极个别并不是按照法律渊源效力等级规则进行裁决。比如，在处理婚姻家事案件中，当法律与习惯发生冲突时，法院如果按照法律进行裁决，往往不能让当事人息诉，社会效果不尽理想。而

---

① 《中国大百科全书》总编辑委员会编：《中国大百科全书：法学》（修订版），中国大百科全书出版社2006年版，第82页。
② 《中国大百科全书》总编辑委员会编：《中国大百科全书：法学》（修订版），中国大百科全书出版社2006年版，第82页。

如果按照当地习惯进行解决，双方皆大欢喜。这一现象引发了笔者的思考，法律渊源是否就是简单的法律形式，出现该制度的历史背景是什么？法律、习惯是否存在位阶高低之分？

一些年轻的学者对这一问题进行了深入探讨。彭中礼认为：古希腊没有法律渊源的概念，"古希腊法律是由公民通过议事会来制定的而且通过的法律大多是已有的习惯。更重要的是，古希腊从来没有承认过立法是法律唯一获得被认可的途径。可见，在立法生活中，古希腊人们没有考虑法律渊源概念，是因为他们不需要这个概念"[1]。法律渊源一词源于罗马拉丁语 "fons juris"，令人奇怪的是，在罗马法中还有表示法律的其他词汇——lex。为什么法律渊源不用 "lex"？"jus" 与 "lex" 的不同，或许可以解开采用法律渊源最初的设想与目的。"Lex" 在罗马法中是指法律，即罗马人民根据元老院长官如执政官的提议制定的，而 "jus" 的范围较 "Lex" 的范围较广，是指法，包括严格意义上的法律，长官的告示、法学家的解答和习惯等。彭中礼进一步对于 "jus" 的寻找与发现的主体进行了分析，认为是法官。[2] 而法官之所以寻找与发现 "jus"，是要找到解决案件纠纷的正当依据，这个依据的来源就是被法院认定能够作为裁判依据和理由的 "jus" 所构成的渊源体系。因此，习惯不具有天然的法律效力，如果被法官适用在案件之中，才具有法律效力，它是法律渊源，不是法律。[3]

法律渊源源流的探索至少有以下启示：法渊源与法律渊源并不相同，制定法只是给法官提供了解决纠纷的一种可能，而适用法律渊源的主体为了维护社会关系的正当性可以有更多的其他的选择，即一个国家司法制度设立的目的其实就是如何保障公众有效地接近正义。[4] 习惯与制定法不应有高低之分，谁能公平合理地分配利益，谁就可以成为首选依据。

---

① 彭中礼：《法律渊源论》，方志出版社2014年版，第29页。
② 彭中礼：《法律渊源论》，方志出版社2014年版，第37—39页。
③ 彭中礼：《法律渊源论》，方志出版社2014年版，第41页。
④ 叶建平：《上下求索正义路》，载王贵国主编：《中国法官》，法律出版社2013年版，第18页。

对于民事纠纷的有效解决，习惯更能发挥其重要作用。原因是我国正处于社会转型期，一些中小城市以及乡村社会的民商事交往还处于熟人之间的往来，在婚丧嫁娶领域，旧有的习惯比制定法更能维持社会秩序。当发生民事纠纷时，习惯比法律更能起到定分止争的作用，因此从实用主义的角度看，习惯在民商事领域有较大发挥的余地。江苏东台设立"调解超市"的经验总结中提到："民事关系与习惯道德、社会环境、人情世故、家庭伦理密不可分，根植于民众的潜意识。通过依法调解化解民事纠纷，一方面可以有效避免法律裁判的冷冰冰，通过平等协商，综合考虑各方诉求实现双赢的结果；另一方面可以加强纠纷双方情感认同，防止和避免矛盾激化，减少社会对立因素。"[1]

因此，无论从法律渊源的起源还是从我国司法实践看，习惯均在公平正义地处理纠纷中占有一席之地。

（二）民法渊源的学理分析以及立法例比较

虽然法理学者对法律渊源的研究近年来有所突破，但民法学者普遍缺乏对民法渊源问题的深入研究。

王利明先生首先研究了实质法律渊源。他认为只有经国家认可的习惯，才具有民法渊源的意义。其次对于习惯、生活习惯以及交易习惯进行了界定。所谓习惯，是指当事人所知悉或实践的生活和交易习惯。所谓生活习惯是指人们在长期的社会生活中形成的习惯。[2]所谓交易习惯是指在当时、当地或者某一行业，某一类交易关系中，为人们所普遍采纳的，且不违反公序良俗的习惯做法。在少数民族聚居的地方，生活习惯在民法渊源上具有一定的意义。而交易习惯不是法律渊源，不是习惯法，是法律渊源的材料，仅仅是解释合同和填补合同漏洞时具有法律意义的资料和值得考虑的材料。[3]笔者认为王利

---

[1] 蔡宝刚主编：《中国县域法治国情调查报告（东台卷）》，法律出版社2016年版，第295页。
[2] 王利明：《民法总则研究》，中国人民大学出版社2003年版，第62页。
[3] 王利明：《民法总则研究》，中国人民大学出版社2003年版，第63页。

明先生把习惯分为生活习惯与交易习惯符合实际情况，但只将生活习惯作为法律渊源，而把交易习惯作为形成法律渊源的材料，说理性显然不足。

法律渊源本来是法理学研究的领域，因为制定民法典的工作启动而被民法学者所关注，如梁慧星认为："民法典起草过程中当然要考虑一些民事习惯……再一点，制定民法典不要过分地依赖于习惯，这些习惯具有局限性。"① 也就是说民法学者认识到习惯的重要性，但基于民法的理念、文化与习惯之间的差异性的判断，对于习惯持谨慎态度。但法律社会学者从宏观的角度充分肯定了习惯的作用。因为法律渊源于社会生活，这个社会生活就是历史文化，而社会生活不能由法律塑造。所有制定民法典的国家均有一个调查程序，不但要了解以前民事法的实施状况，还要了解法律之外的东西，如习惯。②

从世界各国的民法规定看，绝大多数将习惯作为民法渊源，只不过因为翻译的原因而有不同的表达，如在意大利民法典中表达为惯例。《德国民法典施行法》第2条规定：德国民法典意义的法律是指一切法律规范，当然也包括习惯法规则，习惯法与制定法具有完全同等效力。③《意大利民法典》在第一章法源中除了规定法律、条例之外，还规定了行业规则和惯例。《日本民法典》中的法例第2条规定：不违反公共秩序及善良风俗的习惯，限于依法令规定被许可或有关法令中无规定的事项者，与法律有同一效力。④

可见，在多数国家的民法典中，习惯是民法渊源，在德国、日本等国家，与制定法处于同等地位。在编纂我国《民法典》的过程中，不少学者也提出了不少建议，如梁慧星在制定我国民法典的建议意见中提出：民事关系，本法和其他法律都有规定的，应当优先适用其他法律的规定；本法和其他法律都没有规定的，可以适用习惯，习惯以不违背公共秩序和善良风俗为

---

① 王卫国主编：《中国民法典论坛》，中国政法大学出版社2006年版，第26页。
② 王卫国主编：《中国民法典论坛》，中国政法大学出版社2006年版，第138页。
③ 陈卫佐：《德国民法总论》，法律出版社2007年版，第8页。
④《日本民法典》，王书江译，中国人民公安大学出版社1999年版，第410页。

限。① 而于海涌更具体地提出：对于法律没有规定的立法漏洞，法官应参照民俗习惯和商业惯例进行漏洞补充后裁判。②《民法典》第10条规定：处理民事纠纷，应当按照法律；法律没有规定的，可以适用习惯，但是不得违背公序良俗。可以看出，从文本上看，习惯是民法渊源，但其地位次于制定法。

法理学者或者法律文化学者从法律渊源的起源，从法律与一国文化、习俗的关系，认为习惯至少在调整社会关系上其效力不应输给国家制定的法律。从我国民事纠纷的实践看，有些法官或者人民调解委员会的调解员大都认为，应加大习惯的作用。但在民法学者及立法者看来，法律应优先适用，而习惯在法律没有规定的情况下，才可以被适用。民法学和民事立法与法理学与实践产生了脱节，这种脱节的原因是什么？该如何弥补？这是笔者在第二部分进行探讨的内容。

二、法律与习惯在司法中的适用

合同领域中的法律规定大多属于任意性规范，因此习惯尤其是交易习惯一般优先于法律（不包括强制性法律规定）适用。另外，我国少数民族自治地区，根据自治条例或单行条例，其习惯也可以优先适用。本书不涉及合同中的交易习惯也不涉及少数民族的习惯。本书在该部分所指的习惯主要发生在民族自治地区之外的在婚姻家庭、继承、物权等领域中具有规范性的生活习惯和行业习惯。

以继承纠纷为例。山东省青岛市某区某县村民石甲有一间平房，因其妻与子均在该房中过世，被别人称为"凶宅"。后石甲过世，按照当地的习俗，死者发丧需要有摔盆的后代，而该后代有权继承其遗产。石甲没有后代，其

---

① 中国民法典草案建议稿课题组（负责人梁慧星）：《中国民法典草案建议稿附理由——总则编》，法律出版社2013年版，第25—26页。

② 于海涌：《中国民法典草案立法建议（提交稿）》，法律出版社2016年版，第22页。

亲侄子也不愿"过继"和"顶盆发丧"。石甲的远方侄子石乙感念死者的恩德，就主动"顶盆发丧"，后住进了死者的房子。八年后，因为该房子要拆迁，为了获得拆迁款，死者的哥哥石丙以死者生前与其签订了赠与合同并办理了公证书，且以属于房屋的法定继承人为由将石乙诉至法院，要求被告搬离房屋。法院判决：原告以赠与合同为由起诉合同之外的第三人，于法无据。被告按照农村的习俗占有该房屋，不构成对房屋的侵占。综上，驳回了原告的诉讼请求。^①从合同的法律关系的相对性看，原告的确不应起诉被告。但我们不妨设想一下，如果原告不是以合同为由，而是以法定继承人的身份要求被告搬离其已经继承的房产的话，法院又该如何处理农村习俗与继承法法定继承顺序的关系呢？能不能以石丙知道石乙"顶盆发丧"的行为以及后果而解释其已经放弃了法定继承权？一审法院的判决中并没有提及习俗与裁判时有效而适用的《中华人民共和国继承法》（以下简称《继承法》）的关系，也没有用习惯解释石丙的放弃继承权，但该判决既然肯定了农村"谁顶盆谁继承遗产"的习惯，其目的就是否认石丙的法定继承权。从逻辑上分析，法院是适用习惯对法律的条文进行了解释。

再以笔者接触到的房屋抵押为例。目前我国典当行经营业务中没有了"典"的业务，而只剩下了"当"的业务。在当的业务中，当品不限于动产还包括不动产。但是因为不动产的性质，出当人不能将其交给典当行，因此这项业务已经不属于传统意义的营业质权，而属于不动产抵押权的范畴，因此典当行要按照担保法律制度的规定，到相关登记机构办理抵押权登记手续。在21世纪初，有些登记机构对于抵押权人有一定限制，典当行不能登记为抵押权人。有鉴于此，有不少典当行进行了自救，将抵押合同进行了公证，腾空了抵押房屋并派专人看管该房屋。这在一定地域已经形成了习惯。但是一旦出当人还不上贷款、典当行欲行使抵押权而抵押人不与其配合，典当行将抵押人诉至法院，法院最后均会以违反物权法定原则为由不支持典当行的诉讼请求。

---

① 彭中礼：《法律渊源论》，方志出版社2014年版，第4页。

从以上两个例子可以看出，我国法院对于习惯的适用原则有两个：不得违反法律的强制性规定；不得违反善良风俗原则。

第一个案件从一个侧面也说明了我国民事立法面对五千多年文明的中国社会"自然形成的秩序"的不适应性。中国社会长期以来是农业社会，人们交往是多回合模式。在这种模式下，人们慢慢形成了明确可寻的路径，经过稳定反复出现，形成了一种均衡，即风俗习惯。而习惯一旦形成，人们就会形成路径依赖。这种依赖会随着社会的发展而延续蜕变，即使是发生社会革命亦如此。①为鼓励个人追求其幸福生活，法律应任其"天高任鸟飞，海阔凭鱼跃"，大量赋予其权利。这与中国人长期以家庭为核心的价值观念、伦理道德、行为规范有一定差异性。

因此，我国在立法和司法实践中都十分重视习惯的作用，如何进一步推定习惯在民事纠纷解决的效用是民法学者义不容辞的责任。

三、推动民事习惯在司法实践的应用路径

（一）习惯的调查与收集

对于如何进行习惯的法律适用，不少学者提出了应当在全国人大常委会法工委下设立全国民事习惯调查委员会，并提出了调查的章程、方法、程序等。②笔者认为，这些建议固然好，但实施较为困难。原因如下：（1）习惯来源于生活，而生活规范的提炼者不可能是各类调查员。在清末民初，"调查民事必得该省乡绅襄助，方得其详"。一时无法约集士绅则"发交该厅州县地方官，转饬绅士研究按限答复"。现在可以替代乡绅作用的，可能就是族长、德高望重的老人或者一些民俗专家。如何有效地发挥其作用，需要有效地组织。

---

① 熊秉元：《法的经济解释——法律人的倚天屠龙》，东方出版社2017年版，第27—39页。
② 陈寒非：《民法典编纂中的民事习惯调查：历史、现实与方案》，载《福建行政学院学报》2015年第3期。

（2）我国习惯与中国传统观念关联性程度高，家族伦理观念强，封建迷信色彩强，与现代法治下的民法规定有较大的冲突，如在农村儿子享有继承权而嫁出去的女儿则没有。民事习惯没有经过改造恐怕与我国民事基本理念与思想不合。在长期的审判实践中，法官对于如何改造习惯，妥善地解决民事纠纷已经有充分的积累，如果让立法机关组织协调，重新熟悉与改造习惯，既不经济也没有必要。

笔者认为，调查民事习惯的领导者和组织者应当是最高人民法院和各省、直辖市高级人民法院，而各中级人民法院是指导者，基层人民法院是具体执行者。因为习惯适用的主体是基层法院的法官，只有法官的参与才能准确地识别和改革习惯规范。[1]基层法院将习惯收集与调查后，将不违反公序良俗的习惯汇集直接或者改造后上报中级法院，中级法院可以组织相关的业务审判法官进行讨论，将讨论意见报送高级法院。高级法院经过审核后，将意见再反馈给中级法院。对于达成共识的习惯，基层法院可以经审判委员会会议讨论后通过，以一定的方式予以公示，公示后的习惯在其所管辖的区域内，具有习惯法的地位。在司法实践中，法官对于习惯的应用，最大的担心是当事人上诉或者再审后，二审法院或者再审法院法官以适用依据存在问题为由进行改判。通过以上报送上级法院的程序，高级、中级、基层法院在某些习惯上达成了共识，解除了基层法院法官适用习惯的后顾之忧。

（二）习惯在民事案件的具体适用

习惯不但是裁判的依据，也是判断事实、确定行为的效力、责任的形式依据。如在一些地区习惯中承担侵权责任的方式是披红、打鞭炮。[2]目前只有少量试点的法院收集了部分习惯进行公示，大多数法院并没有这样做。法官很多情况下只能参照适用或者转换适用，所谓参照适用，就是法官参考习

---

[1] 汪世荣：《陕甘宁边区高等法院对民事习惯的调查、甄别与适用》，载《法学研究》2007年第3期。
[2] 王庆丰：《民俗习惯的司法适用研究——以民事诉讼为视角》，西南政法大学2011年博士学位论文，第35页。

惯内容作出裁决；所谓转换适用，是在没有将习惯作为法律渊源的情形下，法官改变习惯和法律，促使两者有机结合，或者法官通过模糊语言避开法律制度。①《民法典》总则编已经确立了习惯的法律渊源的地位，但只是补充地位。为了更好地指导习惯的适用，最高人民法院可出台适用习惯的实体和程序指导规则，实体规则主要解决习惯与制定法冲突情况下的处理，而程度规则涵盖习惯的主张、质证、认定与适用等方面。②

习惯的举证责任是适用习惯的关键，如果诉讼当事人一方提出适用习惯作为依据解决纠纷，需要当事人证明该习惯的存在。对此，《最高人民法院关于适用〈中华人民共和国民法典〉总则编若干问题的解释》（法释〔2022〕6号）（以下简称《民法典总则编司法解释》）第2条第2款作出了规定，"当事人主张适用习惯的，应当就习惯及其具体内容提供相应证据；必要时，人民法院可以依职权查明"。当事人举出的证据可以是学者书籍、地方志等，也可以请熟悉习惯的民俗专家或者当地熟悉习惯的家族族长出庭作证。如果对方当事人没有反对，法院则负责对于习惯的合法性进行审查。法官在审查习惯时有可能遇到虽然违反民法一些基本原则或者理念的习惯，但其适用具有一定的合理性且社会效果较好的难题，如出嫁的女儿因不能继承父母的遗产，所以不赡养父母的习惯。该习惯体现了权利义务相符合的精神，有一定合理性，但法官既不能简单按照法律判决女儿与儿子承担同样的赡养义务，也不能迁就习惯让其不承担赡养义务，最后法官将习惯与制定法进行了协调，判决女儿适当承担赡养义务。③如果习惯违反民法的基本原理与理念，不合理且社会示范效果不好，法官应摒弃习惯适用法律，如童养媳的习惯。之所以允许法官在习惯与制定法之间进行平衡，主要考虑法院承担的司法功能。我国学者对于法院的司法功能

---

① 王庆丰：《民俗习惯的司法适用研究——以民事诉讼为视角》，西南政法大学2011年博士学位论文，第82—83页。

② 王庆丰：《民俗习惯的司法适用研究——以民事诉讼为视角》，西南政法大学2011年博士学位论文，第146页。

③ 王庆丰：《民俗习惯的司法适用研究——以民事诉讼为视角》，西南政法大学2011年博士学位论文，第82—83页。

进行了探讨，认为法院最基本、最直接的功能是：权利救济功能、公权制约功能、纠纷终结功能。①如果不适用习惯解决纠纷，当事人不息诉，法院的功能不能充分地发挥，无疑增加了各方解决问题的成本。

结 语

从起源看，法律渊源是处理民事纠纷时选择适当依据的法律适用问题，世界上绝大多数国家在立法上已经确定了习惯可以作为裁决依据。《民法典》颁布之前，我国《物权法》《合同法》等已经在个别条文确定了习惯的法律渊源地位，在司法实践中习惯通过调解的途径、通过法官变通的方式，在婚姻家庭、继承等领域与法律的地位不相上下，甚至变通了既有的法律。《民法典》颁布之后，全面确定了其法律渊源的地位。但鉴于习惯适用的复杂性，最高人民法院和各高级人民法院宜组织开展习惯的调查工作，颁布适用习惯的实体和程序指导性规则，使习惯能发挥其独有的定分止争的作用。

---

① 周玉华：《全面发挥司法功能，保障法律正确实施》，载《人民法院报》2011 年 6 月 2 日。

第三节　交易习惯

一、交易习惯的界定

交易习惯是各国民法学界与实务界均非常关注和重视的问题之一。就学界而言，虽然对交易习惯的解释存在不同表达，但基本都认同交易习惯的反复实践性和普遍接受性。如有学者认为，"法律上所称的交易惯例，是指某种存在于交易中的行为习惯或语言习俗"[1]。有学者认为，"所谓习惯，是指多数人对同一事项，经过长时间，反复而为同一行为。因此，习惯是一种事实上的惯例"[2]。亦有学者认为，"所谓交易习惯是指在当时、当地或者某一行业、某一类交易关系中，为人们所普遍采纳、且不违反公序良俗的习惯做法"[3]。还有学者认为，"习惯与惯例是人们在长期反复实践的基础上形成的，在某一地域、某一行业或某一类经济流转关系中普遍采用的做法、方法或规则，能够被广大的合同当事人所认知、接受和遵从"[4]。

就中外立法实践而言，对交易习惯亦不乏规定。比如，《美国统一商法典》第1—205条第2项规定："行业惯例指进行交易的任何做法或方法，只要该做法或方法在一个地区、一个行业或一类贸易中已得到经常遵守，以致使人有理

---

[1] ［德］卡尔·拉伦茨：《德国民法通论》（下册），王晓晔、邵建东、程建英、徐国建、谢怀栻译，法律出版社2004年版，第467页。

[2] 梁慧星：《民法总论》（第三版），法律出版社2007年版，第28页。

[3] 王利明：《法学方法论》，中国人民大学出版社2012年版，第519页。

[4] 崔建远：《合同法》（第五版），法律出版社2010年版，第364页。

由相信它在现行业中也会得到遵守。此种惯例是否存在及其适用范围，应作为事实问题加以证明。如果可以证明此种惯例已载入成文的贸易规范或类似的书面文件中，该规范或书面文件应由法院解释。"《中华人民共和国合同法》（以下简称《合同法》）以及相关司法解释均对交易习惯进行了规定。《民法典》合同编中也用多个条文进行了规定。《最高人民法院关于适用〈中华人民共和国合同法〉若干问题的解释（二）》（以下简称《合同法解释（二）》）第7条把交易习惯解释为：在不违反法律、行政法规强制性规定的前提下，在交易行为当地或者某一领域、某一行业通常采用并为交易对方订立合同时所知道或者应当知道的做法，以及当事人双方经常使用的习惯做法。

综合学者观点以及中外立法之规定，笔者认为，交易习惯是指在某一地域、某一行业、某一类交易关系中，为人们反复使用、普遍接纳的做法或者当事人之间经常使用的习惯做法。这些做法不违反法律、行政法规强制性规定，不违背公序良俗。其有如下特点：其一，交易习惯是长期、客观存在的做法或规范，经由长期反复实践而形成。故当事人主张适用时，必须举证证明其存在，法官依职权主动适用时，须予以充分解释。其二，交易习惯为交易双方当事人知道或应当知道。"一个交易惯例，既指一个特定交易或特定地区的习惯，又指对一个文句或短语的含义在特定交易或特定地区都普遍知晓这样一种情形。"[1]其三，交易习惯有的具有一般性，有的具有特殊性。交易习惯的一般性不仅指其在地域上通行于全国，而且指根据一般人的通常理解予以认可。交易习惯的特殊性一方面是指具有地域性，不同地区可能存在不同的交易习惯。另一方面是指具有行业或特定交易的特殊性。其四，交易习惯具有合法性。这是指交易习惯不得违反法律、行政法规强制性规定，不违背公序良俗。否则，即使当事人自愿适用，也不得据以解释合同、填补漏洞。

从司法实践来看，有不少法官依据《民法典》合同编及司法解释，合理运用交易习惯进行司法裁决，化解合同纠纷。由此可见，交易习惯在民事立法和司法中都占据重要地位。正因如此，有关交易习惯的讨论比较热烈。本书希

---

[1] 崔建远：《合同法》（第五版），法律出版社2010年版，第365页。

望在对交易习惯的概念、交易习惯的性质进行探讨的基础上，强调制定法对交易习惯的吸纳，以使制定法更为科学、更能得到普遍遵行。并对交易习惯的司法适用提出一种新的思路：根据合同种类的不同确定交易习惯的适用规则，使交易习惯在促成交易、解释合同以及化解纠纷等方面更加充分地发挥作用。

二、交易习惯的性质

尽管对交易习惯的概念学界认识比较统一，但对交易习惯的性质，却存在一些争论。归纳起来，主要存在三种观点：事实习惯说、习惯法说、兼具事实习惯与习惯法说。"事实习惯说"认为，"所谓习惯，是指当事人所熟悉或者实践的惯行表意方式，它是指事实习惯而非习惯法"[1]。"习惯法说"认为，"习惯法是在一定社会中，人们在长期的生产生活和社会实践中所惯行的，为一定群体的人们在心理上所接受的，能够像法一样规制约束人们行为的，不违背公序良俗的习惯。合同法所说的交易习惯即指习惯法"。[2] "兼具事实习惯与习惯法说"认为，"在《合同法》上，'交易习惯'既可能是指'事实上的习惯'，也可能是指'习惯法'，应当根据解释前提的不同，做不同的区分。可以认为，在合同法上某种事实的确定时，'交易习惯'应作为'事实上的习惯'来理解，在合同的效力和合同目的解释上，'交易习惯'应作为'习惯法'来理解"[3]。那么，对于交易习惯究竟应如何理解？这一问题关乎交易习惯在实践中的正确运用。

有关习惯和交易习惯的定义前文已有述及，此处不再重复。那么，何谓习惯法？有学者认为，"所谓习惯法，系指在当代社会生活中所反复惯行之事项，经国家承认而具有法的效力之规范，英美法称 Common Law 或

---

[1] 余延满：《合同法原论》，武汉大学出版社 1999 年版，第 147 页。

[2] 罗筱奇、陈界融：《交易习惯研究》，载《法学家》2002 年第 5 期。

[3] 白晓东：《论交易习惯的功能与解释——"交易习惯"作为"情理"因素的解读》，载《科技和产业》2011 年第 11 期。

Customary Law"①。有学者认为，"唯习惯须经国家承认时，方成为习惯法。民事采用之习惯法，必须具备以下要件：其一，须有习惯之存在；其二，须为人人确认其有法之效力；其三，须系法规所未规定之事项；其四，须不背于公共秩序与善良风俗；其五，须经国家（法院）明示或默示承认"。亦有学者对习惯与习惯法的区别进行了清晰的阐述：（1）习惯为"事实"，依民事诉讼法规定，主张该习惯之人负有举证责任。习惯法则为法律，其为法院所知者，应依职权径行适用，若为法院所不知，依民事诉讼法规定，以其适用为有利益之当事人，负陈述并举证之责任。（2）习惯为社会之惯行，习惯法则为法院所承认。（3）习惯须当事人援用，法官是否以之为裁判之大前提，仍有斟酌裁量之余地。习惯法则法官有适用之义务，设不予适用，其判决当然违背法令。②由此可见，习惯与习惯法并非同一概念，交易习惯作为习惯的一种，不宜理解为习惯法。

笔者认为，交易习惯，应理解为事实习惯，主要理由如下：其一，习惯法必须经过国家认可，事实习惯是一种客观的做法或规则，不必经国家认可。而交易习惯不以国家认可为前提，是一种客观的存在，符合事实习惯的特点。其二，习惯法因经过了国家认可从而具备了法律效力。但事实习惯并不当然具有法律效力，交易习惯正是如此。其三，习惯法因具备当然的法律效力而可以被法官直接援引适用，如《国际贸易术语解释通则》。但交易习惯须经法官的判断和释明，方可在司法裁决中加以适用。比如，我国《民法典》第510条规定："……不能达成补充协议的，按照合同有关条款或者交易习惯确定。"此处的"交易习惯"法官无法直接引用，必须对其内容予以审查和合理解释，方可载于判决书中。

至于"兼具事实习惯与习惯法说"的观点，出发点很好，希望借此为交易习惯的理解提供更开阔的思维，从而给法官适用交易习惯提供新的视角。但其也存在不足：首先，从逻辑关系上讲，事实习惯与习惯法分属不同范

---

① 林诚二：《民法总则》（上册），法律出版社2008年版，第21页。
② 杨仁寿：《法学方法论》（第二版），中国政法大学出版社2013年版，第270—271页。

畴。正如学者所言，"与习惯法应严予区别的，系事实上的习惯，此仅属于一种惯行，尚欠缺法的确信"。[1]那么交易习惯怎可既做事实习惯又做习惯法呢？其次，这种理解可能会使交易习惯的司法适用变得更为复杂，同一个概念在适用上并不同一，给法官的审判实践带来困惑。

由于对交易习惯认识上的差异，使有学者在界定交易习惯范围的时候存在误区。比如，有学者认为"商业惯例不是交易习惯因而不具有补充合同内容、解释合同条款的效力，司法中应予以甄别"。[2]从笔者的分析来看，得出商业惯例不是交易习惯结论的前提是：认为交易习惯是习惯法。但是如果把商业惯例排除在交易习惯之外的话，那么在商事合同中，用以补充、解释合同条款的交易习惯又是什么呢？而事实上，商业惯例恰恰是一类很重要的交易习惯。对于交易习惯的分类，学者们有这样的表述："习惯有社会全部之一般习惯与行于一地方之地方习惯，有行于一般人民间者，有仅行于特定阶级或职业者。"[3]"其通行于全国者，谓之一般习惯。通行于一地方者，谓之地方习惯。至一般人所信行者，谓之普通习惯。适用于特种身份或职业及地位者，谓之特别习惯。"[4]"交易习惯可以分为：第一，一般的交易习惯，即通行于全国的习惯；第二，特定区域的交易习惯，即所谓的地区习惯；第三，特殊行业的交易习惯；第四，当事人之间长期从事某种交易所形成的习惯。"[5]虽然学者们的分类标准和表达方式略有不同，但其核心内容是相同的，都认为交易习惯有一般习惯（全国习惯）、地区习惯（地方习惯）和行业习惯（特殊习惯）之分。由此看来，行业习惯属于一类重要的交易习惯已毋庸置疑，那么，商业惯例正是属于行业习惯的重要内容。

---

① 王泽鉴：《民法总则》，北京大学出版社2009年版，第63页。

② 王利萍、郭平：《国内商事审判中交易习惯的认定及适用》，载王保树主编：《中国商法年刊》，法律出版社2013年版，第295页。

③ 史尚宽：《民法总论》，中国政法大学出版社2000年版，第466页。

④ 梁慧星：《民法总论》（第三版），法律出版社2007年版，第28页。

⑤ 王利明：《合同法研究》（第一卷），中国人民大学出版社2002年版，第426页。

三、交易习惯的立法吸纳

前文已述，交易习惯在民法上占据重要地位，对合同法律关系而言尤为重要。更有学者把交易习惯之于合同法的功能进行了全面的归纳：交易习惯是合同订立的方式根据、合同成立的时间根据、合同义务的发生根据、合同内容的确定根据、合同条款的解释根据等，[①]笔者深以为然。既然如此，立法者和司法者应如何对待交易习惯？

从立法者角度来讲，对业已存在的交易习惯进行梳理、分类和深入研究，将其中合理的部分纳入制定法中来，将会是一种不错的选择。其重要意义在于：

第一，吸纳交易习惯将有利于立法的科学性，并使之富有生命力。交易习惯系一定领域、一定行业或一类交易中反复使用而形成，反映了一定的客观规律，一定程度上代表了民众的首创精神。正如有学者所言，"法律的生命力来自于符合社会需要，法律的权威性来自深厚的实践基础，法律的科学性来自于尊重客观规律"[②]。所以，立法对交易习惯的尊重将使之更具有科学性，并富有强大的生命力。

第二，吸纳交易习惯有利于制定法的可实施性，并使其得到普遍遵行。法律的实施既要靠国家强制力，更要靠民众内心的认同和遵从。而习惯代表了一定程度的民众的内心认同。卢梭在其《社会契约论》中将法律分为四种：政治法、民法、刑法以及风尚、习俗。对于其称之为第四种法律的风尚、习俗，他这样写道："这种法律既不是铭刻在大理石上，也不是铭刻在铜表上，而是铭刻在公民们的内心里；它形成了国家的真正宪法；它每天都在获得新的力量；当其他的法律衰老或消亡的时候，它可以复活那些法律或代替那些

---

① 李绍章：《商事合同视域下交易习惯的规范功能及其裁判技术》，载《新疆社会科学》2012 年第 2 期。
② 高其才：《当代中国法律对习惯的认可》，载《政法论丛》2014 年第 1 期。

法律，它可以保持一个民族的创制精神，而且可以不知不觉地以习惯的力量取代权威的力量。"①卢梭这段经典的论述，将习惯置于公民"心中之法"的地位，凸显了习惯的力量。制定法中若将公民的"心中之法"进行合理吸纳，将有利于获得公民的认同，从而获得普遍遵行。

第三，有利于法官直接援引，并且更能够使当事人服判息诉。法官审理案件时当然首先要从制定法中寻找裁判依据。那么，合理吸纳了交易习惯的制定法，便有利于法官在审理相关案件时直接援引，省去了当事人对交易习惯的举证、法官对交易习惯的审查和认定等烦琐程序，提高了诉讼效率。同时，通过这种做法，更能够使当事人服判息诉。因为交易习惯是一种为交易各方所熟知的普遍的做法，在某种程度上是交易各方的共识。人们对于形成共识的东西更容易接受，因此对合理吸纳了交易习惯的制定法也更能够接受。既熟知又接受，作为裁判的依据怎能不让当事人服判息诉呢？

当然，将合理、合法的交易习惯纳入制定法，是一项巨大的工程，而且是一项永久的工程。需要对各类交易习惯进行分类、筛选，剔除其"陋习"部分，吸收其合理、合法部分，经过严谨的立法程序，方可纳入制定法中来。根据有学者在2014年的研究，我国立法对于习惯尤其是民事习惯转变为更为尊重和认可的态度，开启了从"为立法而立法"到"为生活而立法"的这一转变。即便如此，该学者仍然认为，在中国立法和法治建设中应当重视当代习惯的积极功能，在国家法律发展中广泛吸纳习惯的内容。②民法典编纂的启动给习惯进入制定法提供了契机，所以重提制定法对习惯的重视有重要意义。亦有学者对民法典编纂中启动民事习惯调查的必要性进行了论证：认为发现民事习惯这种客观事实、编纂民法典以及民事习惯司法适用等均需要民事习惯调查。而且从近代以来欧陆民法典制定历史来看，尊重民事习惯也是一项重要经验，并对民事习惯调查的方案设计给出了不错的建议。比如，在中央和地方设置民事习惯调查机构、制定调查规范和章程、遴选调查

---

① ［法］卢梭：《社会契约论》，何兆武译，商务印书馆2011年版，第70页。
② 高其才：《当代中国法律对习惯的认可》，载《政法论丛》2014年第1期。

人员及确定调查内容、程序和期限等。^①期待立法者能够对此类建议给予重视，使制定出来的民法典更符合中国国情，更符合市场经济发展规律，更有利于促成交易和维护交易安全，更能够得到普遍遵行。当然，即便这项工作得以开展，由于制定法总是落后于社会实践的特点，使得制定法无法穷尽各类合理、合法的交易习惯，也无法及时吸纳随着社会变迁、经济发展而形成的新交易习惯，这就使得实践中法官对交易习惯的正确理解和运用显得尤为重要。

四、交易习惯的司法适用

关于司法实践中法官如何适用交易习惯，已有学者给出了很好的建议。如学者认为，交易习惯应由当事人举证证明，在当事人未能证明时，法官也可以根据自己的理解选择某种习惯来填补合同漏洞。如果双方当事人举证的交易习惯彼此矛盾，法官应考虑采用如下规则确定优先适用的交易习惯：如地区习惯与一般的习惯冲突，应以一般的习惯为准；如地区习惯与行业习惯冲突，应确定行业习惯优先；如地区习惯、行业习惯与当事人之间的交易习惯冲突，应以当事人之间的交易习惯为准。遵循的总思路为：在交易习惯彼此发生冲突和矛盾的情况下，应当适用最接近于当事人双方意志、最能够为当事人双方所理解和适用的交易习惯。^②这些建议对于法官在司法实践中理解和适用交易习惯无疑是很有价值的。但是，在实践中尚有一些问题需要解决，如交易习惯在民事合同与商事合同的适用中是否应予以区别的问题；一方认为是"交易习惯"，另一方则认为是"不公平条款"的问题等。对于这些问题，笔者认为，在遵循前述学者提出的适用规则的基础上，还可以尝试

---

① 陈寒非：《民法典编纂中的民事习惯调查：历史、现实与方案》，载《福建行政学院学报》2015 年第 3 期。
② 参见王利明：《合同法研究》（第一卷），中国人民大学出版社 2002 年版，第 426—428 页。

根据合同种类确立有差异的交易习惯的适用原则，具体为：区分交易习惯在民事合同、商事合同①以及消费者合同中的适用，确立相适应的对待规则。

（一）交易习惯在民事合同中的适用

对于民事合同中的交易习惯，法官可以根据一般的社会知识、经验，根据一般人通常的理解来进行阐明和适用。事实上，有些法官在处理合同纠纷的时候，即运用了这种一般性来解释合同、处理纠纷。比如，在"丁某学与熊某群民间借贷纠纷"②案中，被告熊某群于2011年农历2月2日向原告丁某学借款40000元，并出具借条一份，约定利息为1分，农历5月15日前还清。原告于2014年5月12日，以被告不履行还款义务为由，向法院提起诉讼，要求被告还本付息。被告提出了原告的起诉已超过诉讼时效的抗辩意见。该抗辩意见是否成立？关键在于对借条中"农历5月15日前还清"的理解。"农历5月15日"是指哪年的农历5月15日呢？这是确定原告起诉是否超过诉讼时效的关键所在。对此，法官在判决书中认定，依照交易习惯，还款日应视为2011年农历5月15日。又因为原告不能举证证明存在诉讼时效中止、中断或延长的情形，故该抗辩意见成立。在这一案件中，法官对这种方式记载的还款期限，以交易习惯进行了认定：确定为出具借条的当年。这种释明和认定方式，即依据一般性的理解来进行的。这种一般性的理解是社会成员一般性的共识，或者说是"理性人"的理解。此时甚至不必由主张适用交易习惯的一方来承担举证责任。

当然，对于较为复杂的案件（如对交易习惯是否存在有争议），则需基于当事人的举证或法院依职权调取的证据进行判断和适用。比如，原告甲某诉被告乙房地产公司商品房买卖合同一案。③该案中，被告交付的商品房未安装铝合金窗，原告认为按照交易习惯，被告交付的商品房应安装铝合金

---

① 本书所称的商事合同，是指双方均为商事主体的合同，也即学说上的双方商事合同。

② 参见"丁某学与熊某群民间借贷纠纷一审民事判决书"，载中国裁判文书网，http://www.court.gov.cn/zgcpwsw/content/content?DocID=af5951f3-0d7a-41d2-bb7e-a1c57e0e20dc，最后访问时间：2022年12月7日。

③ 江西省高级人民法院研究室：《直面民俗习惯的司法之难》，载《法律适用》2008年第5期。

窗。但被告提出抗辩，认为对此双方的商品房买卖合同中未做约定，故其无此义务。本案的关键点在于：当地是否存在交付的商品房应安装铝合金窗这样一个交易习惯？本案一审判决原告胜诉，认可存在这一交易习惯，但认定过程太过简单，未论证其认定是基于原告的举证还是依职权调查，原告的证据是否足以支持该地存在这一交易习惯。二审判决否定了原审原告的诉讼请求，理由是合同未作规定。在这种存在争议的情况下，直接遵循一般性的理解做出认定较为困难，所以要在当事人举证的基础上进行确认，根据《中华人民共和国民事诉讼法》符合依职权调取证据情况的，可依职权调取证据。如果证明存在这一交易习惯，则应作为合同的默示条款，做出有利于原告的判决，如果证据不足以支持该交易习惯的存在，则应做出有利于被告的判决。无论是否存在这一交易习惯，均应给出充分的说明。

（二）交易习惯在商事合同中的适用

我国在学说上采"民商合一"观点，在立法上采"民商合一"体例，所以并不严格区分民事合同与商事合同。但由于商事活动的专业性和复杂性，商事合同与一般的民事合同相比还是有自身特点的，主要表现为：其一，相较于普通的民事主体，商事主体具有较强的谈判能力，而且缔约双方信息地位平等一般不需要强制规定的介入保护；其二，因商业运作面对瞬息万变的大环境，合同的复杂度更高，所以需考虑未来可能发生之风险而事先加以规划；其三，因为拥有更多工具可协助于事前评估风险，并在事后也更有承担风险的能力。[1]而一般的民事合同，一方或双方当事人未必占有充分的商业信息，也未必对收益和风险有较强的预测能力，对合同的条款也不一定进行细致的推敲，合同往往表现为一次性交易的特点。基于这样的差别，对于一般的民事合同和商事合同中的交易习惯，在理解和适用上宜有所区别。

对于商事合同中的交易习惯，不妨采取充分尊重的原则。商事合同中的

---

[1] 王文宇：《商法新思维——商事合同、商事组织与商事交易的视角》，载王保树主编：《中国商法年刊》，法律出版社2013年版，第80页。

交易习惯往往体现为商业惯例（或称商事惯例），是在长期的商事交易活动中经过反复实践逐步形成的，多数符合交易规律。所以，在商事审判实践中充分运用交易习惯很有必要。比如，"康某德与杜某霞、水泥办公室买卖合同纠纷"案①中，原告康某德诉称，原、被告是水泥购销业务关系，原告向被告支付了水泥款并收到了被告出具的收款条，原告向被告催要水泥和水泥款未果，故请求判令被告返还水泥款以及同期银行贷款利率计付逾期损失。被告对原告所持收款条没有异议，但辩称该收款条是原告收到水泥后偿付的货款。本案的争议焦点在于：该收款条载明的水泥款的性质，究竟是原告所主张的预付款？还是被告所坚持的偿付款？对此，法院在判决中进行了认定：原、被告作为商事交易的主体，其交易应符合一般的交易习惯，因水泥服务公司已被注销，其债权债务由其主办单位水泥办公室承担，故案由中被告之一水泥办公室收到原告的货款并向原告出具了收条，根据交易方式相对等的商事惯例，被告在向原告交付水泥或出具水泥提单时，也应该要求原告出具相应的凭证，以达到双方权利义务的平衡，而本案被告未能提供相关证据，故应当认定水泥服务公司未履行交货义务，被告应当承担交货不能的违约责任。本案中，对于争议焦点法院即采用商事惯例进行了分析，此处商事惯例的内容为：商事主体双方在向对方履行义务时应获取对方出具的凭证，未获凭证将可能会被认为义务未履行。对于此惯例，从事商事交易的双方均应有足够的认知，无须法院再进行过多的论证，予以充分尊重即可。

同时，又因为商事活动不同于一般的民事活动，其复杂性、专业性程度较高，在商事实践中形成的商业惯例也因此具有较强的复杂性和专业性，仅凭法官一般性的理解尚不足以解决对商业习惯的运用问题，而且不能苛刻地要求法官熟谙各类商业惯例。此时，可由主张适用交易习惯的当事人举证，法官主要从程序上审查其在行业中是否存在，内容上审查其有无违反法律、法规和公

---

① 参见"康某德与杜某霞、水泥办公室买卖合同纠纷一审民事判决书"，载中国裁判文书网，http://www.court.gov.cn/zgcpwsw/content/content?DocID=0dbbfc19-9117-4329-a7dc-428161a2d368，最后访问时间：2022年12月7日。

序良俗即可。当然，如果双方当事人主张的交易习惯彼此冲突，除遵循适用最接近于当事人双方意志、最能够为当事人双方所理解和适用的交易习惯的理念外，在方法上，可以采取专家证人的方式。专家证人以普通人能明白的方式把问题向裁判者深入浅出地解释清楚，有助于法官对交易习惯的理解、释明和运用，并进而作出令双方当事人信服的裁判。在美国，主张存在一种行业惯例的当事人负有证实其主张的举证责任。证明的方法通常是由熟悉特定行业的商业活动的专家出具证实这一行业内存在某种行业惯例的证明。[①]

（三）交易习惯在消费者合同中的适用

消费者合同，是指一方当事人为消费者、另一方当事人为经营者的合同，其与一般的民事合同、商事合同又有所区别，既要重视对消费者权益的保护，又要注意利益平衡。所以，在适用交易习惯尤其是行业惯例的问题上，亦需更契合的对待规则。

在消费者合同中，对交易习惯的适用与否及理由应予以更加充分的释明。在消费者合同中，作为一方当事人的消费者，在知识、经验等诸多方面均远逊于作为商人的经营者，双方处于事实上的不平等地位。当经营者主张适用交易习惯时，法官应充分考虑到消费者合同的这一特点。比如，"酒店业12：00退房"在酒店业看来，是一项国际惯例，是一种交易习惯，自然适用于交易双方。但在消费者和消费者权益保护组织看来，该条款属于"霸王条款"，对消费者不公平。酒店业中午12点退房行业习惯肇始于欧洲，后传到美洲、亚洲，成为酒店业的一项行业规范。我国的酒店业也采取了这一行业规范。酒店业和消费者之所以在这一行业规范产生争执，主要原因在于两者对结算时间上的理解不一致。消费者通常是以入住酒店小时为其结算的时间，支付一天的房费意味着理应住24小时，这是消费者一般性的理解。而酒店业认为消费者入住的主要目的在于过夜，客人住一个"间/夜"计收一天房费。在"旅客状告宾馆

....

① 王军：《美国合同法》（修订本），对外经济贸易大学出版社2011年版，第201页。

结算时间案"①中，被告方即以12点退房为交易习惯进行了抗辩。从法院的判决来看，没有对该条款本身的合理与否进行释明，但从格式条款的角度对该行规进行了认定，认为其不属于无效的格式条款，故没有支持原告的诉讼请求。

类似的案件还有手机"流量清零案"。②在该案中，对于如何理解《业务受理单》约定的"20元包150M流量"及原告在一个月内通过网络使用手机上网消耗的流量不足150MB时，被告将剩余流量月底清零、次月不再结转的行为是否构成侵权，法院给出的结论是"综合词句意思、合同目的、交易习惯以及诚实信用原则来确定"其真实含义，并驳回了原告的诉讼请求。

在"旅客状告宾馆结算时间案"中，法官显然没有采取对"一天"的一般性理解，虽然也没有明确认同12点退房的交易习惯，但从判决结果看，还是间接认可了这种做法。在手机"流量清零案"中，法官也采取了类似的方式。上述案件都涉及消费者在合同中交易习惯的认定与适用，但遗憾的是都没有对是否认可交易习惯进行释明。笔者认为，在消费者合同中，如果法官对一方（尤其是经营者一方）主张的交易习惯进行了认可和适用，有必要对其合理性进行释明，这有利于当事人服判息诉，也有利于减少今后的类似诉讼。消费者和经营者的合同纠纷，有些是因为经营者的不法行为所致，有些是因为合同条款本身不公平所致，还有些是因为消费者对经营者相关行业规范的不了解或不理解所致。所以，如果在判决中对所认可的交易习惯进

---

① 2008年3月17日16时，王先生入住北京某宾馆。房价：148元/日。3月18日14点王先生退房时，宾馆依据双方的旅客服务合同的约定，要求加收其半日房费。王先生认为宾馆加收半日房费的做法没有法律依据，属于霸王规定，违反了公平交易原则、等价交换的原理，故向人民法院提起诉讼，提出了要求宾馆退还多收的半日房费74元等诉讼请求。被告方在抗辩中即运用了交易习惯。法院依照《合同法》第4条、第25条、第26条、第40条、第44条、第60条第1款、第114条的规定判决驳回原告王先生的诉讼请求。

② 2013年8月，湖南长沙的消费者刘某向当地法院起诉某通信公司长沙分公司，原因是他选择了一个20元包150M的上网流量包之后，在8月1日发现自己在7月1日至7月31日未使用的92M流量被清零，便以自己的财产权益受到侵害为由向法院提起诉讼。法院没有支持刘某的诉讼请求。参见《消费者诉移动"流量清零"案一审败诉 称将上诉》，载央视网，https://tv.cctv.com/2014/02/23/VIDE1393109102490154.shtml，最后访问时间：2023年1月1日。

行了有说服力的解释，使消费者能够理解其合理性，那么接受起来就比较容易。如果法官对一方（尤其是经营者一方）主张的交易习惯不予认可、不予采用，亦应说明原因。通过裁判文书对于不合理的交易习惯予以否定，既能够使消费者的合法权益得到保障，又能促使经营者进行改进，提高其商品或服务质量。此外，法院还可以向经营者发出司法建议敦促其进行改进。在"杨某诉某航空公司、某某公司客运合同纠纷案"①中，受理本案的上海市徐汇区人民法院不但在判决中对机场只用专用代号标明的行业习惯不予认可，而且向中国民用航空局发出司法建议书，建议："对同一城市存在两个或两个以上民用机场，航空公司及航空客运销售代理商填开机票标明出发地点、使用机场专用代号时，应使用我国通用文字附注或以其他适当方式说明，以保证客运合同的正确履行，提升我国民用航空行业良好的服务形象。"中国民用航空局接受了这一司法建议，并进行了改进。所以，在消费者合同中，法官对于交易习惯是否认可及其理由应进行充分论证，这有利于作出让双方均信服的裁判。

结 语

交易习惯作为一种事实习惯，有别于习惯法，其在民法上具有重要的功

---

① 原告杨某购买被告某航空公司的上海至厦门九折机票一张。机票载明：出发地是上海PVG（上海浦东国际机场的代码），杨某到上海虹桥机场出示机票时，机场工作人员告知其应到上海浦东机场乘坐该航班。因已来不及赶赴浦东机场，造成误机和退票损失。故起诉要求退还票款、赔偿损失，并在机票上注明机场名称。被告某航空公司辩称：按照中国民用航空局的规定，某航空公司的机票都是使用自动打票机填开。自动打票机无法在机票上打印中文机场名称，故用机场代码PVG标明。某航空公司已尽到自己的义务，不同意原告的诉讼请求。法院在判决中认为，上海有虹桥、浦东两大机场，确实为上海公民皆知。但这两个机场的专用代号SHA（上海虹桥国际机场的代码）、PVG，却并非上海公民均能通晓。作为承运人的被告某航空公司，应当根据这一具体情况，在出售的机票上以我国通用文字清晰明白地标明机场名称，或以其他足以使旅客通晓的方式作出说明。

能价值。立法者对此需加以更多关注，使立法更贴近生活、更具有科学性和生命力，更具有可实施性，从而更充分地发挥鼓励交易、促进交易的作用，并能够得到普遍遵行。但由于制定法总是落后于社会实践的原因，使司法者在实践中高度重视交易习惯成为必要。司法者宜根据民事合同、商事合同以及消费者合同的不同种类采用相适宜的运用规则。但需要注意的是，与一般的法律适用相比，交易习惯的适用需要更透彻、更周延的论证。笔者认为可以此为基础，探索建立交易习惯的案例指导制度，将实践中法官运用交易习惯的典型案例进行归纳、汇编，对以后的案件审理起到启发、指引作用。

第二章

民事主体
制度重大
问题

第一节　人格权商品化视角下的法人人格权

当今社会，商品经济的烙印越来越深地打在每一个人的身上，以至于学界有观点认为所有的民事主体都成为"经济人"了。[①] "人的普遍商化"不仅使得财产法日新月异，同时也使人格权法所保护的人格利益越发呈现财产属性。人格权开始与市场经济碰撞而产生各种经济利益，自然人、法人无不受益其中。市场经济条件下，人格权的某些权能可依法转让或者授权他人使用，包括在遭到侵害以后通过财产损害赔偿的方式获得救济，[②] "人格权的商品化"已成必然。而其所引发的法人人格权的民法保护问题，也开始成为学界的热点问题之一。

一、人格权商品化与法人人格权

（一）人格权的商品化

人格权商品化是现代市场经济发展的结果，[③]市场经济的存在与发展离不开各类市场主体基础性作用的发挥。而最重要的市场主体——企业，多以法人的形态参与各种市场活动，创造社会财富。法人的财产与人格是其获得独立民事主体资格，并独立承担法律责任的前提。就人格权而言，传统民法认

---

① 范健、王建文：《商法基础理论专题研究》，高等教育出版社2005年版，第232页。
② 王利明：《论人格权商品化》，载《法律科学（西北政法大学学报）》2013年第4期。
③ 王利明：《论人格权商品化》，载《法律科学（西北政法大学学报）》2013年第4期。

为，"人格权是非财产性权利，并不以一定的财产利益为内容。人格权的客体即人格利益，不能直接表现为商品，其价值也不能用金钱衡量。人格权具有专属性，只能为权利主体所享有，不能转让和继承"①。然而，该传统人格权理论却难以解释当下日益普遍的自然人人格权商品化的现象，至于"法人人格权"更是从一开始就与财产属性密不可分。因此，传统人格权理论已经不能跟上人格权内容的实时扩张速度，不仅如此，人格权的商品化还对人格权理论提出了新的挑战。

首先，是对人格权专属性的影响。传统人格权强调"与权利主体相伴""不可转让"的专属性。而现代社会中，人格权的使用主体与权利主体的分离在"肖像权"等权利的商品化使用中（如广告）频频出现，当权利人主体资格消失后具有经济价值的部分还可以合法继承。其次，是对人格权内容的影响，由传统的人身利益与财产利益绝对分离走向结合统一。最后，是对人格权效力的影响，由仅强调消极保护即排除他人侵害，到积极使用人格权以获得利益。最后，人格权的损害赔偿方面将考虑经济价值因素。②因此，经过人格权商品化修正后的人格权理论才是当下讨论法人人格权的理论基础。传统的看法固然有道理，但面对人格权的商品化现象，已经略显保守。

（二）人格权商品化背景下法人人格权保护的挑战

前文已述，人格权的商品化对传统人格权理论提出了挑战。具体来看，就法人能否拥有人格权这一议题，否定论者主要从法人的团体人格、法人有别于自然人以及"法人人格权"的财产属性几个方面展开辩论。笔者认为，首先，法人的团体人格的确是法律抽象技术的产物，但人格终究不是人格权，也不能因为法人的抽象人格而排斥法律赋予法人人格权。其次，法人从产生之初便不同于自然人，但仍然拥有很多来自自然人的法律属性。同时，

① 范健、王建文：《商法基础理论专题研究》，高等教育出版社2005年版，第232页。
② 参见王利明：《论人格权商品化》，载《法律科学（西北政法大学学报）》2013年第4期。

一些专属于自然人的法律制度也未强行赋予法人，而是寻求独立的与之适应的制度。人格权也一样，那些专属自然人的，如健康权、生命权等，不用加诸法人；而那些法人可以拥有的，如姓名权等，赋予自然人也未尝不可。正是因为二者有许多不同，法人才要建立自己独特的人格权制度。最后，法人的人格权并不都是财产属性，财产权不能涵盖其人格权的所有内容。法人固然没有自然人来自"尊严"的心理起伏变化，但法人的团体成员也可能会集体受到羞辱，如某行业团体全部成员受到外界诋毁，而这种羞辱并不是财产属性。因此，在人格权商品化背景下，不论是理论层面还是现实层面，法人人格权都应该获得全新的保护。

人格权的保护与其他权利的保护一样，都要体现民法的平等保护及充分救济的原则。[1]我国《民法通则》对法人人格权及其民法保护问题作了一些原则性规定，但由于理论上的准备不足，这些规定仍很不尽如人意。[2]《民法典》第110条第2款明确规定法人享有名称权、名誉权和荣誉权之外，并未对法人享有的其他权利作出规定。

《民法通则》和《民法典》承认法人具有一些具体的人格权，但是从其行文表达来看均以"不得侵犯"立足，"可得支配"仅姓名权一处，其保护方式是将权利与救济相分离。也就是说，从目前我国法律的规定来看，其实没有正面回答法人人格权的权利属性问题，相应的民法保护也仅停留在侵权法之中。法人人格权相对自然人人格权更加能够为主体创造经济财富，其期待"可得支配"的需求更加强烈。人格权制度的完善，特别是如何在人格权商品化背景下构建完善的法人人格权制度，在我国民法制度体系化、科学化、规范化的过程之中，必将作为一个基础性的问题而存在。

---

[1] 王利明：《人格权法研究》，中国人民大学出版社2005年版，第670页。
[2] 马俊驹、余延满：《试论法人人格权及其民法保护》，载《法制与社会发展》1995年第4期。

二、法人人格权的界定

（一）法人人格权的产生与发展

法人，是经济组织体在法律层面的拟人化，其借助于商品经济发展到一定阶段后所产生的制度保障，得以作为一类独立的民事主体参与社会经济活动。对于法人的法律概念，学者多解释为"法律认可其主体资格的团体""法律创设，得为权利义务的主体"。[①]可见，法人的法律创设性特征十分突出。换言之，法人的存在以及法人享有何种权利均依靠法律的赋权。

相对于自然人，法人是一种"拟制"的法律人，其借鉴于自然人的法律特征，却又必然不同于自然人。一方面，就法人的财产性权利而言，是法人立足于社会的根本，也是法人制度能够得以源源不断地创造社会财富的基础，是法人最重要且无争议的权利。另一方面，就人格权而言，法人是否能够亦如自然人，却产生了巨大困惑。依赖于自然人精神利益的人格权往往被理解为"使自然人'人之成其为人'的法律表达"，[②]由此，保护法人人格权似乎就有了极大的阻力。法人制度最终被法律所确立，应首推《德国民法典》，这是适应资本主义经济发展的客观要求。[③]法人从产生至今，都是法律技术为适应经济发展而不断推陈出新的产物。事实上，法人人格权一直伴随着法人制度产生与发展的历史。

德国民法学界起初严格限制法人，法人仅可享有财产权利和负担财产义务，便无从谈起法人人格权的保护。更重要的是，姓名权引起了起草者的注意，在承认自然人姓名权的基础上，展开了对法人是否拥有姓名权的讨论。

[①] 朱庆育：《民法总论》，北京大学出版社2013年版，第407页；王泽鉴：《民法总则》，北京大学出版社2009年版，第150页。

[②] 尹田：《论法人人格权》，载《法学研究》2004年第4期。

[③] 马俊驹：《人格和人格权理论讲稿》，法律出版社2009年版，第235页。

尽管《德国民法典》第12条最终仅对自然人姓名权的保护加以规定，但也没有"不可适用于法人"的字样。1907年《瑞士民法典》第一次明确了法人的权利可获保护。至此，法人的名称权得到了民法典的承认，也为法人人格权的后继发展而抛砖引玉。

在我国，改革开放以后，"有形之手"的调控渐渐退出历史舞台，市场这只"无形之手"开始发挥对经济的调节作用，而经济基础的变化也悄然地反作用于上层建筑各领域，法人制度随之兴旺发展。各种社会组织通过法人制度获得了独立的法律地位，从而在市场经济的浪潮中谋求生存与发展。其中尤其以企业法人为先锋，它们渴望独立与自由。人格权在法人的法律地位中扮演着重要角色，是其独立地位的体现，也能为其创造经济收益。总之，不论是资本主义市场经济，还是社会主义市场经济，法人制度都是商品经济发展的必然法律技术成果，法人人格权的保护更是在人格权商品化大背景下显得尤为重要。

（二）法人人格权的法律特征

人格权是指以主体依法固有的人格利益为客体的，以维护和实现人格平等、人格尊严、人身自由为目标的权利。[1]人格权作为民事主体的一项与人格密不可分的精神方面的基本权利，已在现代侵权行为法中独立形成。[2]我国民法对自然人的人格权之保护已无异议，但对法人的人格权保护和其精神损害赔偿问题的解读却不一致。从本质上讲，法人不过是人格化的资本组织，而法人之所谓"人格"，不过是被用作区别或者辨认团体有无民法上独立主体地位的纯法律技术工具而已。[3]因此，法人人格与自然人人格呈现出天然的本质区别，法人人格权的法律特征正是其中的表现。

首先，法人是一种社会组织，没有自然生命属性。所以，法人人格权

---

① 王利明：《人格权法研究》，中国人民大学出版社2005年版，第14页。
② 关今华：《法人人格权及其损害赔偿》，载《法学研究》1991年第6期。
③ 尹田：《论法人人格权》，载《法学研究》2004年第4期。

应当与那些由自然生命衍生的人格权无缘。由生命衍生的人格权当属自然人的人格权，如肖像权、生命健康权等人格权必须依赖于生命体而存在，这些人格权均与法人无缘。自然人的人格权包括的内容应该比法人的人格权多许多。① 从立法例来看，瑞士在承认保护法人人格权的同时，也强调自然人天然属性的人格权不得为法人拥有。

其次，法人人格权与伦理关系自始无关，仅单一具有财产权之主体资格，表现形态极为抽象。自然人是具有尊严的主体，其人格权与道德伦理往往紧密联系，人格利益损害的表现通常包括情感、思维等变化，是能够描述和表达的。法人不具有思维、情感的表达能力，其人格遭受侵害后的损害是抽象的。前文已述，法人人格一词是用作区分团体有无民事法律上独立主体地位的法律技术工具，它没有任何的政治性，更没有任何的伦理性。②

最后，法人人格权与物质利益天然捆绑，有时能够成为无形财产，具有出让性。通常来说，自然人的人格权与财产利益没有直接关系，而法人人格权与财产利益相关联。企业法人口碑的好坏决定它在市场上的竞争力大小，口碑好的企业名誉评价也高，产品或者服务市场竞争力强，从而增加盈利。因此，从这一角度出发，企业的名誉、荣誉、名称就是市场，就是财富。③ 例如，我国《民法通则》就明确规定了企业法人、个体工商户、个人合伙有权使用、依法转让自己的名称。④《民法典》第1013条规定，法人、非法人组织享有名称权，有权依法决定、使用、变更、转让或者许可他人使用自己的名称。在人格权商品化的今天，法人人格权的商品经济性、人格利益与财产利益相结合性则更加明显。

....

① 黄文熙：《浅论自然人人格权及法人人格权的本质》，载《中国政法大学学报》2012年第5期。
② 黄文熙：《浅论自然人人格权及法人人格权的本质》，载《中国政法大学学报》2012年第5期。
③ 马俊驹、余延满：《试论法人人格权及其民法保护》，载《法制与社会发展》1995年第4期。
④《民法通则》第99条。

综上，法人人格权虽源于对自然人人格权的模仿，但其不具有生命特征、没有情感变化的表现能力，往往与财产利益紧密联系，仅可依照法律的规定享有某些具体的人格权。

三、法人人格权的分类

（一）法人的一般人格权

所谓一般人格权，相对于具体人格权而言，是指法律采用高度概括的方式赋予公民和法人享有的具有权利集合性特点的人格权，是关于人的存在价值及尊严的权利。[1]一般人格权并非人格关系，也不等同于主体的人格，更不是超乎所有民事权利之上的抽象权利，它只是相对于具体人格权而言，概括人格尊严、人格自由和人格平等的完整内容的一般人格利益。[2]

关于一般人格权的具体内容，通常认为"没有一个明确且无可争议的界限，划界也几乎是不可能的"。[3]因此，学界对于一般人格权，也多通过与具体人格权的对比来进行阐释。笔者亦认为，一般人格权高度抽象、概括，无法具体描述该权利。同时，一般人格权又是保护人格利益的兜底权利，当具体人格权利缺位时，一般人格权成为其保护的补充依据；或者在无法以具体的文字阐述人格利益受损时，可以采取的法律救济依据。

一般人格权罗列不尽，将我国学界多年的研究加以总结，一般人格权内容大致可以概括为人格独立、人格平等、人格自由和人格尊严四个方面。[4]对于自然人而言，一般人格权包含上述四个方面无可厚非。但对于法人的一般人格权

---

[1] 王泽鉴：《民法总则》，中国政法大学出版社2001年版，第126页。
[2] 王利明：《人格权法研究》，中国人民大学出版社2005年版，第160页。
[3] ［德］卡尔·拉伦茨：《德国民法通论》（上册），王晓晔、邵建东、程建英、徐国建、谢怀栻译，法律出版社2004年版，第171页。
[4] 王利明：《人格权法新论》，吉林人民出版社1994年版，第175页。

则不能一概而论，客观上看，人格独立、人格平等、人格自由三个方面似乎能够为法人人格权所涵盖，但对于法人是否具有人格尊严，则未能达成一致意见。

就法人人格独立而言，法人人格独立主要体现在法人的民事主体地位独立，不依附于其他任何个人和组织而存在。法人的财产独立是其人格独立的物质基础与保障。同时，法人能够独立地作出意思表示，具有独立的民事权利能力和责任能力，都是法人人格独立的表现。

就法人人格自由而言，从法律角度来说，自由是指权利主体的行动与法律规范的一致以及主体之间的权利和义务的界限。[①]法人来自法律拟制，法人的意志依法律规定而发生，也受到法律的约束。法人享有法律赋予的权利，承担法律规定的各项义务。法人的人格自由体现为法人能够自由选择是否建立法律关系，与何种主体之间建立法律关系，以及是否自由变更或解除这种法律关系。

就法人人格平等而言，人格平等是指法律地位上的平等，法人作为民事主体当然具有人格平等权。体现在法人与自然人、非法人组织在主体资格上是平等的，而且其人格受到的保护也是平等的。同时，法人人格各自独立，在民事活动中不受其他自然人、法人的意志所左右。

由上述分析可见，法人具有人格独立、人格自由和人格平等，似乎可以成立，但法人具有人格尊严这一命题尚无法加以证明。如果明确承认法人具有人格尊严，则无论是在理论方面还是在实践方面都难以令人信服。其实，关于法人能否拥有一般人格权，学界存在两种对立的态度，其主要争议之处也在于是否承认法人具有人格尊严。持肯定论的学者认为"法人人格权体系"应首先确定法人一般人格权，它是法人人格权的核心。[②]持否定论的学者认为一般人格权的基础为人类尊严之保护，故法人无一般人格权。[③]

就人格尊严而言，是指公民作为一个人所应有的最起码的社会地位，并

---

① 张文显：《法理学》，高等教育出版社2003年版，第401页。
② 刘思源、杜爱霞：《法人人格权的民法保护》，载《郑州轻工业学院学报（社会科学版）》2003年第1期。
③ 尹田：《论法人人格权》，载《法学研究》2004年第4期。

应受到社会和他人最起码的尊重。①尊严是极为抽象的，但它存在于每一个自然人的内心深处。可见，人格尊严需要依托自然人的感知、思维、心理等。人格尊严权是绝对权，也是每一个自然人都生而享有的权利，一个人既要主张自己的人格尊严，又要时刻给予他人人格的尊重。这种交互式的互相尊重是人格权最大的体现。法人作为一种法律拟制，没有自然人的心理活动变化和情感变化，很难说如何去尊重一个法人。而且，若法人有尊严权，自然人、媒体对法人的评价和报道可能会三缄其口，其社会评价将会不再全面。这也可能会腐蚀掉自然人人格和法人人格之间的天然界限。

从法人人格权的法律特点可以看到，法人人格权与具有伦理性色彩的权利无关。尤其是人格尊严强调他人的尊重，这在法人身上难以实现，更无法评价。一般人格权是对具体人格权的补充，无具体人格权可找时方能援引此权作为兜底。法人人格权需要法律的直接支持，换言之，就是需要一个个明确的权利陈述，方可给法人本身和其他主体以活动的指引，否则，添附一项抽象的权利实属不妥。因此，笔者认为，法人不具有一般人格权。

（二）法人的具体人格权

法人没有一般人格权，但是法人享有一些具体的人格权在理论和实践上争议不大。典型的具体人格权包括法人名称权，即法人有自己的名称，而且有权决定采用何种名称，还能够对名称进行更改甚至转让。法人名称权使法人具有社会识别度，避免法人之间就名称归属产生恶性竞争。法人也有名誉权，即法人有社会形象和评价不受他人侵犯的权利。法人的名誉有时关乎法人的生死存亡，面对恶意诋毁，法人需要救济，法人的名誉需要法律给予有效保护。另外，法人还可享有荣誉权，荣誉是法人获得正面评价的体现，法人有获得荣誉、维护荣誉的权利。相关荣誉能够提升法人的社会评价，促进法人健康发展，对法人有着重大意义。我国的立法也已经从不同侧面规定和承认了法人拥有上述具体人格权。

---

① 李步云：《宪法比较研究》，法律出版社1998年版，第479页。

综上所述，法人是否具有一般人格权曾引发过热烈的讨论，主要是"法人有人格尊严"这一命题难以令人信服，这也是法人与自然人的本质区别，是由法人产生的初衷以及法人人格权的特点所决定的，所以，不应承认法人具有一般人格权。但是，法人可以通过法律的明确规定享有一些具体的人格权。一方面，立法实践已经有所体现，说明有其合理性；另一方面，从理论上来说，法人享有名称权、名誉权、荣誉权等，有利于法人主体地位的体现，是法人得以平等参与民事活动的重要保障，故法人应该享有一些具体人格权。

四、法人人格权的民法保护

（一）世界其他国家或地区对于法人人格权的民法保护

大陆法系方面，德国民法学者对法人人格权的保护呼声一直很高。如梅迪库斯曾有论著称："法人具有一个受法律保护的名称。在其他方面，虽然法人不享有与自然人同样广泛的一般人格权，但法人的人格也受到法律保护。"[1]在这种观点之下，德国民法学界虽然认为法人没有一般人格权，但其人格仍然受到法律保护。日本同德国一样，没有在《日本民法典》中规定法人人格权，但是已有的判例确立了法人的名誉权。比如，1986年由日本最高裁判所作出判决，法人名誉权遭受侵害后可以要求加害者停止侵权，恢复名誉。[2]

在英美法系国家，不论是学说还是司法实践上，均通过判例形成了一套较为完整的法人人格权保护体系。有学者认为"法人，作为原告，能够对其遭受的各种侵权行为提起诉讼，但是显然对于某些类型的侵权行为如侮辱或凌辱，由于其本质属性决定了法人不可能受这种侵权行为的损害，不过，法

---

① ［德］梅迪库斯：《德国民法总论》，法律出版社2000年版，第822—823页。
② 于敏：《日本侵权行为法》，法律出版社1998年版，第336页。

人对此给其产生经营活动的损失，仍有权提起诉讼"①。

多数国家支持法人人格权的民法保护，至于损害赔偿的方式则都较为谨慎。但随着法人在社会生活中的地位不断提高，各国也逐渐尝试着扩大法人人格权的损害赔偿方式。例如，日本由仅支持请求去除侵害以及请求赔偿财产上损害，不得请求非财产上损害之赔偿，②发展到"法人因名誉被侵害而产生的无形损害，只要可以用金钱加以评价，就应承认法人有非财产损害的赔偿请求权"。③可以说，法人的非财产损害赔偿请求权得到了多数国家或地区的肯定并实践至今。

（二）我国法人人格权民法保护的立法与实践

1.法人人格权的立法解读

我国《民法通则》对于法人人格权作了较为系统的规定，体现于《民法通则》及相关司法解释之中。具体来看，《民法通则》第99条、第101条、第102条及第120条明确规定了法人享有名称权、名誉权、荣誉权，并规定法人上述权利受到侵害时有权要求停止侵害、恢复名誉、消除影响和赔偿损失。《民法典》基本承袭了《民法通则》的相关规定，其第110条第2款规定"法人、非法人组织享有名称权、名誉权和荣誉权"。并且在责任承担部分，《民法典》第179条延续了《民法通则》第134条的责任承担方式，为法人人格权的救济提供了具体路径和形式。

在司法解释方面，1993年《最高人民法院关于审理名誉权案件若干问题的解答》中，对法人名誉权受到侵害时能否要求经济损失赔偿给予了肯定答复，并进一步表明，公民可以提出精神损害赔偿。但并没有对法人能否以人

---

① 马俊驹、余延满：《试论法人人格权及其民法保护》，载《法制与社会发展》1995年第4期。
② 马俊驹、余延满：《试论法人人格权及其民法保护》，载《法制与社会发展》1995年第4期。
③ 黄黎玲：《探析我国民法对法人人格权的保护》，载《福建法学》2012年第2期。

格权受损为由请求精神损害赔偿作出答复。[①]《最高人民法院关于确定民事侵权精神损害赔偿责任若干问题的解释》第5条则明确规定，法人不能以人格权遭受损害为由请求精神损害赔偿。[②]因此从司法解释来看，法人不能请求人格权精神损害赔偿，但是随着未来司法实践发展能否赋予法人人格权的精神损害赔偿救济，目前来说还是存在一定空间的。

2.对我国法人人格权立法的简单评价

目前来看，我国民法关于法人人格权的规定较为系统，但法人人格权的相关规定还可以进一步完善。

第一，立法上法人人格权与自然人人格权有待进一步区分。伦理性是自然人与法人之间最大的鸿沟，但却并未在人格保护的法条中显现出来。《民法通则》中"公民、法人享有名誉权……""法人的名称权、名誉权、荣誉权受到侵害的，适用前款规定"等描述，均将自然人、法人的一些具体人格权做统一表述，这就没有体现上述提到的二者之间的差异，法人人格权的专有特征、内容更是无处寻找。《民法典》中的规定则相对简单，仅第110条简单述之。人格权商品化背景下，对法人人格权保护的声音已经日趋统一，应该在民法中为其设有明确规范。在未强调自然人人格权和法人人格权区分的背景下，如何有效丰富法人人格权的权利类别和权利内容，仍是难题。

第二，法人人格权的地位、内容有待进一步明确。于《民法典》以及相关司法解释规定可见，我国立法仅认可法人享有名称权、名誉权、荣誉权，并认可上述权利受到侵害时的损害赔偿请求权。但现有法条的发布和叙述多采用附属自然人人格权之方式，使得法人人格权的地位至今仍然受到不同程

[①] 1993年《最高人民法院关于审理名誉权案件若干问题的解答》答复：公民、法人因名誉权受到侵害要求赔偿的，侵权人应赔偿侵权行为造成的经济损失；公民并提出精神损害赔偿要求的，人民法院可根据侵权人的过错程度、侵权行为的具体情节、给受害人造成精神损害的后果等情况酌定。

[②]《最高人民法院关于确定民事侵权精神损害赔偿责任若干问题的解释》第4条：法人或者非法人组织以名誉权、荣誉权、名称权遭受侵害为由，向人民法院起诉请求精神损害赔偿的，人民法院不予支持。

度的质疑。人格权商品化背景下，法人人格权的地位不能模棱两可，应便于法人支配进而创造经济价值。很显然，以法人人格权比照自然人人格权进行赋权的方式，并不符合法人人格权的本质及其有效保护需求，这也是立法上未有效区分的痹症之一。

第三，法人人格权的民法保护途径有待进一步拓宽。在我国现行立法中，法人人格权之名称权可见"使用、依法转让"字样，名誉权、荣誉权则以"禁止"某种侵害行为的方式叙述，以"侵权责任"为救济。换言之，法人人格权更多的是被动救济，主动支配处鲜少，这与法人作为独立的民事主体地位所应享有的社会支持是相悖的。法人在社会中与不同主体进行民事活动，能够积极支配本身的人格价值是不可否认的内在要求。人格权商品化背景下，权利主体需要对人格权进行合理支配、使用。更重要的是，人格价值得以积极支配还能带给法人以经济价值，宣言似的立法对人格权的保护稍显无力，我们应使对法人人格权的保护从侵权法走向人格权法。[1]

（三）人格权商品化背景下完善我国法人人格权保护的建议

目前，我国民法对于法人人格权的立法虽然比较全面，但人格权商品化背景下，不论是传统人格权理论还是具体的人格权内容等都已经发生了变化。加之以我国民法对法人人格权保护的固有缺憾，其体系有待完善和补充，保护方式还需斟酌，结合前文研究，提出以下建议。

第一，《民法典》总则编继续保留了《民法总则》的内容。而《民法总则》较之《民法通则》，对法人人格权的规定相对简单，如前文述。因此，着眼于法人人格权未来完善的角度，可以充分利用司法解释的优势，以司法解释的方式进一步明确法人享有的权利（如名称权、名誉权、荣誉权等）的权利内容及权利边界，并考量是否需要增加新的权利类型。同时，明确对法人人格权的保护应该从事先救济和事后救济两方面展开，如法人不仅可以维护自己的名誉和荣誉不受他人恶意侵犯，拥有排除妨害请求权和停止侵害请

---

① 黄黎玲：《探析我国民法对法人人格权的保护》，载《福建法学》2012年第2期。

求权，亦可主张必要的损害赔偿。①

第二，立法设计或司法解释完善路径上强调法人人格权的独立性和特殊性，不必比照自然人人格权展开。不论《民法典》总则编、《民法总则》还是《民法通则》，在谈及法人的具体人格权时均以自然人是否享有某种人格权为前提进行设计。法人较之自然人虽然在法律地位等诸多方面有着相似性，但法人尤其是企业法人的人格权商品化在市场经济中具有举足轻重的地位。不可局限于自然人人格权的特性与意义进行立法设计。如明确名称权、荣誉权等的权利支配方式，赋以"权利保护方式"，给予法人主动支配人格权的规定，将极大提高法人在社会参与中的积极性，并加强品牌意识，提升竞争力等。

结　语

市场经济的高速发展使得生活商品化十足，人格权商品化也在经济发展浪潮中不可逆转地成为现实。同时，法人的社会地位和显示作用日益显现，其相关法律制度已经得到了较为完善的发展，但我国关于法人人格权保护的立法仍有所欠缺，这是人格权商品化背景下所不能忽视的。笔者认为，法人人格权应获得民法保护，法人不具有一般人格权，但应享有具体人格权。法人人格权与自然人人格权有着天然的差别，其没有生命属性，故没有与生命、伦理相关的人格权。法人人格权往往与财产利益等密切相关，具有出让性。我国民法关于法人人格权的立法较全面，但也存在一些值得讨论的问题。例如，与自然人人格权一体保护，没有给法人更多支配其人格权的规定，否定法人享有精神损害赔偿请求权等。笔者建议将法人人格权单独立法保护，明确其人格权的支配属性，并丰富和完善法人人格权的法律救济方式。

----

① 法人不可请求精神损害赔偿，在我国实务界已有定论，本课题对此不做进一步讨论。

第二节　农户的法律地位

农户的法律地位，是指农户在法律上的主体资格。[①]依据《民法典》总则编，我国的民事主体包括自然人、法人和非法人组织。"两户"位于自然人一章，即农村承包经营户（以下简称农户）、个体工商户。但与城市中须登记注册方可成立的个体工商户不同，农户因不要求登记注册，并不具有特别明显的民事主体特征。因此，虽然于《民法典》总则编中有所规定，但农户的法律地位如何，是何种性质的民事主体，迄今为止尚未形成较具有说服力的观点。相反，由于我国农村的土地使用分配和农业的生产经营活动基本是以"户"之名义展开，因农户法律地位不明所导致的社会问题及司法纠纷却越发增多。故此，如何科学地认定农户的法律地位就成为一个基础但又十分重要的问题。本书拟就对我国现行民事法律中的相关规范进行系统梳理，进而阐释农户的法律地位。

一、"农户"的界定

（一）现行及以往法律中有关"农户"的规范梳理

1.《民法典》总则编的规定

《民法典》总则编第二章以"自然人"为题，共分为四节。据此，自然

[①] 达华、亮海：《农户的法律地位初探》，载《探索》1986年第2期。

人是独立的一类民事主体。"农村承包经营户"位于该章第四节。按照体系解释的方法,《民法典》起草者明显将其视为民事主体来对待。[①]那么,同样按照体系解释方法,能否进一步确立,农户是自然人的特殊表现形式? 具有与自然人相同的法律地位?

具体来看,我国《民法典》第55条规定了农村承包经营户的含义。"农村集体经济组织的成员,依法取得农村土地承包经营权,从事家庭承包经营的,为农村承包经营户。"仅从字面表达,似乎可以轻易判断:"农村承包经营户以自己的名义独立为民事法律行为,依照法律规定,农村承包经营户不论是个人经营还是家庭经营,都必须以户的名义独立参加民事法律关系,取得民事权利,承担民事义务。"[②]《民法典》第56条第2款规定:"农村承包经营户的债务,以从事农村土地承包经营的农户财产承担;事实上由农户部分成员经营的,以该部分成员的财产承担。"那么,农户与农户成员个人的确不同,农户事实上拥有"农户财产"。

2.《民法通则》的规定

我国《民法通则》第27条采用农村承包经营户的表述,其规定为:农村集体经济组织的成员,在法律允许的范围内,按照承包合同规定从事商品经营的,为农村承包经营户。该条表明了农村承包经营户是集体经济组织的成员,其依法从事承包经营活动,权利义务都来自承包合同。同时,《民法通则》第28条规定:"个体工商户、农村承包经营户的合法权益,受法律保护。"第29条对其责任承担表述如下:"个体工商户,农村承包经营户的债务,个人经营的,以个人财产承担;家庭经营的,以家庭财产承担。"

3.《物权法》及《民法典》物权编的规定

《中华人民共和国物权法》(以下简称《物权法》)中没有直接出现"农户"字样,但是在"用益物权"编中,详细规定了农村家庭承包经营土地的

---

① 陈甦主编:《民法总则评注》(上册),法律出版社2017年版,第382页。
② 国务院法制办公室编:《中华人民共和国民事法典》,中国法制出版社2018年版,第10页。

权利、期限等。第124条还规定了农村集体经济组织实行家庭承包经营为基础、统分结合的双层经营体制。同时，《物权法》第125条、第128条、第129条、第132条分别就土地承包经营权人享有的基本权利、土地承包经营权流转、登记事宜以及承包地的征收补偿问题作出规定。

《民法典》物权编中第十一章以"土地承包经营权"为章节名，主要就土地经营权的流转等新议题作出规定，并以"土地承包经营权人"为权利主体。第十三章"宅基地使用权"中则以"宅基地使用权人"展开相关权利义务的叙述。其回避了农村土地承包主体以及宅基地使用权主体的明确，未直接规定"农户"作为物权主体，但是，依据《民法典》总则编以及最新修订的《中华人民共和国农村土地承包法》（以下简称《农村土地承包法》）第16条、《中华人民共和国土地管理法》（以下简称《土地管理法》）第62条第1款可知，家庭承包方式的承包经营权人确系农户，宅基地使用权人也是农户。

4.《农村土地承包法》的规定

《农村土地承包法》中将农村土地承包的方式分为家庭承包和其他方式承包。与农民生活息息相关的耕地、林地等采取家庭承包的方式。第16条规定了家庭承包的承包方是本集体经济组织的农户。此外，立法明确使用了"农户"这一概念，但并未界定何谓农户。尽管如此，依据前述《农村土地承包法》，农户就是土地承包经营合同的承包人，具备独立的民事主体地位。

5.《土地管理法》的规定

《土地管理法》第62条第1款规定："农村村民一户只能拥有一处宅基地……"同样地，也是以"户"作为宅基地申请的单位个体，个人不能成为申请主体。第2款就保障"一户一宅"原则作出进一步规定。如此表述能够被看作农户作为权利主体的表现。该法条第3款至第6款对宅基地的面积、批准、出卖住房等行为均以"农村村民"加以叙述，可见，农户仅于申请宅基地时临时成为权利主体。宅基地使用权的使用者实则是农户里的每一个成员，对附着于宅基地之上的房屋行使任何权利都只能是农户中的成员，而非农户本身。

6.《继承法》及《民法典》继承编的规定

我国《继承法》没有对农户的继承事宜作出特别规定，《民法典》继承编亦未单独提及农户。因此，农户涉及的继承问题同其他普通家庭财产一样，应当遵循继承的基本法理。也即农户承包所得的收益与其他普通财产无异。这里所称继承主体仍然是农户当中的个人，不论是承包人，还是承包人的继承人，都没有提及农户本身享有继承能力。

除上述民事法律外，相关司法解释规定："承包合同纠纷，以发包方和承包方为当事人。前款所称承包方是指以家庭承包方式承包本集体经济组织农村土地的农户，以及以其他方式承包农村土地的单位或者个人。"①如此，于司法实践方面，早已有司法解释确立了农户具有诉讼主体资格。第4条还规定，农户成员为多人的，由其代表人进行诉讼。②若因农村土地承包问题产生纠纷，以农户这一整体进行纠纷解决，该法条还进一步认可了代表人代表农户行使纠纷解决的权利。

（二）我国法律体系下"农户"的内涵界定

通过梳理我国现行及以往民事法律以及最高人民法院颁布的司法解释，可以清楚地看到：何谓农户，法律并没有清楚界定。除了个别立法之外，更多法律条文采纳"农村承包经营户"的表述。如此立法给人以农村承包经营户就是农户之感，但细细比较，两者还是有所不同。

农村承包经营户是我国农村经济改革浪潮中诸多因素综合作用的结果，是建立在农村家庭联产承包责任制的基础之上，由具有亲属血缘关系的户内成员构成的。农村承包经营户实际上是农村家庭承包土地后的结果，但对于农业家庭来说，是否要承包，也即是否成为承包经营户不是必然的，而是可以自由选择的。目前，我国农村的耕地只能由本集体组织内的家庭通过承包合同实现；非耕地（主要是指荒山、荒沟、荒丘、荒滩，以下简称"四荒"）的承包既可以由本集体组织成员承包，又可以由非本集体组织的单位或个人承包。若本集体组织成员承包"四荒"地，其能否取得农村承包经营户的资格，应区分两

①《最高人民法院关于审理涉及农村土地承包纠纷案件适用法律问题的解释》第3条。
②《最高人民法院关于审理涉及农村土地承包纠纷案件适用法律问题的解释》第4条。

种情况对待。第一种是已承包耕地，同时承包非耕地的"四荒"土地的目的是营利，此时就承包非耕地而言，不具有农村承包经营户的法律地位；第二种是未承包耕地或者承包的耕地不足以实现户内成员的自我粮食需求的，承包"四荒"土地的本集体组织的家庭，可以具有农村承包经营户的法律地位。[1]非本集体组织的成员承包农村非耕地后的权利与义务均由承包合同确定，但不具有农村承包经营户的法律地位。[2]

就"农户"的称谓而言，更多是一个历史的、口头的、约定俗成的概念。虽然我国《农村土地承包法》采纳了"农户"而非"农村承包经营户"的表述，但以"户"的名义分配宅基地和土地使用权，更多是为了计量和管理的方便。

可见，在我国社会主义建设的进程中，农村地区选择了一种与社会主义公有制相匹配的集体所有的土地制度。在该背景下，法律随之出台配套规范加以确认。"农户"通过承包土地成为农村承包经营户，但无论是现实操作还是法律规范都将二者视为一体。因此，农村承包经营户与农户虽在概念上能够有所区别，但在法律的客观世界里难以分辨。[3]基于此，可以认为，虽然法律文本分别采用了"农户"与"农村承包经营户"的表述，但二者在内涵上等同，即"农户"就是指我国的农村承包经营户。

二、"农户"的法律地位

（一）"农户"法律地位的不同学说及其评价

1. "非法律概念"说。我国社会主义市场经济体制下，农村土地采集体所有制，而具体的经营权即土地使用权通过家庭承包的方式实现。是故，我

---

[1] 李永安：《中国农户土地权利研究》，中国政法大学出版社2013年版，第11页。
[2] 李永安：《中国农户土地权利研究》，中国政法大学出版社2013年版，第10页。
[3] 朱庆育：《民法总论》，北京大学出版社2013年版，第467页。

国集体经济组织的形式，可称为集体之下的个体承包，由此产生了农村承包经营户的称谓。据此，有学者提出，"农村承包经营户"即本书中的农户实际上不是一个法律概念，它仅是农村集体经济组织的一种生产方式的法律表现，反映的是我国经济发展历史中的一个阶段性特征，最终将会被市场经济的发展与市场主体统一规范的现实要求所淹没。[①]对于此种观点，本书不敢苟同。可以肯定的是，"农村承包经营户"的概念来自《民法典》第55条的直接规定，农户承包土地则依赖于《农村土地承包法》的授权，农户的权利义务依照承包合同加以确立。据此，我国《民法典》物权编设有"用益物权"制度，对这种只享有占有、使用和收益的权利加以界定，区别于完整的物权。因此，不论是农户的产生，还是其所享有的权利和承担的义务都是有法可依的，具体权利类型也有法律的明确界定，因此，认为农村承包经营户不是法律概念的观点未免牵强。只要我国的国情不变，农村承包经营户就将长期存在，否认其作为一个法律概念，不仅与现实立法不符，也不利于解决当下因其法律地位模糊而产生的问题。

2. "商事主体"说。《民法通则》第27条规定"农村集体经济组织的成员，在法律允许的范围内，按照承包合同规定从事商品经营的，为农村承包经营户"。根据法条表述，农户承包土地后从事的活动是商品经营，故有学者提出农户是商事主体，认为农村承包经营户与个体工商户、个人独资企业一样，同属于商个人的一种。[②]但是，《民法通则》的法条表述之"商品经营"实际是在家庭联产承包责任制落实之初对以往禁止个人从事商品经济行为的突破，并不是真正将农户推向商人之列。商个人必须是依据法定程序取得商事能力、独立从事营业性商行为、依法承担商事权利和义务的自然人，[③]以营利为目的之经营行为是其最核心的特征。但时至今日，我国绝大多数农户从

---

① 任尔昕、郭瑶：《我国商个人形态及其立法的思考》，载《甘肃政法学院学报》2009年第6期。

② 赵旭东：《商法学》，高等教育出版社2007年版，第31页。

③ 游文丽、张萱：《农村承包经营户的法律地位问题探究》，载《北京化工大学学报（社会科学版）》2013年第2期。

事农业生产活动的主要目的仍是满足自我粮食需求，专门从事营利性经营活动的家庭数量较少，很难将我国的农村承包经营户认定为商主体。《民法典》第55条更是将"从事商品经营的"更改为"从事家庭承包经营的"，进一步消除了农户的商业性。

3. "非民事主体"说。有学者提出，从现代婚姻法的视角审视农村承包经营户，若认定其具有民事主体地位，将与现代婚姻法的精神相悖，与反对家长制的理念背道而驰。"如果在每个家庭成员的法律人格之外，再承认各个家庭成员之总和即'家'这种组织享有法律人格，家之构成分子必然划分为'家长'和'家属'，'家长'就必然或多或少地享有家长权。"[①]对此，笔者认为，在农户与户内成员之间可能存在家长、家属的划分，但这并不是现代婚姻精神所完全否定的。事实上，一个完整的农村家庭中，本就有家长与子女之分。家长对子女的教育和管束也是必然存在的，不会因为该农户有了独立的民事法律地位就增强或削弱这种客观的、天然的亲属成员划分。

4. "新民事主体"说。该学说从民事法律关系的角度分析农村承包经营户的主体地位。例如，有学者指出，诸多法条中都能看到农村承包经营户是以权利义务承受者的姿态呈现出来，若否定其民事主体资格，将会使以农村承包经营户为法律效果承受者的法律关系的维持变得困难。立法明确规定了农村土地的承包方是由集体经济组织成员组成的家庭（即所谓的农户），而不是单个的自然人（家庭成员），并且《农村土地承包法》第16条和第17条规定了土地承包方（农村承包经营户）相应的权利义务，因此，否认农村承包经营户独立的民事主体资格，将会导致土地承包法律关系中的权利和义务不明确，也会造成我国农村集体经济分散经营的模式陷入困境。[②]

同时，还有学者亦认为农村承包经营户完全可以成为我国民法上的一种新民事主体。这是因为"第一，农村承包户是根据婚姻和血缘关系所联系起

---

① 张学军：《"两户"制度初探》，载《当代法学》2005年第1期。
② 李永安：《中国农户土地权利研究》，中国政法大学出版社2013年版，第13页。

来的组织体，大多由2人以上的成员所组成，因而与单个的公民是不同的。第二，农村承包经营户的财产大多是共同共有财产，与单个公民的个人财产毕竟是有别的。第三，在农村承包经营户中，个别成员的死亡和丧失劳动能力并不影响该户的消失，也不影响该户对外所承担的财产责任。第四，农村承包经营户在从事经营活动中可以以户的名义出现。有的还以户的名义在银行开户，户主是户的当然代表，其对外代表本户所为的民事行为，一切法律后果都应由户的全体成员承担"[1]。因此，农户既有个性的一面，又有团体性的一面，划归自然人或法人均似牵强，是一种特殊的权利主体。[2]

（二）"农户"独立民事主体地位的确立

前述观点，尚未形成高度共识。笔者认为，判断农户是否具有独立的民事主体地位，首先应讨论民事主体的判断标准，为农户民事主体地位的成立提供评价手段。而关于民事主体的判断标准，主要有以下几种观点。

1. 独立意志说，认为衡量一个社会存在能否成为民事主体应看其是否具有独立的意志。[3]

2. 综合判断标准说，认为民事主体的判断应综合采用"四要件"的判断标准，即名义独立、意志独立、财产独立、责任独立。[4]但也有观点认为，独立的责任能力不再是确定民事主体的要件。[5]

3. 民事权利能力判断标准说，认为凡是法律关系的主体，都应具备能够依法享有权利、履行义务的法律资格，即权利义务能力，简称权利能力，[6]一个适格的民事主体应该首先具有民事权利能力。

---

[1] 王利明、郭明瑞、方流芳：《民法新论》，中国政法大学出版社1988年版，第200页。

[2] 高宽众：《我国农户法律地位初探》，载《法学研究》1984年第2期。

[3] 张晓鸥、吴一鸣：《论"其他组织"的法律地位：兼论民事主体标准》，载《南通职业大学学报》2003年第2期。

[4] 陈华、刘勇：《合伙可以成为独立的民事主体和民事诉讼主体》，载《法商研究》1999年第5期。

[5] 肖立梅：《家庭的民事主体地位研究》，载《河北法学》2009年第3期。

[6] 张文显：《法学基本范畴研究》，中国政法大学出版社1993年版，第273页。

上述观点，各有一定道理。"民事权利能力判断标准说"从静态的角度出发，作为判断标准看似合理，但是对于需要借助该标准进行主体资格判断时不具有可操作性。作为自然人的团体构造形态，无法得出其同自然人一样具有先于法律的权利能力。因此，若以其尚不确定的属性判断其尚需确切属性支持的资格问题，得出的结论也未必客观。"独立意志说"其实是抓住了民事主体实现私法自治最重要的条件，即动态的民事交往能力之前提——意思表示。但独立意志往往又是意思表示形成效力的判断因素，而意思表示本是法律行为的核心要素。法律行为能力不同于权利能力，其侧重的是民事主体的法律交往能力，是一种动态的能力，而非静态的权利能力。而是否具有独立意志需要借助其他方面的表现证明，独立意志本身也存在一个判断标准问题。因此，若以"民事权利能力判断标准说"和"独立意志说"来判断"农户"的主体资格，可操作性较弱且论证周期过长。"综合判断标准说"虽然略显陈旧，但相对其他的民事主体判断标准仍具有一定合理性，值得借鉴。该判断标准明确罗列了各种主体资格的要素，而且相互之间形成了比较完整的资格判断链条。从实证法角度来看，团体构造之法人具有主体资格的条件也莫过于名称、财产等方面，作为另一个自然人构造的"农户"借鉴法人的成立条件，在理论上也是可行的。

第一，农户可以具有独立的名称。独立的名称，不一定非要农村家庭具有一个特殊的称谓，而是既能区别于其他组织和个人，又能区别于户内个体成员的名义即可。中国的农村社会，仍还保留着"熟人社会"的痕迹，村与村之间，组与组之间，个人与个人之间，一户与一户之间都能够对彼此较为了解。费孝通先生说过："从基层上看去，中国社会是乡土性的"，[1]"乡土社会是安土重迁的，生于斯、长于斯、死于斯的社会"[2]。即便是在今天，这种乡土性在农村地区仍然是存在的。农村的一户人家之于其他人和其他户经常以"户"的名义出现，从古代对府邸以男主人的姓氏加以称谓，到如今以

---

① 费孝通:《乡土中国》，北京出版社2005年版，第1页。
② 费孝通:《乡土中国》，北京出版社2005年版，第72页。

户主的名义称呼整户，都不需要特定的其他名称，"李家人""张家人"等足以构成具有区别功能的农户称谓。从这一点来说，农户具有独立的名称无可厚非。

第二，农户具有独立的意志。按照"非民事主体说"的论述，土地承包经营合同的权利义务虽然名义上是"农户"，但实际是由每一个农户内的成员落实承担。伴随着时间的推移，每一户都有新生命的降临，也会有人逝去，同时还有婚嫁、升学等其他户口迁移状况，若如此，该承包合同的主体是否需要在每一次人口变动时都重新签署？答案必然是否定的。另外，农户当中难免有未成年人或其他限制民事行为能力人，若真要以他们为承包合同的主体，又如何保证合同的签署效力，又如何使得合同如约履行。因此，"农户"是承包经营合同的主体具有一定合理性。这在我国《民法典》《土地管理法》和《农村土地承包法》中都有体现。从目前的司法实践来看，农户还具有一定的民事诉讼能力，农户可以作为土地承包合同纠纷的当事人，户主可以代表农户进行诉讼的意思表示。[1]也就是说，农户此时是诉讼主体，而户主此时具有代表整户成员应诉的能力，诉讼结果作用于整户。

具体来看，农户的意思形成以农户成员协商一致为主，户主意思为辅。通常情况下，以现代农户的构成来看，一般不超过三四辈人，户内成员就涉及承包土地事宜、宅基地使用权事宜进行讨论，成员之间以某种方式发表意见及主张达成一致或多数一致的难度不大。农户意思的形成方式取决于每一个家庭的家庭文化，法律无须过多参与，具体的形成过程不需要法律的详细规定。家庭不同于法人或其他组织，其更多的是亲属、血缘联结而成的，伦理性与私隐性特点很突出。当然，若除户主外的其他家庭人员都不具有民事行为能力，那么自然就只能以户主的意思为整户的意思。

第三，农户具有必要的财产。家庭以同居共财为其特点，是社会中主

---

[1] 详见《最高人民法院关于审理涉及农村土地承包纠纷案件适用法律问题的解释》第3条和第4条。

要的生活单位和生产单位。[①]家庭共有是我国《民法典》物权编规定的"共同共有"的典型表现形式之一。农村家庭同居共财的特征十分明显，针对与集体身份有关的财产更是在农户这一主体之上取得的。农户集体身份方面的财产体现在宅基地使用权和承包经营的土地带来的各种产出和其他收益上。就宅基地使用权来说，宅基地的原始取得只能以户的名义进行申请，农民个人无法成为宅基地原始取得的申请主体。宅基地不论是使用还是征用补偿，都以农户为主体展开。承包经营土地更是如此，土地产出无非是满足自我的粮食需求和增加收入两个方面。产出的农作物首先满足整户的粮食需求，未成年人和老年人不能在耕作过程中付出劳力但也有获取农作物产出的权利。承包土地被征收征用时的补偿也是以户为单位。因此，农户有一定的财产基础，这种财产明显区别于户内成员通过其他方式获取的个人收入。

第四，农户具有登记公示主义的法制基础。根据《中华人民共和国户口登记条例》的规定，户口登记工作由各级公安机关主管，户口登记以户为单位，婴儿出生、公民死亡、户口迁移等都需要进行登记管理。我国农户在此管理制度之下，为其民事法律地位的外观条件确立提供了可能。农户的成立、成员变更、终止都要履行登记手续加以公示，如此，农户的民事法律地位，可自其登记成立户之日起获得，以户的注销登记为结束。

三、"农户"的财产与权利

（一）农户的财产

农户的财产问题，主要涉及农村集体组织与农户之间的财产关系，以及农户内部成员之间的财产关系。

---

① 肖立梅：《家庭的民事主体地位研究》，载《河北法学》2009年第3期。

1.集体组织与农户之间的财产关系

对集体组织与农户之间的财产关系进行讨论，必须从对集体所有制这一经济体制的理解入手。集体所有制既不是一种共有的、合作的私人产权，也不是一种纯粹的国家所有权，它是由国家控制但由集体来承受其控制结果的一种国家特有的制度安排。[①]因此，国家对集体所有权的控制性很强，集体所有只是承担这种控制产生的结果。虽然从法律归属分析，农村的土地和其他生产性资源属于农民集体所有，但实际上，农民集体与国家的权利关系一直没有得到清楚的厘定，到底集体之下的农民拥有什么实际权利，长期以来都是笔糊涂账。[②]因此，集体所有制仍然只是一个粗糙的体制框架，其内部的财产权问题，尤其是集体所有制下农户与农民的财产关系问题仍待解决。

集体所有制之下，要成为集体土地物权的行使主体，只有具备"集体成员"这一身份才能实现，而这个"身份"便是农民。从这点来看，集体组织与农民之间是一种相辅相成的关系，互相依赖彼此而存在，财产关系方面亦是如此。换言之，集体成员身份问题的实质就是财产的归属利用问题。"集体财产是一种特殊的财产，既凝聚着集体组织的整体利益，也凝聚着集体成员的个人利益，而且集体组织的整体利益说到底也就是集体成员的共同利益，因此，集体财产的问题总是与集体成员的身份联系在一起的。集体成员的身份是集体成员权利的基础，集体成员权利的总和就是集体成员所有权，因此，集体成员的身份与集体所有权是不可分离的。"[③]

2.农户内部成员之间的财产关系

关于农户内部成员的财产关系，主要有"按份共有"说和"共同共有"说。"按份共有"是指两个或两个以上的共有人按照各自的份额分别对共有财产享有权利和承担义务的一种共有关系。"共同共有"是指两个或两个以

---

① 国务院发展研究中心农村经济研究部：《集体所有权制下的产权重构》，中国发展出版社2015年版，第86页。

② 国务院发展研究中心农村经济研究部：《集体所有权制下的产权重构》，中国发展出版社2015年版，第86页。

③ 孟勤国：《物权法如何保护集体财产》，载《法学》2006年第1期。

上的公民或法人，根据某种共同关系而对某些财产不分份额地共同享有权利并承担义务。就农户而言，无论是分配宅基地还是对外承包土地，都是以"户"作为当事人，而非户内成员个体。农户成员的增加与减少有多种情况，既有出生和死亡等自然状态，同时还有婚嫁、升学、户口迁移等人为状态。但不论是哪种状态，我国奉行"增人不增地，减人不减地"这一法定原则，[①]因此，不论农户内部成员如何变化，宅基地和承包土地都不会变化，这样一来，按份共有就无从说起。另外，从宅基地和承包土地的角度来说，其虽有被征用、回收等可能，但就本身的属性来看，是不能被"分割"的。对此，有学者一语中的，由于作为分母的土地不变而作为分子的人数变化，其结果是各成员持份的"浮动性"和"潜在化"，根据"农户"为当事人的承包合同所取得的财产属于"目的财产"，原本就不具备可"分割"的可能，故共有形态应当共同共有。[②]因此，农户对其财产为共同共有关系。

（二）"农户"的权利

我国《民法通则》和《民法典》均明确规定了农户的合法权益受法律保护。《农村土地承包法》肯定了农户承包经营土地是一种权利，农户依法享有对承包地的使用、收益以及承包经营权流转收益，经营和处分产品的权利。当承包的土地被征用、占用时，可以获得相应的补偿。由此可见，对于农户的合法权益，我国民事法律首先以整户的名义予以肯定，并没有以家庭成员作为上述权利的享有者展开表述。具体而言，农户的权利包括以下方面的内容。

（1）以独立主体身份参与民事法律关系的权利。主要表现为独立参与土地承包经营合同以及和其他主体订立合同的权利。（2）土地承包经营权和宅基地使用权。对于农户来说，既要有安身立命之所又要有基本的生活及收入保障，因此，农户拥有宅基地使用权和土地承包经营权，为农户的基本生活

---

① 渠涛：《农户承包集体土地合同上的财产关系》，载《北方法学》2014年第2期。
② 渠涛：《农户承包集体土地合同上的财产关系》，载《北方法学》2014年第2期。

提供保障。（3）生产经营权。明确农户对所承包土地的生产经营权，避免与集体组织之间就生产资料发生纠纷。（4）所有权。农户民事地位的保障，以其财产为物质保障。对土地的使用和经营必然带来农业产出，对这些产出以及户内成员交给农户所有的财产，农户拥有所有权，其他单位和个人不能侵犯。（5）民事诉讼权。当农户的合法权益遭受侵害，有权诉诸司法机关。农户可以独立参与民事诉讼。

结　语

民法规范不仅将其法律效果指向人，更是直接对人的主体地位作出规定。[①]要想真正意义上保障"农户"承包主体资格和其他方面的民事权利，就要对其独立的民事主体地位进行明确规定。但是现有的民事基本法并没有对"农户"的法律地位进行直接言明，导致各方解读不一致。本书的研究表明，就目前"农户"的法律地位来看，其不同于自然人和法人，应是一种新兴的独立的民事主体类型，仍然有厘定"农户"法律地位之必要，且可通过学说及司法解释乃至指导性案例之努力，进一步完善立法保护。

---

① 朱庆育：《民法总论》，北京大学出版社2013年版，第367页。

第三节　论成年监护制度

监护在《民法通则》中仅有三条规定，即监护人范围、监护责任及利害关系人申请宣告为无民事行为能力人和限制民事行为能力人。而在《民法通则》的司法解释中，直接或者密切相关的条文有五条，包括：对于与精神健康状态相适应的判断因素；精神病人（包括失智人员）不能完全辨认或者不能辨认自己行为的判断因素；无行为能力人或者限制行为能力人纯粹获益的行为有效；法院认定成年人无行为能力或者限制行为能力的根据或者参照标准；法院认定的特殊程序。《中华人民共和国老年人权益保障法》（以下简称《老年人权益保障法》）在借鉴域外法的基础上，其第26条规定：具备完全行为能力的老年人，可以事先与愿意承担监护职责的个人、组织进行协议，为自己确定监护人，在丧失或者部分丧失民事行为能力时，该监护人承担监护职责。2020年通过的《民法典》中，成年监护制度最大的亮点在于充分尊重成年被监护人的意愿，新设了意定监护制度，监督监护人的力度加大，强调公权力机关对监护人的最终责任。但笔者认为《民法典》成年监护制度仍存在一些不足，需要对其进一步探讨。

一、域外成年监护制度的变革以及我国《民法典》总则编的应对

（一）英国基于自我决定权和残余能力的利用而进行的变革

英国在1985年制定并在1986年3月10日施行的《持续性代理权授予法》，

是尊重本人决定权及残余能力最佳及最典型的任意代理制度。该法的核心内容是：年满18岁以上的成年人在有意思能力并能充分理解持续性代理权的意义、内容及效力时，可以预先选定所信赖的年满18岁并没有受破产宣告的自然人或者信托公司为代理人。依照法定的方式授予持续性代理权，以便在自己将来丧失意思能力时，由该代理人按照本人原来的意思及希望代为管理本人的财产。2005年英国通过了意思能力法，对本法基本原则、意思能力和决定能力欠缺的判断标准、代理人的类型、公共机构的设立等方面进行了较为全面的规定。①

（二）德国监护制度的改革

《德国民法典》旧有的禁治产与准禁治产制度的主要缺陷在于在被宣告之后引起的法律后果十分严重，有的甚至不能结婚。加之法律对于被监护人状况的诊断及治疗行为等人格利益的事项如何进行监护并没有明文规定，因此从20世纪70年代开始，德国有了改革成年监护制度的呼声。最终在1990年通过了《成年人的监护与保护规定的改革法案》，后该法案经过1998年、2005年的两次修订。德国改革的主要举措是将过去的监护制度与保佐制度合二为一，建立可照护制度。照护制度与意定代理、法定代理制度相互配合，只有在身体、智能或者精神障碍而导致无法全部或者部分处理自己事务（是指因疾病或者障碍不能自由决定其意志）时，自然人才可以依必要性原则申请法院为自己或者法院依职权设置照护人。照护人设置后，不影响被照护人的行为能力，原则上享有婚姻缔结能力或者遗嘱能力。为了保护被照护人的利益，监护法院可以作出"同意保留"的命令或者决定，即在特定事项下需要经过被照护人的同意，但具有人身属性的行为照护人并没有权限。对于一些特定行为，如主要医疗行为、结扎手术、收容婚嫁创业资金约定及给予行为等照护人必须征得监护法院的许可。②

---

① 叶欣：《现代成年人保护制度的民法研究》，武汉大学出版社2011年版，第66—70页。
② 叶欣：《现代成年人保护制度的民法研究》，武汉大学出版社2011年版，第47—51页。

（三）日本监护制度的改革

在20世纪末日本对监护制度进行了修订，曾颁布了四个法案，并于2000年4月1日开始实施。日本与德国一样，废除了禁治产、准禁治产制度，去掉了无行为能力的概念。新的制度有法定监护、任意监护两种，前者是按照法律的规定进行设置，但被监护人、被辅佐人的能力得到充分的尊重，并在登记制度上有了一些改变。①新增加的任意监护制度与英国的持续性代理制度有极大的相似之处，即委托人在行为能力正常的情形下通过与选定受托人签署任意监护契约，当其出现精神障碍等事由而导致意思能力缺失时，可以按照事先约定交由委托人管理。但相较德国细致的规定，日本成年监护制度有些方面并没有涉及，如关于德国监护法院许可的事项。

由此可以看出，世界范围内许多国家或地区面临着老龄化的问题，各国或者地区为此在法律层面都做出回应，大都设立意定监护制度。即使在法定监护中也尊重被监护人的意愿。监护人的监护（德国为照护）范围不再限于财产，还扩大到身体照护（包括生命、身体、健康、医疗、护理、长期照护事务的处理等）。但因各国或地区的文化背景不同（即使文化背景相同，制度也有所差异），具体制度设计上也有较大的不同。为了共同面对老龄化社会，促进彼此间的交流，2009年在日本召开了世界成年监护大会及东亚成年监护会议，之后每两年举办一次。在2014年召开的会议上，会议讨论的主题有：国家与家庭成员在成年监护制度中的定位以及关系；意定监护制度如何运行，如何协助受监护人作出决定；法院在宣告无行为能力与限制行为能力制度中如何选任监护人，调解制度在其中如何发挥作用；职业监护人的设立与培训等。

在建立符合中国特色的成年人监护制度时，除因应世界发展的趋势外，还应考虑到中国的孝道文化的传承、现代城镇化、农村人口流动之后老年人保护的实际情况等。因此，我国成年监护制度的重构需要考虑的因素较多，需要重新理顺这些背后的社会文化等问题，然后再提出解决问题的方案。

---

① 叶欣：《现代成年人保护制度的民法研究》，武汉大学出版社2011年版，第54—55页。

二、我国《民法典》总则编对于域外制度借鉴时应考虑的因素

（一）《民法典》总则编对于成年监护制度的规定与评价

《民法典》总则编第33条与第35条的规定，构成了成年监护制度的两大亮点。其中第33条强调成年人在具有完全行为能力的情况下可以用书面形式与自然人、组织订立协议，为自己设立监护人。而第35条则规定了监护人行使监护人职责的最基本要求即最有利于被监护人的原则。

可以说，我国《民法典》总则编关于成年监护制度的规定是我国监护制度较大的一次变革，基本上顺应了世界的发展潮流，同时又为将来制度的发展预留了较大的空间。

可能有学者会以英国、德国、日本的监护制度为参照物，认为我国《民法典》总则编规定的步伐太慢，没有完全学习其他国家的先进经验，如与行为能力没有脱钩，公权力机关监督有待提高，条文的细化程度需要提高等。笔者认为任何法律制度的设计均需考虑本土的人文环境，如人口规模、文化因素等，不能一蹴而就。

（二）人口规模

按照人口学理论，60岁以上人口比例达到10%或65岁以上人口占总人数的比重达7%就进入了老龄化社会，而65岁以上人口占14%为深度老龄化社会，占20%为超老龄化社会。根据第七次全国人口普查数据，我国65岁及以上人口比重达到13.50%。[①]老龄化社会已经到来，意味着老年人的失智情况可能也随之增多。

目前，我国成年人监护制度中监护人只能以亲属为主，公权力机关为辅。

---

① 参见《国务院第七次全国人口普查领导小组办公室负责人接受中新社专访》，载国家统计局网站，http://www.stats.gov.cn/sj/sjjd/202302/t20230202_1896487.html，最后访问时间：2023年3月1日。

在人口较少的国家或者地区，加强国家权力在监护制度中的地位和作用，有学者断言：成年监护制度已经成为公法，而不再是私法。

（三）老人社会支持模式与家庭文化的传承

社会学家对于广州、杭州、郑州、兰州以及哈尔滨五个城市的转型期中国城市家庭情感重心进行了大规模的调查，结论是家庭的情感重心并没有从父子轴完全转向夫妻轴，两轴是并重的。近六成的被访者负担父母日常生活、资助或照料，其中有些人既资助又照料父母的日常生活，定期资助父母的超过三成。[①] 对于农村老人的支持体系目前并没有相关的调查分析。从笔者的观察看，老人在身体健康时有的随子女生活，有的自己生活，但一旦生病有不少随子女生活，无人管的情况不多。

因此，在我国现阶段成年监护制度目前由其亲属担任其监护人是毋庸置疑的，但应当强化公权力机关以及其他群团组织、自治性团体、事业单位等对于监护人的监督责任。对于孤寡老人等，在没有其他亲属愿意承担监护人的情况下，《民法典》第32条规定，民政部门承担监护人，也可以由具备履行监护职责条件的被监护人住所地居委会、村委会担任。事实上，上述三类组织长期承担监护责任的情况较为少见，因此有必要设立职业监护人，为其就医、重大财务问题进行决策。

三、宣告无行为能力与限制行为能力的司法实践考察

笔者在中国裁判文书网（2017年2月9日访问），依次输入民事案件—案由（选择：申请宣告公民限制民事行为能力）—裁判年份（选择2016年），得出了全国的案件数为880件，排在前三名的省、直辖市分别为上海市、四

---

① 马春花、李银河、汤灿等：《转型期中国城市家庭变迁——基于五城市的调查》，社会科学文献出版社2013年版，第234页。

川省、浙江省，案件数分别是159件（找到157件）、101件、82件（重复1件，实际找到80件）。数量之少，超出了笔者的预想。按照老龄人口失智的比例、交通事故脑受伤人数以及先天精神疾病的人数的总和，也不应这么少。笔者在中国裁判文书网看到其他年份宣告无行为能力与限制行为能力的案件统计，2003年、2005年均为1件，2010年18件，2011年12件，2012年24件，2013年104件，2014年652件，2015年540件，2016年923件，2017年77件。[①]因为无法通过其他途径获得全国的准确数字，只能依该数据进行分析。那么大量符合宣告条件的无行为能力人和限制行为能力人为什么没有被申请宣告？利害关系人顾虑什么？在选择启动宣告程序时利害关系人主要考虑哪些因素？这或许成为我们评价文本意义上的成年监护制度重要的依据或者完善我国成年监护制度的实践基础。

笔者对于上述三个直辖市或省份的宣告原因进行了较为艰苦的梳理，[②]得出了宣告原因的各种情形及其所占比例（见图一、图二及图三）。因为大多数判决书或裁定书没有说明申请人的申请原因，所以笔者没有对申请原因进行统计。

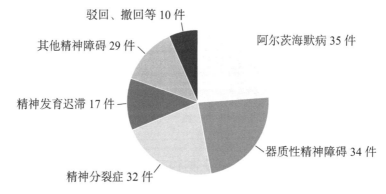

图一　2016年上海市法院裁判申请宣告公民限制、

无民事行为能力人157件中被申请人情况及案件撤回申请、撤诉、驳回情况

从图一可以看出，在上海市宣告无行为能力、限制行为能力的人中阿

[①] 2017年3月20日访问，2016年的统计数字较一个月前增加了43件。

[②] 因为三个省、直辖市判决书或者裁定书内容不能用关键词进行检索，需要笔者阅读所有的判决或者裁定书统计。虽然一再核实，但统计数字仍有可能出现偏差，特此说明。

尔茨海默病、器质性精神障碍占比较大,其中器质性精神障碍中老年人因脑梗、各种原因瘫痪而造成的占多数。

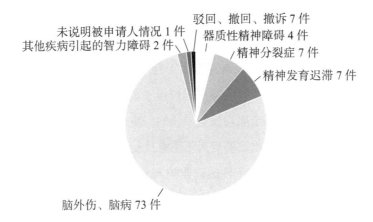

图二 2016年四川省法院裁判申请宣告公民限制、
无民事行为能力人101件中被申请人情况及案件撤回申请、撤诉、驳回情况

四川省的宣告无行为能力和限制行为能力的案件最大的特点是因交通事故引起的脑损伤的案件数量突出,大概有60件。

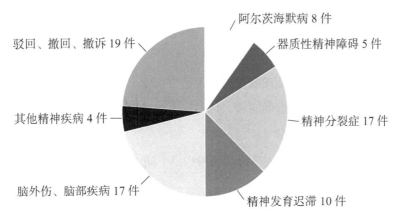

图三 2016年浙江省法院裁判申请宣告公民限制、
无民事行为能力人80件中被申请人情况及案件撤回申请、撤诉、驳回情况

与上海市的情况相比,浙江省宣告无行为能力与限制行为能力案件的特点是撤回申请或者撤诉的案件数量大,因为交通事故产生的脑外伤引起的精

神障碍的案件数较多，上海只有1件，而浙江省有12件之多。

从2016年申请案件数居前三甲的省、直辖市具体情况看，我国司法实践中，除了精神疾病（包括阿尔茨海默病）之外，因交通事故、各种疾病等造成的脑损伤、智力发育迟滞造成了表达能力障碍、思维能力障碍以及处理复杂事务能力不足等，均可以被宣告为无行为能力人或者限制行为能力人。在司法实践中，法院在被申请人可以进行司法鉴定的情况下，大都委托司法鉴定机构进行鉴定，如果亲属均没有异议的，按照鉴定的结论选择宣告为限制或者无行为能力人。如果被鉴定人不愿意接受鉴定的，则被法院驳回。

笔者认为，符合被宣告条件的被监护人大都被自己的亲属照顾得很好，没有必要通过启动宣告制度。涉及离婚、财产重新分配或者第三人侵害到被监护人利益时，才会主动申请宣告。《民法典》颁布实施之后，这种状况依然不会改变。当然因为房价的上涨，亲属间就财产（遗嘱）问题产生的争执越来越多，宣告无行为能力或者限制行为能力的案件数量或许会有所增加，但不会有太大改变。

四、《民法典》中成年监护制度

许多国家或地区将监护制度与行为能力脱钩，将监护制度定位为单纯身体照顾和财产管理与处置的问题。从司法实践来看，的确有必要宣告成年人的行为能力。

在完善我国成年监护制度时需要考虑以下问题：

（一）国家与家庭成员在成年监护制度中的定位

对于有家庭成员的被监护人，国家原则上只是充当监督人的角色，即在监护人没有履行监护责任或者没有其他家庭成员的，国家应设立职业监护人。对于职业监护人的选定机构、选定条件、权利与义务、法律责任等作出规定。设立职业监护人需要社会工作者的严格评估，民政部门需要制定评估标准。职业监护人可以是自然人，也可以是组织。笔者认为，作为自然人充当监护人的条件如下：（1）遵纪守法，没有违法记录或者不良信用记录，有从事过社会志愿者的经历优先考虑；（2）有一定自由时间从事监护工作，如律师、大学教师以及其他身体健康的退休人员；（3）有固定资产及固定收入。职业监护人应是一个公益性身份，不收取报酬，但因履行监护职责而支出的服务费用，如交通费用等可以由被监护人进行按次补偿，补偿标准可以由民政部门会同物价部门出台收费标准。对于职业监护人，国家要对其定期进行培训与考核，培训的内容可以是法律、医学、看护等，而考核需要由社区自治组织具体承担。如果是组织，限于养老院、居民委员会或村民委员会。

（二）意定监护制度的完善

上述内容中笔者从社会学的角度已经探讨了我国传统社会老人的支持系统主要源于家庭成员，因此，意定监护制度在有家庭成员的情况下，一般成年人并不会采用。没有子女及孤寡老人适用该制度的可能性较大，当然如果家庭成员间有较大矛盾，也有可能适用该制度。为了避免日后家庭成员之间就成年人监护问题发生纠纷，我国民政部门应出台意定监护协议的示范文本，像建立中华遗嘱库一样建立意定监护协议库，为需要的人员提供免费服务并无偿保留该合同文本。在该库订立的协议中委托人的行为能力在法律上推定具有完全行为能力，有异议的，需要证明委托人不具有完全行为能力。

（三）监护人的监护职责的确定

过去我国《民法通则》对于监护人的监护职责规定得较为简单，《民法典》规定有了一定进步，但笔者认为我国还可以借鉴德国的制度，将成年监护人的监护职责进行细化，如建立医疗行为的同意和住所地的改变等规则。

（四）监督制度的构建

1.监督的主体扩大

按照《民法典》第36条的规定，如果监护人实施严重损害被监护人身心健康等行为的，除了有关个人之外，居民委员会、村民委员会、学校、医疗机构、妇女联合会、残疾人联合会、未成年人保护组织依法成立的老年人组织、民政部门均可以申请法院撤销监护人资格。申请撤销监护人的资格属于事后监督的一种情形，该监督权应如何行使尚需其他法律进一步细化，进而与《民法典》形成合力。事中监督的主体原则上由意定监护人指定，如果没有指定的，可以由居委会或者村委会选定。

2. 程序的设定

我国《民法典》扩大了监督监护人的主体，但在监督的程序上需要进一步细化，如有关组织发现监护人实施严重损害被监护人身心健康的行为、怠于履行监护职责等，应当在规定的期限向法院申请撤销监护人资格。如果有关组织在规定的期限内不申请撤销的，应该由民政部门向法院申请撤销。在申请撤销期间，由被监护人住所地的居民委员会、村民委员会或者民政部门为被监护人安排职业监护人临时行使监护职责。

3. 责任的追究

《民法典》第190条考虑到保护被监护人利益而作出诉讼时效的起算时间自监护关系终止之日起算的规定，那意定监护人违反了监护职责的约定，其承担的是违约责任？还是侵权责任？还是两者的竞合？如果构成侵权责任，是有偿服务，对其是否可以适用惩罚性赔偿？笔者认为构成竞合，由被监护人选择一项请求权行使。目前鼓励人们承担监护责任，即使收取费用，也不宜采取惩罚性赔偿的做法，只需要承担赔偿责任即可。

结　语

为应对人口老龄化出现的问题，《民法典》成年监护制度中设立了意定监护，同时强化了对监护人监督的力度和公权力机关对被监护人的最终责任。笔者认为成年监护制度在宏观层面和微观层面均有较大的提升和细化的空间。在宏观层面要厘清国家与家庭成员在该制度中的定位，国家的主要角色是监督人，在家庭成员缺位时，可以设立职业监护人；在微观层面，意定监护制度中意定监护协议示范文本的供给、监护职责具体范围的明确以及监督制度中主体范围的扩大、监督程序的设定以及责任的追究等，均值得探讨。

第四节　监护制度的完善

　　监护制度是民法体系中的一项重要制度，它与主体能力制度、婚姻家庭制度、代理及信托制度，以及民事责任制度等有着重要联系。在制定民法典过程中，针对我国原有监护制度的落后陈旧、难针时弊的现状，立法上必将重新对其进行定位。《民法典》总则编，借鉴世界先进立法和结合我国国情，修正完善了我国的监护制度，使其更能发挥保护民事主体中的弱势群体权益的重要功能。

一、我国原有监护制度基本情况

　　在罗马法语境中，监护是指"赋予那些因年龄原因不能自我保护的自由人给予保护的一种权利"。[1]早在《十二铜表法》中，就有对精神病人和浪费人设置监督和保护的规定。《民法通则》规定的监护制度是对未成年人及无民事行为能力或者限制民事行为能力的精神病人权益保护的法律制度。由此，对未成年人的监护始于其出生，而对成年人的监护始于其被宣告为无民事行为能力人或限制民事行为能力人之时。

　　我国原有监护制度规定在《民法通则》"公民"一章中，从公民的民事权利能力和民事行为能力制度当然地演绎到监护制度。随着《民法典》的颁

---

① ［意］桑德罗·斯克巴尼：《婚姻·家庭和遗产继承》，费安玲译，中国政法大学出版社2001年版，第151页。

布实施，我国监护制度得到了一定程度的修正与完善。

（一）未成年人监护

对未成年人的监护，《民法通则》第16条第1款规定，未成年人的父母是未成年人的监护人，即将监护与亲权相重叠。在我国的监护制度中，除父母作为未成年人的当然监护人外，在父母死亡或没有监护能力时，由下列三类人员中有监护能力的人担任未成年人的监护人：（1）祖父母、外祖父母；（2）兄、姐；（3）关系密切的其他亲属、朋友愿意承担监护责任，经未成年人的父、母所在单位或者未成年人住所地的居民委员会、村民委员会同意的。这一方面表明，监护制度与亲属间基于血缘、姻缘、情缘所形成的身份伦理关系有着内在的当然联系，在此基础上传统民法建立了主要由亲属来担任监护人的规则；但是另一方面却导致亲权制度与监护制度的界限不清、功能不明的现实问题。事实上，亲权与监护是有严格区别的。近代大陆法系民法在未成年人监护制度上将监护的对象仅限于不能得到亲权保护的未成年人。英美法系国家不设亲权制度，对未成年人权益统一由监护制度来保护。在我国现行的婚姻家庭制度立法上，还没有采用"亲权"概念，但法律关于父母子女权利义务的规定是实质意义上的亲权关系。因此，有必要在立法上明确未成年人监护应限定在"对不能得到亲权保护的未成年人所需适用的制度"。

（二）成年人监护

我国是否存在成年监护制度是学界尚未明确的问题。因为《民法通则》只规定了精神病人的监护问题，疑是未成年人因年龄原因以及监护制度的一种延伸或特殊情况。同时，精神病人和未成年人可能存在交叉，即出现未成年精神病人的情况，这时司法实践更依赖亲权制度处理。《民法通则》第17条第1款规定，无民事行为能力或者限制民事行为能力的精神病人，由下列人员担任监护人：（1）配偶；（2）父母；（3）成年子女；（4）其他近亲属；（5）关系密切的其他亲属、朋友愿意承担监护责任，经精神病人的所在单位或者住所地的居民委员会、村民委员会同意的。精神病人由于不能或者不能完全认识自己行为的性质及后果，因此其行为能力受到限制，必须为其设立监护人，对他们的行为进行监督和扶助，维护其合法权益。同时，《民法通则》第四章第二节相应规定了指定代理和法定代理的内容。

二、对我国原有监护制度的反思

我国原有监护制度仅仅在《民法通则》中占据四个条文，虽说司法解释起到一定的补充作用，但从司法实践具体案例情况来看，[①]监护制度的作用某种程度上只是宣示了监护制度的存在，立法上还有待进一步细化相关规定，作为一项制度应发挥的作用还远未达到。近二十年来，我国大批农村人口入城打工，许多父母限于条件将未成年子女留在农村老家，形成农村留守儿童监护缺失的情形，造成一系列社会问题，这其中涉及未成年人监护权的行使问题（对于脱离亲权保护的留守儿童，应当借助委托监护制度以及国家公权力的适度介入来维护其合法权益）。同时，随着老龄化社会的到来，在世界各国日益重视老年人权益保护、纷纷修订监护制度立法的大趋势下，我国立法上有待进一步完善。随着民法典制定工作的逐步深入，学界对监护制度的研究倾注了极大的热情，分析了现行监护制度存在的主要问题，提出了未成年人监护和成年监护制度的立法设计与构想，并为解决上述社会问题提供法律理论支持。

（一）监护制度立法体例反思

我国监护法律制度采用什么样的法律形式，涉及监护法的体例问题。当今世界两大法系主要代表国家在监护立法上基于法律传统和自身国情的需要，设计出自己的监护法体例。《法国民法典》没有总则编，监护制度属于

---

① 林建军：《我国成年人监护法律之缺失与完善——以民事审判实践为依据》，载夏吟兰、龙翼飞主编：《家事法研究》（2014年卷），社会科学文献出版社2014年版，第53—59页。

人法编，由民法典加以规定；德国民法典设有总则编，在其中规定有监护制度，后又以特别法形式颁布《少年福利法》《照管法》等。另外一个典型代表日本，在日本民法典规定法定监护制度的同时，以单行特别法的方式规定了意定监护制度。英美法系历来重实用轻体系，在立法传统上没有亲权概念，直接以监护制度来规范父母子女间的权利义务关系。英国对未成年人监护的法律主要是1989年《儿童法》，调整成年监护的法律是2005年《意思能力法》。

民法典制定之际，监护制度立法体例的确定需要重新思考其与民事主体行为能力制度、婚姻家庭制度等的关系，修改完善既有制度内容、创新新型监护方式，与《中华人民共和国未成年人保护法》（以下简称《未成年人保护法》）、《老年人权益保障法》、《中华人民共和国残疾人保障法》（以下简称《残疾人保障法》）、《中华人民共和国收养法》（以下简称《收养法》）等单行法之间相协调，形成"权、责、利"内容清晰完善，符合中国国情的监护法律制度。

监护制度在民法典中的定位或者地位与其性质以及民法典的编纂方式和体系结构密切相关。传统上监护法律在学理上更多倾向认为具有私法性质，近年来国家权力愈加深入地介入监护制度中，这可看作私法公法化的一种表现，也是当前社会现实情况的必然要求。在民法典起草进程中，关于监护制度立法主要有主张将其安置在民法典第一编总则中，采用未成年监护和成年监护一体规定的编纂方式；或者安置在民法典亲属编中，将未成年监护和成年监护一体规定或分别规定的编纂方式。这种思考模式更多顾虑到民法典对监护制度的兼容之目的。抛开这种思考既定，从监护制度本身的理论发展和功能来考虑，笔者认为民事单行特别法可能是更佳立法体例选择。因为随着监护与行为能力认定的相分离，将监护制度与之一起放在《民法典》的必要性大大降低，而且随着监护制度内容的日益丰富、国家公权力介入的程序要求，在《民法典》总则编设定一般性条款，同时整合《民法典》婚姻家庭编、《未成年人保护法》、《老年人权益保障法》和《残疾人保障法》等的相关内容，制定民法的监护特别法。

（二）监护制度基础理论的反思

民法理论强调，只有具备民事权利能力，才能享有民事权利和承担民事义务，才能成为法律上的民事主体；只有具备民事行为能力，民事主体才能独立参加民事法律关系、以自己的行为取得民事权利和承担民事义务。同时，民法上的监护制度与自然人民事行为能力制度相互关联、援引、衔接和交织，自然人行为能力制度成为监护制度的基础。[①]我国《民法通则》建立了主要依年龄和精神健康状况双重标准的行为能力认定模式，民事主体一旦被认定是无民事行为能力人或者限制民事行为能力人，监护制度就会启动。未成年人处于亲权和监护双重制度重叠保护之下，成年精神病人处于监护制度保护之下。从法律效果来看，无民事行为能力人的所有法律行为原则上一概无效，皆由其监护人代为进行。限制民事行为能力人实施的行为则可能会因为监护人行使撤销权而归于无效。这种法律逻辑上的当然认定，以及对于交易安全的过度保护，使得监护制度日益脱离实际，也与当代国际社会先进的监护理念相违和。这种情况在《民法典》总则编的立法规定中有所变化。

第一，监护制度中意思自治原则的强化。意思自治原则是近代以来民事法律制度的重要基石，在法哲学上，意思自治被看作权利、义务的根据和理由。我国学者将其大致定义为：每一个社会成员依自己的理性判断，管理自己的事务，自主选择、自主参与、自主行为、自主负责。[②]强调应尊重个人自主意志、基本权利和人格尊严，尊重当事人的自主决定权利。我国《民法通则》强制将行为能力欠缺的主体划分为无民事行为能力人和限制民事行为能力两类，完全或者部分限制其处理个人事务的自主行为，将其严格隔离于现实生活之外，导致法律与现实发生严重错位。现实生活中，无民事行为能力的未成年人进行简单的交易行为，事实上是被承认的；精神病人及视为精神病人的阿尔茨海默病患者的个体情况也是复杂多样的，即使是无民事行

---

① 曹诗权：《未成年人监护的制度关联和功能》，载夏吟兰、龙翼飞主编：《家事法研究》
（2014年卷），社会科学文献出版社2014年版，第9—12页。

② 张礼洪等：《市场经济和意思自治》，载《法学研究》1993年第6期。

为能力的精神病人也可能形成其意思。一个人的行为能力状况如何，严格说应该根据具体情况判断"意思能力"来确定。依"年龄和精神状态"提炼出抽象的无民事行为能力或限制民事行为能力的定型化标准，从社会意义上违反了法律的自由、平等和正义的价值追求。《德国基本法》也规定："人的尊严不可侵犯。尊重及保障人的尊严，是一切国家权力的义务。"在马克思主义的哲学思想中，人被置于社会的核心，爱护人、关注人、尊重人、以人为本、促进人的全面发展是马克思主义的核心思想之一。监护制度中的意思自治原则在人权理念指引下，应当审慎适用监护制度，尽可能实现当事人的自主意愿，将本人最佳利益原则作为衡量监护制度适用的核心标准和意思自治的终级限制。在这方面，2005年的《英国意思能力法》规定的"能力推定"和"意思能力测试指标"的内容值得推崇。①在《民法典》总则编中，强调监护人履行监护职责，应当最大限度地尊重被监护人的真实意愿，对被监护人有能力独立处理的事务，监护人不得干涉。②这一立法是法律对当事人自主意识尊重的直接体现。

第二，监护制度中本人最佳利益原则的引入。最佳利益原则体现在两大法系多数国家的监护规定中，如《德国民法典》第1901条第2项规定，"照管人必须以符合被照管人的最佳利益的方式，处理被照管人事务。被照管人的最佳利益，包括在其能力所及的范围内按照自己的愿望和想法安排其生活的可能性"。《英国意思能力法》在规定本人最佳利益原则的同时，还详细规定了判断最佳利益应当考虑的因素。从这些法律来看，最佳利益原则强调替代意思能力欠缺人所作的决定或行为，应尽量满足被监护人的意愿，必须符合被监护人的最佳利益。透过具体规定本身，该原则体现了民法理论的人文价值关怀，在强调尊重人的自由、平等基础上，追求正义和公平的法价值目标，形成良好的社会秩序和社会效益，使法律的理性价值追求和社会发展需

---

① 李霞：《成年监护制度研究——以人权的视角》，中国政法大学出版社2012年版，第80—81页。
② 详见《民法典》第35条第3款。

要之间在监护制度上达到和谐统一。在具体内容上，立法先进国家监护的设置不再以宣告剥夺或限制本人的行为能力为前提，而是直接考察其具体情况进行宣告；尊重本人的自主决定，尽可能减少对其自由和基本权利的干预；变监护人对被监护人行为的同意权为撤销权，维护本人日常生活必需的法律行为的有效性。最佳利益原则的外延尽可能无限扩展，其边界即本人的利益不受侵害和公共利益的限制。在《民法典》总则编中，也明确提出了有利于被监护人的原则。

第三，监护制度中国家责任原则和公权力的介入。通说认为监护制度起源于《罗马十二铜表法》的规定，罗马法早期的监护是赋予有监护权的家长的一种权力，监护的作用是为维护家族利益或家族继承人的利益，而不是保护被监护人利益。同时，与为精神病人、听障人士、视障人士设置的保佐制度与监护相类似，立法目的相同。因此，国家认为这属于家族私事，基本不予干预，监护人和保佐人的职务一直表现为一种权利，而不是义务。到罗马后期，随着社会发展和法律保护弱者哲学思想的影响，监护和保佐的立法目的由维护家族利益转向保护被监护人和被保佐人利益，监护和保佐成为社会公务，国家权力介入其中。在这一变化过程中，家父的专断权利不断地被削弱、被限制，在无法定监护人和遗嘱监护人或者原监护人不尽职的情形下适用官选监护制度，更加体现出国家在监护事务上的主动性。与古罗马身份等级鲜明的社会状况相适应，监护法律关系主体地位的实质不平等，使得监护制度主要还是体现为家长对孩子、监护人对被监护人人身和财产的控制和支配。现代民法人人平等的基本法价值理念的设定，使得维护被监护人最佳利益成为基本原则。社会发展使监护制度也逐步从家庭视野进入公共视野，国家公权力越来越多地通过各种途径介入监护关系当中，在法律规范上必然也应有所体现。我国近年来，出现了许多涉及监护的社会问题，如农村留守儿童权益的保护、高龄老人及空巢老人权益保护等。这些问题已经完全超越了家庭的层面，成为社会一体化必须解决的问题，需要国家来承担责任甚至是主要责任，国家责任原则也是对本人意思自治原则的补充和限制。在《民法典》总则编中，虽然仍没有明确的"国家监护责任"相关提法，但立法进一步明确了国家机构的职责和作用。

（三）我国监护制度具体规定

监护制度作为一项重要民事法律制度，由于《民法通则》制定当时的社会发展所限，我国监护制度存在一些有待完善之处。随着《民法典》的颁布实施，监护制度已经逐步完善。

第一，监护对象范围问题。监护制度的目的是弥补无民事行为能力人、限制民事行为能力人能力的不足，维护其合法权益。但从《民法通则》第17条的规定来看，仅限于对未成年人的监护和对成年精神病人的监护这种类型划分过于简单，难以适应形势发展变化的需要，尤其是缺少对行为能力不充分的人设立监护的规定。现实生活中，逐渐丧失意思能力的高龄老人和其他身心障碍者，以及身体障碍者如盲、聋、哑人、连体人等，其本人不能亲自从事相应的民事行为时，只能依赖委托合同制度进行救济，但进一步的合同履行和监督却因身心缺陷难以完成，这些都是现有监护制度未加涉及的问题。另外，关于植物人引发的监护纠纷，现有监护制度的规定也力所不及。严格来说，精神病人和身心障碍者并不是同等概念，未来我国的监护立法应进一步明确、细化被监护人的范围和类型。对此，《民法典》总则编沿袭了原来的制度内容，并没有结合实际情况进行具体分类规定，期待未来立法能够作出补充。

第二，缺乏对本人自由意志的认可和尊重。我国原有监护制度仅有法定监护及指定监护两种形式，被监护人自身对监护人选任的意愿被漠视，自我决定权被剥夺。这种做法与我国将监护制度与行为能力的认定密切相关。但是，法律适用的结果却与社会现实相脱离。现实生活中，即使是精神病人，其中相当一部分也是间歇性的，间歇性精神病人在缓解期时完全具备根据自己意思选任监护人的能力。另外，因患病或年老等原因导致无民事行为能力或限制民事行为能力的被监护人，其意思能力的丧失往往是个渐进的过程，一方面对自身事务的处理能力应体现这一特点，监护事务的范围应有个变化的过程；另一方面应考虑到其意思能力健全时对自己监护人的选择，由于缺少法律上的依据，司法实践中有一定识别能力的被监护人意愿并不会得到法官的尊重。[1]随着"正常化生活"（normalization）和"尊重自我决定权"等新理念在成年监护制度中的生成，监护制度的核心价值取向应切实从维护交易安全转向对被监护人利益的保护。在未来立法完善中，我们的监护制度应当独立于行为能力制度，尊重当事人的自主意愿应是基本原则，国外立法中的意定监护、遗嘱监护等规定，给我们提供了很好的制度借鉴。在《民法典》总则编中，引入了意定监护内容，规定当事人在其具有完全民事行为能力时可以协商确定监护人，在其丧失或部分丧失民事行为能力时，履行监护职责。这是立法的一个进步。

第三，监护的性质是一种职责，具有私法、公法双重属性，我国现行法定监护和指定监护的类型划分和内容，一定程度上是国家公权力行使的表现。但是，现阶段国家公权力的干预还缺乏权力介入的具体路径，监护制度在我国贯彻的社会化程度较低。未来立法完善应当强调在尊重当事人自我决定权基础上，注重程序保障。从申请监护程序的启动到选任监护人、监护行为的监督，公权力机关应当实现适当干预，取代之前的纯粹家庭自治。在《民法典》总则编中，法律赋予人民法院具有依申请指定监护人、对监护人资格撤销的权利，国家责任观念有所加强。

第四，社会监护主体问题。传统民法在亲属身份伦理基础上，设立了监护制度。"结合对人性和社会伦理的思考，无一例外考虑了亲属之间自然感情联系的独特性，建立了主要由亲属来担任监护人规则。特殊情形下，监督保护人也可以由机构或其他特定关系人来承担。"[2]社会现实表明，婚姻、家庭和亲属是目前承担监护功能的主要社会形式，我国未成年人监护与亲权更是直接重叠，成年人监护也更多依靠家庭和亲属来完成。在未来我国社会保障体系不断完备、健全的条件下，社会组织和国家的公力救济与保障应进一

---

[1] 林建军：《我国成年人监护法律之缺失与完善——以民事审判实践为依据》，载夏吟兰、龙翼飞主编：《家事法研究》（2014年卷），社会科学文献出版社2014年版，第55页。

[2] 龙卫球：《民法总论》，中国法制出版社2001年版，第277页。

步加强，政府应创造条件、鼓励社会组织成为社会监护的主体，由此形成家庭监护为主、社会监护为辅、公权力监督为纲的社会监护保障格局，这也是贯彻当事人自主意志的需要，确保每一个需要监护的人受监护权、受保障权的实现。在《民法典》总则编中，明确了组织的监护人资格。

第五，监护的程序保障问题。我国《民法通则》第18条第3款规定，"监护人不履行监护职责或者侵害被监护人的合法权益的，应当承担责任……"如果监督主体和如何行使监督权没有明确规定，将对监护活动缺少必要的外部监督和制约，导致监护事务的完成情况实际处于没有监督的状态，这种没有监管的监护则必然影响到监护实效。对于监护人行使监护职责的具体规定缺乏，将导致实践中监护人侵害被监护人财产甚至人身合法权益的事件屡见不鲜，并且，如果缺少进一步对监护人行为纠正和对被监护人救济的手段和途径，将加重群众对监护制度的不信任，使得一些应被纳入监护的行为人游离于制度之外，不但严重危害社会秩序，还使得法律的人文关怀难以落实。在《民法典》总则编中，赋予居民委员会、村民委员会和民政部门对确定监护人的同意权、指定权，明确了民政部门的撤销申请权、人民法院的监护人资格撤销决定权，加强了监护的程序保障。

三、我国监护制度改革的必要性

20世纪80年代初期，法学中的"监护"概念在我国出现，1986年颁布的《民法通则》对监护制度作了原则规定，监护对象仅限于未成年人和无民事行为能力及限制民事行为能力的精神病人，一般认为我国的监护制度主要是对未成年人的监护，而"成年监护制度"并未在我国的民事立法上正式确立。[①] 现阶段，随着我国《民法典》的颁布及实施，法治条件的成熟和社会现实需要，完善我国的监护制度势在必行。

---

① 杨立新：《民法总则重大疑难问题研究》，中国法制出版社2011年版，第70页。

第一，完善我国的监护制度是社会现实的需要。目前，我国已经进入老龄化社会，呈现出老年人口增速加快、高龄化趋势显著的特点，并且老年人空巢化程度日益严重、失能老人占老年人口比重不断加大，这意味着我国目前面临着老龄问题挑战。同时，我国有一定数量的农村留守儿童以及相当数量的流浪儿童。因此，完善的监护制度是维护老年人合法权益、保护未成年人利益的制度基石。随着社会发展的进步，人们的法制观念不断增强，儿童最佳利益保护原则在各国立法中得以确立。同时，对成年人自我决定权的尊重，充分利用身心障碍者残存意思能力，使其尽量正常化生活等新理念对传统观念中将被监护对象视为权利客体、漠视其权利等形成巨大的冲击。这些现代的法制观念进一步增强了人们的权利意识，改革、完善现有监护制度成为一项重要内容。并且，当代监护制度的公法属性越发明显，也成为衡量一国法制文明发展的标尺。

第二，国际立法的新观念和制度发展，对我的立法产生了巨大的推进作用。自20世纪中叶以来，一系列重要的国际人权公约和宣言及保护残疾人权利的文件渐次出台，主要有1948年《世纪人权宣言》、1989年《儿童权利公约》《公民权利和政治权利国际公约》、1975年《残疾人权利宣言》、1977年《盲聋者权利宣言》、1989年《保障精神病患者权利的声明》、1993年《联合国残疾人机会均等标准规则》、2006年《残疾人权利公约》、1982年《维也纳老龄问题国际行动计划》、1991年《联合国老年人原则》、2002年《马德里老龄问题国际行动计划》等，对未成年人、残疾人和老年人的权利保障从人权、自由等角度提出了新要求，均与各国的监护制度紧密相关。在此基础上，各国的监护制度相继作出了重大修改。

四、我国监护制度的完善

从20世纪60年代至今，两大法系各国对监护制度从价值理念到制度架构进行了颠覆性的变革。在我国《民法典》编撰过程中，基于传统认知民法学者将监护制度当然纳入民法的范畴内，或主张安排在总则的"自然人"一章，或主张将其置于"亲属编"当中。结合两大法系立法可见，大陆法系监护制度作为民法的组成部分独立性进一步加强，而英美法系单行监护立法模式使其法律适用性和灵活性大为提高。同时，两大法系国家都是将未成年人监护和成年人监护分别进行立法，凸显了监护立法思想、内容、类型、监护人作用等方面的区别。《民法典》总则编在自然人一章中对监护制度作了原则规定，未来还应通过单行法或司法解释进一步建立具体完善的制度内容。

（一）未成年人监护制度的基本内容

在《民法典》总则编监护制度一般性规定基础上，笔者认为结合我国实际情况明确未成年人监护制度的具体内容，充分实现未成年人最佳利益保护原则的要求。

1. 设定监护的条件

1987年施行的《民法通则》规定的未成年人监护和亲权相重叠，结合域外立法情况，未来有必要在立法上将二者明确区分，未成年人监护应限定在"无父母或父母不能行使亲权的18周岁以下的自然人"予以适用。在《民法典》总则编中，仍然坚持未成年人的父母是"未成年人的监护人"的内容，似乎与我国未正式承认亲权制度有关，对此有必要进一步斟酌。未成年人无父母或父母不能行使亲权的情况，包括父母因滥用亲权被剥夺和因法律或事实上的原因亲权行使不能。对此，可借鉴德国立法，由户籍工作人员或街道及社区工作人员经基层民政部门向法院提出申请，启动未成年人监护程序。

同时，监护类型上应多元化。在原有法定监护基础上，《民法典》总则编允许最后死亡的父母一方为未成年子女通过遗嘱指定监护人，这种指定监护符合子女利益最大化的原则，符合人类的情感需求。还规定，在尊重被监护人真实意愿基础上依法具有监护资格的人之间可以协议确定监护人，如对此有争议可由被监护人住所地的居委会、村委会或民政部门指定监护人，对该指定不服可以申请法院指定监护；或者直接申请法院指定监护人。由此可见，从有利于被监护人利益出发，现有监护类型的规定更为具体、灵活。指定监护人的范围仍然没有完全突破亲属关系的限制，但强调以是否对被监护人有利为标准，并应征得被选定人同意。并且，法定监护类型作为指定监护和选定监护的补充而存在，这种制度设计更能体现法律的人文关怀，对当事人的保护更为全面和周到。

2.监护人类型的规定

我国原有法律规定的未成年监护人的类型主要有两类：一是自然人监护；二是社团监护。其中，民政部门、被监护人住所地的居委会、村委会担任监护人处于补充地位。在《民法典》总则编中，明确将有意愿担任监护人的组织列入监护人范围，并进一步强调了官方监护，规定在没有依法具有监护资格的人时直接由民政部门担任监护人，具备监护职责条件的被监护人住所地居委会、村委会承担次要职责。监护人是履行监护职责的人，监护人范围的确定将直接影响到未成年人的生活。从两大法系立法可见，未成年人监护以自然人为主，特殊情况下可以是社团组织或官方监护（如德国的少年局），以符合未成年人成长需要为标准进行确定。在德国、日本、英国等国家的未成年人监护制度中，更多强调了对父母亲权予以尊重的指定监护人制度和从有利于未成年人利益出发的灵活的选定监护人制度，真正贯彻了未成年人最佳利益原则。建议我国未来立法改变将监护人限定在亲属范围的做法，可将我国的社会福利机构专设为法人监护人、设民政部门为公机关监护人，鼓励其他社会团体作为监护人履行监护职责。当然，具体实施监护行为的是其工作人员，相应的职责应具体化。

3.监护运行程序

在未成年人监护制度中，我国立法应强化和完善监护的程序规定。首先，应建立法院的监护审查制度。在享有亲权的最后死亡父母一方以遗嘱指定监护人时，法院应对其遗嘱和指定监护人条件进行司法审查。遗嘱指定合法有效、指定监护人适格的，在未成年人父母双亡后，由指定监护人或其他人、有关部门申请，经法院确定后监护人即开始履行监护职责。其次，在无指定监护人或者指定监护人不适格时，由法院在符合条件的自然人中选定监护人，特殊情况下民政部门成为监护人。未来立法应明确选定监护人的范围以有利于被监护人为原则，由法院综合各种因素不受亲属关系限制进行裁判。从消极条件来看，监护人至少不能由缺乏监护能力、与被监护人有利益冲突、有显著劣迹行为可能侵害未成年人利益的、有识别能力的未成年人不同意的人来担任。民政部门的监护应在立法上进一步强化其作用，并应完善其相应程序规定。最后，应明确监护人的任职期限和职责，并赋予其相应的报酬请求权，在此基础上完善监护监督程序。关于指定或选定的自然人监护人的任职期限，无特殊情况的，应到未成年人成年时止。同时，立法应明确监护人辞职或解任的条件。监护人有照顾未成年被监护人的人身和财产的权利和义务，特别是有代理被监护人的权利和义务。民政部门应向监护人提供意见，协助监护人了解其职责。对于监护人的报酬请求权，法律应明确无法定抚养义务的监护人适当索取报酬，监护人的报酬可以从被监护人的财产支付，被监护人没有财产的，应由民政部门支付。为保证监护人职责的履行，必须进行相应的监督和限制。未成年人父母可以遗嘱指定监护监督人，没有指定的法院可在监护人之外另行选任监护监督人，监督人可以是监护人及其利害关系人以外的自然人或民政部门。监护监督人应当注意监护人是否依义务执行监护，定期向法院报告监护人的监护情况，在监护人损害被监护人利益时代表被监护人向法院提起诉讼。在《民法典》总则编规定框架下，作此详细规定是非常必要的。

4.监护事务

监护人对未成年被监护人的人身保护和财产管理是监护制度的核心。在人身监护方面，大陆法系国家视监护为亲权的延伸，但相比亲权受到一定限制。我国目前没有设立亲权制度，但《民法典》婚姻家庭编有关于父母子女权利义务的规定，涉及父母抚养、保护和教育未成年子女的内容。相对来说，监护事务的内容显得更加模糊。参考国外相关制度，未成年人人身监护的内容未来立法应进一步明确以下几个方面：（1）居所指定权。这涉及未成年人的居住和教育环境，对未成年人的成长极其重要。（2）教育、惩戒权。监护人应有教育未成年人的权利和义务，并有为实现教育目的合法适当的惩戒权。（3）医疗同意权。对未成年人因病需要采取的治疗手段享有同意权。

（4）身份行为的代理权。基于被监护人利益的考虑，监护人为被监护人的法定代理人，行使相关的人身代理行为。（5）从业许可权。对于年满16周岁的未成年人，监护人许可或限制其参加就业的权利。对于上述人身监护行为，应设定监护监督人予以监督和检查，对于监护人对被监护人采取的限制人身自由的措施，如送其进戒毒所等，必须经法院审查批准。

我国原有法律对于未成年被监护人的财产管理内容未作规定，主要是由立法当时未成年人的财产状况决定的。《民法通则》颁布实施时，我国公民的财产构成简单且数量较少，未成年人一般不拥有财产。目前，这种情况已经发生了巨大变化，监护人对未成年被监护人的财产管理应当在立法中详细规定。结合我国的实际情况，我国未来的未成年人财产监护立法应包括以下内容：（1）制作财产目录，定期汇报财产变化情况。监护人在监护开始后法定时间内，应与监护监督人共同制作被监护人财产目录，并报民政部门审查备案。同时，监护人应向民政部门定期汇报该财产变化情况，法律应规定未汇报的处罚措施。（2）管理被监护人的财产。监护人应以善良管理人的态度管理、使用未成年被监护人的财产。有为被监护人需要处分其财产的权利。监护人处分被监护人的重要财产，如不动产、有价证券等，须监护监督人同意，并报民政部门备案。（3）禁止受让被监护人的财产。监护人不得买入被监护人的财产，也不得租赁被监护人的财产。（4）财产的法定代理权。监护人有权代理被监护人进行相关财产法律行为，但作出拒绝接受赠与或遗产的意思表示，须经监护监督人同意并报民政部门备案。监护人不得为自己代理及双方代理行为，监护人也不得代理被监护人从事与其近亲属之间进行的交易行为，但被监护人纯获利益的行为除外。上述情况，应规定民政部门可以因请求或依职权，对监护人的财产管理及相关监护事务进行检查和实施处分。

5.监护终止

法律应明确规定未成年人监护终止的原因及其法律后果，监护终止因原因不同可分为监护绝对终止和监护相对终止。因被监护人的原因而使监护人的设定成为无必要，为监护的绝对终止。包括被监护人已成年、被监护人死亡等情形。因监护人的原因使得监护职责不能履行、需要另设监护人的，为监护的相对终止。包括监护人死亡、监护人丧失监护能力、监护人被批准请辞或被解除监护职位等情形。

未来立法还应进一步明确监护终止的法律后果。监护终止的主要法律后果是要进行监护财产的清算、财产的移交、职责的更替等。监护人在监护关系终止时，应会同监护监督人对被监护人的财产进行清算，清算结果应经民政部门审查认可。清算应在监护关系终止后法定期间内进行，在监护绝对终止的情况下，清算费用应从被监护人的财产中支付；在监护相对终止的情况下，如监护人对监护终止负有责任，则监护人负责支付清算费用。财产在支付清算费用后如有剩余，在被监护人成年时应将该财产向其移交，被监护人死亡的应向其继承人移交等。为保护被监护人利益，被批准请辞或解除职务的监护人应履行职责至新监护人接受监护事务。在监护人死亡的情况下，应由监护监督人暂代履行职责。

6.监护责任

监护人侵害被监护人人身权益的，或者因故意或过失给被监护人的财产造成损失的，应当承担相应的法律责任。承担责任的主体应包括监护人和监护监督人，二者应承担连带责任。监护监督人没有责任的，在承担相应的损害赔偿责任后，可以向监护人追偿。具体的法律责任内容，有待法律进一步完善。

（二）成年监护制度的基本内容

我国成年监护制度应改变传统的剥夺本人行为能力的做法、纠正片面强调维护交易安全的价值取向，以尊重本人的自我决定权和使其生活正常化为核心、充分利用本人的余存能力，制定具有一定弹性的广泛适用的成年监护制度。借鉴国外先进立法经验，结合我国国情实际情况，笔者倾向于以监护事务对被监护人利益影响轻重为标志，分为一般监护事务和特别监护事务，建立类似日本监护和保佐制度的符合当事人实际需要的新型监护制度。

1. 设置监护的条件

根据我国《民法通则》第17条和最高人民法院相关司法解释的规定，成年监护保护的对象主要是精神病人和阿尔兹海默症病人，将阿尔兹海默症视为精神病的一种。目前我国学者对此并无突破，《民法典》总则编仍然沿袭了《民法通则》的制度设计。考察各国最新监护立法，无一例外强调应以当事人是否有能力处理自己的事务，作为适用监护制度的实质标准。例如，《德国民法典》第1896条规定，如果成年人由于心理疾病或身体上、精神上或心灵上的残障而完全或部分不能处理其事务，则由监护法院经其申请或依职权为其任命一名照管人。《瑞士民法典》第372条规定，成年人经证明不能处理自己事务时，经自己申请后可为其安排监护。《美国社会保障法》规定为"能力欠缺者"设定监护的标准是必须确信其不能处理自己的个人事务，包括因心理疾病、心智低下、身体疾病、老年、药物的慢性使用、慢性酒精中毒或其他原因导致的干扰心理的正常运行。事实上，早在《法学阶梯》中就规定，精神不正常的人、听障人士和患不治之症的人，由于不能管理自己的事务，都必须为他们指定保佐人。罗马后期，保佐的适用对象扩及精神衰弱人，听障人士以及老弱不能处理自己事务的人。联合国《精神健康原则》也强调，仅在法院或其他主管法庭查明精神病患者因其病情无法管理自己的事务时，方可认定一个人丧失法律行为能力。在这种情况下，应视患者的情况酌情采取必要的措施，以确保其利益受到保护。此处的"事务"，乃是有关人的生活利益的一切事项。《奥地利民法典》明确规定，事务包括法律行为、诉讼行为等所有法律上事务，还包括人身监护。这些立法例都表明，监护的设定条件应当以身心障碍者本人是否具有处理事务的能力为标准。

我国监护制度应当与民事主体行为能力制度相区分，不以确定成年当事人为无民事行为能力或限制民事行为能力作为设定监护的前提，仅考察其有无管理自己事务的能力，从而克服监护对象不周延的缺陷，扩大监护制度的援助范围。未来立法应将成年人因精神上、身体上和心理上的障碍导致欠缺处理自己事务（分为全部事务和部分事务）的能力作为监护设定的条件。①

2.监护类型的选择

世界各国在修订成年监护制度时，针对不同程度的身心障碍情况规定了多种监护类型，对其行为能力予以不同程度的限制。监护类型的选择以谋求被监护人的最佳利益和最小损害为标准，尊重当事人的人格尊严和自主决定权，以补充其欠缺能力为目标。先进国家的立法例，一般赋予法官根据当事人的具体情况决定监护事务范围的权利，监护人的权利义务并不完全统一。在具体保护方式上，德国民法改原有的监护、保佐制度统一由照管制度取代，即根据本人能力欠缺的个别情况为其设定照管人的职责范围；日本则在原来的监护、保佐基础上增设辅助制度，目的同样是满足当事人能力欠缺程度不同的保护需要。修正后监护制度，《民法典》总则编仍坚持设置一元化的制度设计，这符合我国的传统立法习惯和国情要求，但笔者建议在具体内容上适当参考德日立法，区别一般监护事项和特别监护事项，在具体权利义务内容和程序保障上进一步细化规定。

德国民法规定的照管制度，在监护形式上不作区分，针对每一个有保护需求的身心障碍者，在由个案确认其意思能力的残余程度基础上，由法院为本人量身定制照管人。这一制度很好地实现了私人自治和公权力他治的平衡，贯彻了尊重被照管人的自我决定权和实现能力正常化的目标要求。但是，该项制度的落实对法官职业水准和照管制度的运行程序保障提出极高要求，对社会整体法治环境也提出了较高标准。在现阶段，我国民众的法律意识虽然大幅提高，法官执法能力和制度保障工作也提升较快，但普遍接受和全面实行如此灵活的监护制度还力所不及。笔者认为，以德国民法照管制度的实质目标为标准，以日本民法的监护制度为形式参照，将被监护人行为能力作一般性监护事项和特殊性监护事项区分，对一般性监护事项作原则性规定，对特殊性事项应重点赋予法官根据具体情况适度安排的权利，并加大国家公权

① 参见李霞：《成年监护制度研究——以人权的视角》，中国政法大学出版社2012年版，第96—100页。

力介入监护事项的力度，真正做到原则性和特殊性的结合，有的放矢地将监护制度落到实处。

一般性监护事项，也可称为全面监护，即传统民法中针对无民事行为能力人或禁治产人采取的监护措施。监护人有保护被监护人财产利益的管理权限和保障其身心健康的人身注意义务，在此公权力对监护制度的介入应强化，从这个角度来讲，监护制度的公法职责属性更强。特殊性监护事项，也可称为部分监护，是在本人不能处理自己的部分事务时，补充本人欠缺的意思能力，使之行为正常化采取的监护措施。在保护措施上，以监护人行使同意权为主要手段，在必要时可经法院审查赋予其特别法律行为的代理权。对此，可以充分考虑被监护人的身心状况的具体情形，赋予法官更多的自由裁量权，尽可能最大限度地发挥身心障碍者的余存行为能力，实现对其权益的法律保护。

完善监护制度立法，《民法典》总则编也明确引入意定监护作为法定监护制度的补充，这是适应我国进入老龄化社会国情的需要，也是符合我国的习惯做法的。即明确本人在其具备意思能力时，可通过签订意定监护合同，事先委任监护人，在其意思能力欠缺时，在监护监督人和法院的监督下由委任监护人处理监护事务。意定监护制度引入，体现了对个人意志的尊重，也减轻了社会保障工作的负担，能够更好地实现对被监护人合法权益的保护。

3.监护运行程序

《民法典》总则编除监护人资格撤销权内容外，未规定监护运行的具体程序，需要立法进一步完善。监护程序的启动，立法应明确职权主义和申请主义相结合的制度模式。对当事人采取一般性监护，主要由其近亲属提出申请，经有关部门审查后选定监护人，并在监护监督人和法院的监督下履行监护职责。同时，有关部门在履行职务时，发现需要启动一般监护的情形，也应依职权提启监护程序，主要是指本人所在的居委会、村委会或法院审理相关案件时发现需要监护情形的。对于特殊监护的启动，主要由本人自己申请启动，必要时，由法院依职权启动，法律应严格限制依职权主动启动特别监护事项的具体情况。对怠于行使职责的相关机构和工作人员，应当明确相应的奖惩措施。对于本人事先设定的意定监护人，当合同约定的启动条件成就时，由意定监护人或监护监督人提出申请，经法院同意启动监护程序。

对于启动监护的申请，应当由法院进行相关审查，在考察本人意愿、确定其相关行为能力基础上，为其选定监护人或确认意定监护合同生效。监护程序启动后，为保障被监护人的合法权益和维护交易安全，其被监护事项应当予以公示，保护当事人的隐私权。法律除规定监护的终止外，还应明确监护的变更事项，当本人身心障碍全部或部分恢复时，法院应及时撤销监护或变一般性监护为特殊性监护，并作出相应的法律宣告。

司法权代表公权力介入监护制度已成为各国监护立法的重要特征，在法定监护制度中尤为明显。建议未来监护立法，进一步确定人民法院的监护主管机构的地位。监护本质上是一种义务，国家公权力的介入才能保证制度的良好运行。法律应明确由人民法院代表国家，行使法定监护人的选任权，对监护事务中的重大法律行为有监督权和决定权，从而使对被监护人的保护更加周全。鉴于我国法院的组织体系，单独设立家事法院时机并不成熟，但在乡镇法庭和基层法院中设置相对独立的监护法官行使相应职权是可行的选择。

结　语

监护制度在民法典中的重构，符合时代发展的潮流，同时又具有中国特色。《民法典》总则编的监护立法强调本人最佳利益为适用核心，强化人权理念指引下的意思自治原则的贯彻，国家责任思想前提下的公权力适度介入成为必然。在此基础上，监护具体制度的进一步构建仍然存在立法空间，在时代发展中不断细化具体规则、使之具有强大的适用性和可操作性始终是制度发展的终极指引。

第五节　宣告死亡制度的若干问题

一、宣告死亡制度存在的理论基础

宣告死亡是指自然人下落不明达到法定期限，经利害关系人申请，人民法院经过法定程序在法律上推定失踪人死亡的一项制度。[①]宣告死亡是根据自然人下落不明这一客观事实，在自然人客观死亡与否不确定的情况下，推定自然人在法律上死亡的民事法律制度。由于宣告死亡仅仅是根据失踪这一客观事实推导出来的法律事实，所以可能出现一个自然人法律上死亡而事实上存活的现象。此外，就被宣告死亡的人在法律上究竟是被"视为死亡"还是被"推定死亡"，法律上主要存在两种做法：一种是采取拟制主义的立法，即将被宣告死亡人"视为死亡"，如日本民法的规定。另一种是将失踪人的死亡基于失踪的法律事实而做出的推定，如德国的民事立法。这两种不同立法的主要区别在于"视为"与"推定"的区别。在民法上，"视为"与"推定"被明确地区分开来，推定是指在法律上暂时处理，如果能举出反证，则该推定被推翻。而"视为"是指法律作出此决定，即依据法律事实的拟制，所以即便实际与法律事实相悖，非经该决定本身的撤销程序，"拟制"不得被推翻。[②]我国《民法典》第46条至第53条，都是关于宣告死亡的规定，但

---

① 王利明：《民法总则》，中国人民大学出版社2017年版，第139页。
② ［日］近江幸治：《民法讲义Ⅰ：民法总则》，渠涛等译，北京大学出版社2015年版，第71页；另见李锡鹤：《民法原理论稿》，法律出版社2012年版，第690页。

是并没有理论上所谓的"视为"与"推定"的明确规定。[①]根据学者的研究，也认为我国民法中死亡宣告对于失踪人而言是"推定其死亡"。[②]

1.确定利益保护与不确定利益保护的衡量

所谓的确定利益与不确定利益是从利害关系人与失踪人的角度考虑的。利害关系人是具体的、确定的生存者，而失踪人虽然并不一定是真正死亡，但是他在生死之间是处于不确定的状态。利害关系人的利益就是确定的利益，失踪人的利益就是不确定的利益。在此情况下，有两种与失踪人有关的权利义务关系具有不确定性：

一是人身权关系。一个自然人长期下落不明，失踪人与利害关系人的人身关系将会长期处于不确定或者不稳定的状态。宣告死亡制度的出现，则可以有效地解决失踪人与其配偶、父母、子女、祖父母、外祖父母、兄弟姐妹等人的这种不确定的人身关系，尤其是其与配偶的夫妻关系。夫妻关系是通过法定程序登记而成立的，非经法定程序或者一方自然人死亡不得自行解除。如果自然人没有离婚，也没有宣告死亡，即使其长期处于下落不明的状况，其与配偶的婚姻关系也继续并且将长期存在，并没有自动解除。其配偶也就不享有再婚权，这样就会导致其配偶的人身利益长期无法得到保护，对其配偶显然是不公平的。宣告死亡制度通过宣告长期下落不明达到法定期限，或者由于意外事故经有关机关证明不可能生存的自然人死亡，使婚姻关系得以确定，有效地保护了失踪人配偶的人身利益，配偶可以自主决定是否再婚。

二是财产权关系。一个自然人长期下落不明，失踪人与利害关系人的财产关系同样处于一种不确定或者不稳定的状态。通过宣告失踪人死亡，失踪

---

① 《民法典》第48条规定，被宣告死亡的人，人民法院宣告死亡的判决作出之日视为其死亡的日期；因意外事件下落不明宣告死亡的，意外事件发生之日视为其死亡的日期。由此可以看出，《民法典》中的该规定与"视为"和"推定"无关，只是表明了死亡的日期而已。

② 参见王利明：《民法总则》，中国人民大学出版社2017年版，第143页；杨立新主编：《中华人民共和国民法总则要义与案例解读》，中国法制出版社2017年版，第183页。

人的继承人、受遗赠人或债权人等利害关系人对失踪人的财产所享有的期待权得以实现,继承人、遗赠人可获得遗产,债权人的债权可得到清偿。同时,长期处于不能流转状态的被宣告死亡人的财产,通过法院宣告死亡,也可以合法进行流转,从而可以创造更多的价值。这样一来,及时解决了失踪人及其利害关系人的财产关系的不确定状态,有利于维护利害关系人的利益,有利于物尽其用,促进社会财富的增长。

2.个体利益与利害关系人群体利益保护之衡量

宣告失踪制度重在保护失踪人的个人利益,而宣告死亡制度则重在保护被宣告死亡人的利害关系人的群体利益。在无法确定失踪人已经自然死亡,又没有宣告死亡的情况下,则只能推定为自然人仍然存活,其利益仍然处于一种自己所享有的状态,任何人不得处分,对其个人利益的保护无疑是有利的。通过宣告失踪人死亡,纵然可能会损害失踪人的个体利益,但这种利益损害并不是必然的,被宣告人有可能通过撤销宣告死亡的方式来挽回自己的损失。相较而言,如果不宣告失踪人死亡,利害关系人群体利益的损害则是必然的,他们之间权利义务关系的不确定性本身就是对利害关系人的损害。所以,根据"两利相权取其重,两害相权取其轻"的道理,宣告死亡制度更加有利于保护利害关系人群体利益。

实现确定利益和群体利益保护是宣告死亡制度的正当性基础,通过宣告死亡制度可以达到如下法律目的:

(1)通过宣告失踪人死亡,解决失踪人因生死不明而引起的人身关系的不确定性状态,从而维护其利害关系人的人身权益。例如,宣告死亡后,婚姻关系自动当然消灭,失踪人的配偶重新获得缔结新婚姻关系的自由。

(2)通过宣告失踪人死亡,解决失踪人因生死不明而引起的财产关系的不确定性,促进失踪人财产的流转,物尽其用,使其发挥更大价值。在失踪人被宣告死亡后,其财产就转化成遗产,该还债的还债,该继承的继承,成为他人所有权的客体。在所有权人的精心管理下,才能发挥更大的作用。

因此,宣告死亡制度系为了了结长期失踪人遗留之法律关系、重点保护生存者利益及社会秩序所设,故立法应采取决然之立场,即确定宣告死亡发生与自然死亡相同之法律效果，失踪人之权利能力和行为能力归于消灭，宣告死亡的法律效力及于失踪人所涉之一切民事法律关系。[1]

二、申请宣告死亡之利害关系人

（一）利害关系人的范围

利害关系人是指与被宣告死亡法律后果具有利害关系的人。[2]在我国《民法典》中提到了"利害关系人"一词，[3]其中并没有明确利害关系人的范围。但《民法典总则编司法解释》对此作出了规定。根据该司法解释第16条，利害关系人包括：

1.被申请人的配偶、父母、子女，以及依据《民法典》第1129条规定对被申请人有继承权的亲属。

2.符合下列情形之一的，被申请人的其他近亲属，以及依据《民法典》第1128条规定对被申请人有继承权的亲属：

（1）被申请人的配偶、父母、子女均已死亡或者下落不明的；

（2）不申请宣告死亡不能保护其相应合法权益的。

3.被申请人的债权人、债务人、合伙人等民事主体不能认定为利害关系人，但是不申请宣告死亡不能保护其相应合法权益的除外。

（二）顺位

关于申请宣告死亡的利害关系人之间有无顺位的问题，存在不同观点。

---

① 尹田：《民法典总则之理论与立法研究》，法律出版社2010年版，第264页。
② 王利明：《民法总则》，中国人民大学出版社2017年版，第140页。
③《民法典》第46条规定，自然人有下列情形之一的，利害关系人可以向人民法院申请宣告该自然人死亡：（一）下落不明满四年；（二）因意外事件，下落不明满二年。因意外事件下落不明，经有关机关证明该自然人不可能生存的，申请宣告死亡不受二年时间的限制。

一种观点认为，宣告死亡的利害关系人包含的范围很广，如果没有顺序的限制，就会导致父母要求宣告死亡，但配偶并不希望宣告死亡，如果满足父母的要求就会干涉配偶的婚姻自主。另一种观点认为，我国法律不应当规定申请宣告死亡的顺序，因为如果顺序在先的当事人不申请，失踪人长期不能被宣告死亡，造成财产关系长期不能稳定。①依据我国《最高人民法院关于贯彻执行〈中华人民共和国民法通则〉若干问题的意见（试行）》（以下简称《民通意见》）第25条第1款规定，申请宣告死亡的利害关系人的顺序是：（一）配偶；（二）父母、子女；（三）兄弟姐妹、祖父母、外祖父母、孙子女、外孙子女；（四）其他有民事权利义务关系的人。这种严格的顺位规定，也就意味着前一顺位的利害关系人尚未同意申请宣告死亡，则后一顺位的利害关系人不得单独向人民法院申请宣告死亡。根据《民法典》第47条的规定，"对同一自然人，有的利害关系人申请宣告死亡，有的利害关系人申请宣告失踪，符合本法规定的宣告死亡条件的，人民法院应当宣告死亡"。由此可见，在《民法典》中关于宣告死亡是未规定利害关系人的顺位的。

笔者认为，《民法典》中的该项规定是合理的。第一，申请宣告死亡是对长期失踪状态的确认，也是对事实的确认。既然是确认事实，完全没有规定顺位的必要。如果有异议，只要举证证明失踪事实不存在即可。第二，仅仅以身份关系确定顺位不合理。民事法律上的权利义务关系还包括财产权利义务关系，二者无优劣之分。第三，在司法实践中，如果配偶不同意申请宣告死亡，那么继承人无法继承，债权人的债权无法实现，这样一来，后顺位的利害关系人的人身财产利益就永远无法得到保障，尤其是不利于失踪人父母和子女权益的保护。对父母而言，如果只有其一个子女的话，其父母的生活来源就无着落，生活处于困难的境地；对子女而言，失踪人的子女不仅对其享有继承权，而且可以基于失踪人被宣告死亡后对失踪人的父母享有代位继承权，子女也会因为失踪人配偶的不正当目的使其权益受到侵害。这与我国规定宣告失踪制度的目的相违背，显然是不妥当的。第四，依据我国民法

---

① 王利明：《民法总则》，中国人民大学出版社2017年版，第140页。

上的平等原则，应该将不同顺位的利害关系人的利益进行同等保护，而这种对不同顺位的利害关系人的利益进行区别对待，为了保护前一顺位利害关系人的利益，而以牺牲后一顺位利害关系人的利益为代价的做法，也明显违背了民法上的平等原则。为此，将失踪人之全体利害关系人视为具有同等地位，均得自行提出宣告死亡之申请，不受其他利害关系人不同意见的阻碍（包括其不同意宣告死亡，也包括仅同意宣告失踪而不同意宣告死亡等），较为妥当。①

关于申请人的能力问题，在《民法典》和原《民法通则》及《民通意见》中均未规定。②有人认为应当规定申请人的行为能力，对于无民事行为能力人和限制民事行为能力人应当禁止其作为申请人。笔者认为这是没有必要的。一是申请宣告死亡并不是民事行为，而是公法上的诉讼行为；二是宣告死亡是为了救济确定的利害关系人的利益，如果失踪人的利害关系人就是无民事行为能力人，法律的目的显然不达。

三、宣告死亡之法律效果

《民法典》第49条到第52条是关于宣告死亡法律效果的规定。在原来的《民法通则》中并没有直接明确规定宣告死亡的法律效果，有关宣告死亡法律效果的制度基本上都是《民通意见》中规定的。例如，《民通意见》第37条规定："被宣告死亡的人与配偶的婚姻关系，自死亡宣告之日起消灭……"第38条规定："被宣告死亡的人在被宣告死亡期间，其子女被他人依法收养，被宣告死亡的人在死亡宣告被撤销后，仅以未经本人同意而主张收养关系无效的，一般不应准许，但收养人和被收养人同意的除外。"《民法典》关于宣

---

① 尹田：《民法典总则之理论与立法研究》，法律出版社2010年版，第271页。
② 根据笔者所查，《意大利民法典》之"推定死亡的宣告"、《菲律宾民法典》之"死亡的推定"、《俄罗斯民法典》第45条"宣告公民死亡"等不同国家的相关规定中也没有规定申请人的能力问题。

告死亡的法律效果的规定比《民法通则》明确很多。宣告死亡的法律效果主要有：

（一）人身权利方面

《民法典》第51条规定："被宣告死亡的人的婚姻关系，自死亡宣告之日起消除……"第52条规定："被宣告死亡的人在被宣告死亡期间，其子女被他人依法收养的，在死亡宣告被撤销后，不得以未经本人同意为由主张收养行为无效。"据此，被宣告死亡人与其配偶的婚姻关系，自死亡宣告之日起自动消除。其子女如果被他人依法收养，即使被宣告死亡人的死亡宣告被撤销后，也不得以未经本人同意为由主张收养行为无效。

（二）财产权利方面

在《民法典》总则编中未直接就被宣告死亡人在被宣告死亡后其原先所享有的财产权利的处理作出规定。但既然是死亡，当然就发生财产的继承问题，应当依据继承法的规定处理。《最高人民法院关于适用〈中华人民共和国民法典〉继承编的解释（一）》（法释〔2020〕23号）第1条第1款规定，继承从被继承人生理死亡或者被宣告死亡时开始。由此可见，宣告死亡对被宣告人的财产权利也具有重大的影响。一方面，清理其生存期间所存在的债权债务关系；另一方面，其合法财产变成遗产开始继承。

（三）与自然死亡法律效果之不同

虽然多数人认为宣告死亡与自然死亡产生同样的法律后果，但是这并不意味着宣告死亡就等于自然死亡。宣告死亡毕竟只是基于失踪的事实而作出的法律上的拟制死亡，是为了维护利害关系人的利益，结束被宣告人与其利害关系人之间的长期不确定的法律关系而进行的一种法律推定，事实上该失踪人的生命并不一定终结。其与自然死亡产生的法律效果之间依然在很大程度上存在不同。

1.对被宣告死亡人自身而言，权利能力和行为能力之丧失存在不确定性，而自然死亡人权利能力之丧失和行为能力之丧失具有确定性。我国《民法通则》第24条第2款特别作出了"有民事行为能力人在被宣告死亡期间实施的民事法律行为有效"的明确规定。《民通意见》第36条第2款也特别规定："被宣告死亡和自然死亡的时间不一致的，被宣告死亡所引起的法律后果仍然有效，但自然死亡前实施的民事法律行为与被宣告死亡引起的法律后果相抵触的，则以其实施的民事法律行为为准。"《民法典》第49条也作出了相似的规定："自然人被宣告死亡但是并未死亡的，不影响该自然人在被宣告死亡期间实施的民事法律行为的效力。"由此可见，对被宣告死亡人自身而言，权利能力和行为能力之丧失存在极大的不确定性，被宣告死亡的人是否具有权利能力和行为能力主要是依据自然人是否真实死亡，如果被宣告者真实死亡，那么其丧失权利能力和行为能力；如果被宣告者并未死亡，那么其权利能力和行为能力依然存在，实施的民事行为依然有效。但是，自然死亡则不同，自然人一旦自然死亡，则民事权利能力和民事行为能力同时终止，这种终止具有绝对性，不存在继续行使民事权利能力和民事行为能力的情况。

2. 对利害关系人而言，其因被申请人宣告死亡而获得的利益不具有终局确定性，而基于他人自然死亡而获得利益的人对其获得的利益之享有具有终局的确定性。《民法通则》第25条规定，"被撤销死亡宣告的人有权请求返还财产。依照继承法取得他的财产的公民或者组织，应当返还原物；原物不存在的，给予适当补偿"。《民法典》第53条也作了类似规定："被撤销死亡宣告的人有权请求依照本法第六编取得其财产的民事主体返还财产；无法返还的，应当给予适当补偿。利害关系人隐瞒真实情况，致使他人被宣告死亡而取得其财产的，除应当返还财产外，还应当对由此造成的损失承担赔偿责任。"由此可知，利害关系人因被申请人宣告死亡而获得的利益不具有终局的确定性，是否能够最终取得利益，取决于被宣告人是否被申请撤销死亡宣告，如果被宣告人申请撤销死亡宣告，其基于宣告死亡所获得的利益应当原物返还或者进行补偿，隐瞒真实情况致使他人被宣告死亡而取得其财产的还要承担赔偿责任；如果被宣告人没有申请撤销死亡宣告，其才能永久性地取得其基于宣告死亡而获得的财产的所有权。但是，自然死亡则不同，自然死亡的利害关系人可以确定地取得其获得的利益，具有终局的确定性。

四、宣告死亡的撤销

由于宣告死亡只是一种法律推定，可以通过反证的方法推翻，即当被宣告死亡的人重新出现或者有人确知他没有死亡时，经本人或利害关系人申请，人民法院应当撤销对他的死亡宣告。但是，由于之前的宣告死亡已经对被宣告者的人身财产权利义务关系产生了法律效果，在撤销死亡宣告后，宣告死亡之前的权利义务关系还能恢复到原来的状态吗？

（一）婚姻关系

关于宣告死亡被撤销后对原婚姻关系的影响，各国的立法不同。例如，根据《法国民法典》的规定，即使宣告失踪人的判决已被撤销，失踪人的婚姻仍然解除。[1]根据《意大利民法典》第65条的规定，"宣告推定死亡的判决至得执行时，配偶得另行约定婚姻"。该法第68条规定，依第65条的规范约定的婚姻，于受推定死亡宣告的人出现或者其生存被确认时无效。[2]根据《民通意见》第37条的规定："被宣告死亡的人与配偶的婚姻关系，自死亡宣告之日起消灭。死亡宣告被人民法院撤销，如果其配偶尚未再婚的，夫妻关系从撤销死亡宣告之日起自行恢复；如果其配偶再婚后又离婚或者再婚后配偶又死亡的，则不得认定夫妻关系自行恢复。"上述规定有利于保护被宣告者配偶的再婚权，被宣告死亡的人与配偶的婚姻关系，自死亡宣告之日起消除，配偶可以根据自己的情况选择再婚或者是单身；如果配偶已经再婚，为了保护现行的婚姻关系，不能主动恢复其婚姻效力，这并无不妥，若二者有意复合，其配偶可以先离婚后再次与被宣告人结婚。如果其配偶再婚后又离

---

①《法国民法典》第132条，罗结珍译，法律出版社2005年版，第162页。
②《意大利民法典》第65条、第68条，陈国柱译，中国人民大学出版社2010年版，第17页。

婚或者再婚后配偶又死亡的，则由于被宣告人失踪时间太长，无法判断被宣告人与其配偶的感情是否依然很好，不强制其恢复婚姻关系也在情理之中，如果双方情投意合，完全可以再次进行婚姻登记，法律对此并没有禁止性规定。

但是，笔者认为"如果其配偶尚未再婚的，夫妻关系从撤销死亡宣告之日起自行恢复"这一规定的合理性有待商榷。虽然其配偶没有再婚，但是没有再婚的原因是多种多样的，不能根据配偶没有再婚这一事实认定夫妻间的感情依然存在，从维护双方利益的角度出发，直接恢复双方婚姻关系不一定符合双方意愿，也不一定完全符合双方的利益；婚姻关系必须是在双方你情我愿的基础上建立的，硬性规定双方婚姻关系再行恢复，难免有违背婚姻自由之嫌。

笔者认为，被宣告死亡后的婚姻关系自动消灭，当撤销死亡宣告时，无论其配偶是否再婚，都不应该自动恢复婚姻关系，应该尊重双方当事人的意愿，由双方当事人自主选择是否恢复婚姻关系。从立法上有两种表述可供选择：一种是死亡宣告被撤销后，被宣告死亡人的婚姻关系自动恢复，但其配偶再婚或者向婚姻登记机关书面申明不愿恢复的除外；另一种是死亡宣告被撤销后，被宣告死亡人的婚姻关系不自动恢复，但其与原配偶双方自愿恢复的除外。

《民法典》总则编在这方面作出了积极的改进。《民法典》第51条规定："被宣告死亡的人的婚姻关系，自死亡宣告之日起消除。死亡宣告被撤销的，婚姻关系自撤销死亡宣告之日起自行恢复。但是，其配偶再婚或者向婚姻登记机关书面声明不愿意恢复的除外。"该规定相对于原来的规定有巨大进步，在维护当事人的婚姻自由方面的作用是明显的。一方面赋予了当事人完全的婚姻自由——自主决定选择婚姻关系的存亡，自动恢复是当然的法律效果，向婚姻登记机关书面声明不愿恢复是例外，也是自由的选项；另一方面又极大地提高了效率——自动恢复而不是需要当事人重新办理婚姻登记，这就符合了婚姻这一要式法律行为的强制性要求。

（二）财产关系

根据《民法典》第53条第1款的规定，被撤销死亡宣告的人有权请求依照本法取得其财产的民事主体返还财产。无法返还的，应当给予适当补偿。该规定与原来的《民法通则》的规定并无根本区别。《民法通则》第25条规定："被撤销死亡宣告的人有权请求返还财产。依照继承法取得他的财产的公民或者组织，应当返还原物；原物不存在的，给予适当补偿。"《民通意见》第40条规定："被撤销死亡宣告的人请求返还财产，其原物已被第三人合法取得的，第三人可不予返还。但依继承法取得原物的公民或者组织，应当返还原物或者给予适当补偿。"这些规定都体现了对生还者的利益保护，同时也是为了满足生还者日常生活的需要。

法律规定的要点是：第一，请求返还财产的对象仅为依照继承法取得他的财产的公民或者组织，而不包括善意第三人。善意第三人可以基于善意取得制度取得原物，可以根据自己的意愿决定是否返还。但是，生还者可以请求该物的转让人进行适当补偿或者赔偿。第二，请求返还原则上是原物，原物不存在时，才可以请求适当补偿，而不是进行赔偿。因为被请求者是基于继承法或者其他法律的规定取得被宣告人的财产所有权的，其取得财产具有法律依据，其对该财产的占有、使用、收益、处分的行为是有权处分，主观上并没有损害他人利益的恶意，如果强制要求被请求者返还原物或者进行赔偿，无疑是在加重被请求者的负担。但是，如果被请求者对于财产的灭失具有明显的主观过错或者故意，则需要进行赔偿，如利害关系人在明知被宣告生还者的情况下还对原物进行低价处理，则需要赔偿生还者的所有损失。

笔者认为我国宣告死亡法律制度中关于被宣告死亡者遗产处理的规则还需要改进，具体可以借鉴西班牙民法的相关制度。《西班牙民法典》规定，宣告死亡后的五年内，继承人不能自由支配死者的财产；宣告死亡后的五年内不得向受遗赠人交付遗赠，受遗赠人也无权要求得到遗赠除非是基于慈善机构利益进行的遗赠。在死亡宣告撤销后，此人将全部收回其财产并有权得到其财产被出售的价金等。[①]根据该规定，在产生遗产继承后，继承人对所继承的遗产的处分权有法定限制期，这更有利于在宣告死亡撤销后维护被宣告死亡者的利益。

（三）收养关系

《民法典》第52条规定："被宣告死亡的人在被宣告死亡期间，其子女被他人依法收养的，在死亡宣告被撤销后，不得以未经本人同意为由主张收养行为无效。"第1111条规定："自收养关系成立之日起，养父母与养子女间的权利义务关系，适用本法关于父母子女关系的规定；养子女与养父母的近亲属间的权利义务关系，适用本法关于子女与父母的近亲属关系的规定。养子女与生父母以及其他近亲属间的权利义务关系，因收养关系的成立而消除。"据此，对于父母一方被宣告死亡，另一方依法将子女送养，收养人依法收养的行为符合法律规定，那么也就意味着被收养人与送养人和被宣告人的权利义务关系终结，与收养人形成新的权利义务关系，被宣告人以未经其同意主张收养行为无效，法律不予支持。所以，宣告死亡撤销以后，对收养关系不产生当然的影响。

五、恶意申请宣告他人死亡者的法律责任

由于宣告死亡是法院根据利害关系人的申请，进行形式审查后作出的宣告，法院不可能探究其真实情况。这就难免有利害关系人在明知被宣告人没有死亡的情况下，为了解除与被宣告人的婚姻关系或者继承被宣告人的遗产等，而恶意向人民法院申请宣告其死亡的情况发生。

---

① 《西班牙民法典》第196条、第197条，潘灯、马琴译，中国政法大学出版社2013年版，第87—88页。

（一）恶意申请宣告他人死亡之行为性质

1.恶意之界定

民法上的善恶主要根据行为人的主观认识因素而定。恶意是行为人在主观上的一种明知的心理，并不要求行为人一定要有损害对方利益的目的。对于恶意申请宣告他人死亡者而言，只要其明知被申请宣告死亡者并未真正处于失踪状态而仍然隐瞒真实情况申请宣告其死亡就是恶意。至于行为人是否具有损害被申请人利益的目的，不构成恶意的判断标准，只是在特定情况下作为损害赔偿应当考虑的因素而已。

2.恶意申请宣告他人死亡行为的法律性质

如果利害关系人为了获得被宣告人的财产利益或者实现其他不正当目的，在明知他人信息的状态下恶意申请宣告他人死亡，其在主观上，具有侵害被宣告人财产利益或者其他权益（如婚姻权）的目的；在行为上，实施了申请宣告他人死亡的行为；在后果上，由于宣告死亡，被宣告人的人身权、财产权均受到损害；恶意申请人的行为与被宣告死亡人的损害结果之间有直接的因果关系，完全符合侵权行为的构成要件，作为一种侵权行为看待自无疑问，应当根据《民法典》第53条第2款"利害关系人隐瞒真实情况，致使他人被宣告死亡而取得其财产的，除应当返还财产外，还应当对由此造成的损失承担赔偿责任"的规定进行处理。

如果利害关系人隐瞒真实情况致使他人被宣告死亡，但是并未取得其财产甚至就不是以取得其财产为目的，这是否还是侵权行为呢？侵权行为是违反法定义务的行为，本质上与其主观目的无必然联系，只是与行为人主观过错有关系。在无取得他人财产目的的情况下隐瞒真实情况宣告他人死亡，仍然构成侵权行为，此时侵害的可能是被宣告死亡者的婚姻权，或者是亲权等权利。

（二）恶意申请宣告他人死亡之法律效果

恶意申请宣告他人死亡对他人的婚姻关系、父母子女关系和财产利益都会产生重要影响，应该依据对被宣告者造成的损害程度和申请人的主观恶性综合认定恶意申请人的民事责任。

1.配偶以与他人缔结婚姻关系为目的而恶意申请宣告对方死亡

（1）配偶一方恶意申请。这是指被宣告人的配偶以与第三人缔结新的婚姻关系为目的，在明知被宣告人没有死亡且在拟与其缔结婚姻关系的第三人并不知情的情况下，申请宣告配偶死亡。《民法典》总则编中对此问题没有明确规定。笔者认为在这种情况下，可以通过《民法典》婚姻家庭编的修改完善将这种婚姻关系定性为"可撤销婚姻"。享有撤销权的人是重新出现的被宣告死亡人和新的婚姻关系中的善意相对人，撤销权行使的期间仍规定为"从权利人知道或者应当知道撤销事由之日起一年"即可。从侵权的角度来看，不管该婚姻关系是否被撤销，恶意的利害关系人都要向被宣告死亡者承担损害赔偿责任。

（2）配偶与他人以缔结婚姻关系为目的串通申请宣告对方死亡。这是指被宣告人的配偶与第三人以缔结新的婚姻关系为目的，双方都在明知被申请人没有失踪的情况下，恶意串通，申请被宣告人死亡。笔者认为在此情况下，可以通过《民法典》婚姻家庭编的修改完善将这种婚姻关系定性为"无效婚姻"以实现对恶意行为人的惩罚。当然，受损害的一方仍然可以依法向恶意行为人主张损害赔偿责任。

2.继承人为继承遗产恶意申请宣告被继承人死亡

不管是部分继承人恶意申请还是全部继承人恶意申请宣告被继承人死亡，所应当承担的不仅是财产返还或者补偿的责任，还有赔偿的责任。《民法典》第53条第2款规定，利害关系人隐瞒真实情况，致使他人被宣告死亡而取得其财产的，除应当返还财产外，还应当对由此造成的损失承担赔偿责任。《民通意见》第39条规定，"利害关系人隐瞒真实情况使他人被宣告死亡而取得其财产的，除应返还原物及孳息外，还应对造成的损失予以赔偿"。如果被宣告人撤销死亡宣告，恶意申请人不但要返还原物及其孳息，还要对被宣告者造成的损失承担责任并进行赔偿，从立法的明确性来看，笔者认为这比《民法典》的规定更为完善。对于因部分继承人恶意申请宣告被继承人死亡后善意继承人的继承问题，在宣告死亡被撤销后，其则不需要赔偿，只进行返还原物或者进行适当补偿即可。对于继承人根据善恶分别确定其不同的法律责任，也是其他国家民法中的做法。[1]

综上所述，笔者认为在我国《民法典》总则编，对于恶意申请宣告他人死亡的行为规范得并不严格。特别是在现在社会人口流动频繁、生活工作节奏较快、道德约束下降的情况下，这不利于制止恶意宣告他人死亡的现象。对于恶意申请宣告他人死亡者，应当明确其行为的性质并界定其承担责任的构成要件，并分别就婚姻关系和财产关系作出不同的法律效果之规定，特别要强化其违法性质及其责任承担。只有这样才能防止好的法律制度被人滥用。

结　语

宣告死亡制度通过其精巧的内容设计，在平衡确定的生存者与不确定的失踪者之间利益方面发挥重要作用，该制度也有利于充分发挥财产价值的功能。但是宣告死亡毕竟是基于自然人失踪这一事实进行的推定死亡而非真实的死亡而产生法律规定的效果。但是再好的法律制度也难免被违反诚实信用者利用。宣告死亡制度在实施中可能存在利害关系人隐瞒他人未失踪的事实而恶意申请宣告非失踪人死亡以达到解除婚姻关系、取得他人财产等不法目的的情况。我国《民法典》中对此方面的规定特别是对恶意申请人民事责任的规定既不完善也不严厉，这仍需理论界和实务界共同努力，设计严厉的民事责任从而产生威慑力，将宣告死亡制度被他人不正当利用的可能性降到最低。

---

[1]《俄罗斯民法典》第46条、《越南民法典》第83条等都有相似的规定。

第三章

民事权利客体重大问题

第一节　人格理论视角下权利客体制度的现代化

一、权利客体制度的现代化课题

《民法总则》作为《民法典》的开篇之作，经历了三次公布草案征求社会意见，于2017年3月15日正式颁布。在立法过程中关于民事权利客体内容的认知存在以下显著变化：

第一，物之概念的现代化发展。《民法总则》第115条虽然删除了关于网络虚拟财产的表述，但也明确承认权利是物权的客体。这一规定继《物权法》之后再次明确物的概念，既吸收了《物权法》第2条第2款的内容，又补充了依据法律的明确规定，权利也可以作为物权客体。

民法上关于物权客体理论的争论由来已久，围绕物是否包括无体物，物与财产的概念界分，物权与债权、知识产权客体的区分，物权客体制度对德国法系、法国法系的继受，物的人格化和现代化等课题，无论是在比较法上还是在我国民法中都一直呈现百家争鸣的态势。在我国民法总则的起草过程中，围绕脱离人体的物、尸体、动物、网络虚拟财产、数据、信息等新型物的法律属性和权利归属等问题的讨论，集中体现了社会发展赋予权利客体制度的现代化课题。

第二，为网络虚拟财产的法律性质认定留下空间。《民法总则》第128条和第127条均对物权客体的范围作出修改，删除了有关网络虚拟财产的表述，规定："法律对数据、网络虚拟财产的保护有规定的，依照其规定。"由此可见，关于网络虚拟财产是否是物权客体这一问题，《民法总则》并未明确表态，这为今后的立法和解释留下空间。

随着互联网朝着基础设施化方向发展，网络账号、网名、游戏设施装备、虚拟货币、游戏角色、信用等级等虚拟财产的类型、数量、经济价值都急剧增加，其法律性质和权利归属等问题不断引发热议。用户在网络世界对这些虚拟财产有一定的排他性利用权，可以基于此享受特别的服务待遇，但是并不能像对待传统的物一样享有绝对的排他性权利，其继承、转让、利用等往往受到一定限制。近年来，围绕此类财产产生的纠纷迅速增加，如用户间的欺诈性交易、黑客的非法窃取、运营商的不当管理造成虚拟财产的毁损灭失、网络服务提供者单方终止服务和销毁账号以及继承、离婚中的虚拟财产处分等，亟待法律加以明确规定。

随着社会朝着高度信息化方向发展，大数据产业蓬勃兴起，数据信息等无体财产在私法上的保护问题对传统民法理论提出了新挑战。一方面，虽然数据信息的实体无非是网络中存在的代码，对此用户自身是无法完全掌握的，但是这些代码蕴含着巨大的经济价值，甚至催生了新型数据产业。用户对与其个体相关的个人信息以及付出时间、金钱等成本获取到的数据信息，享有一定的排他性控制权，当受到非法侵害时，会产生实实在在的经济损失和精神损害。另一方面，信息主体对于作为无体物的数据信息不像对有体物一样具有绝对的排他的支配可能性，其对于具有可识别性的个人信息虽然有一定程度的控制权，但也极易受到出于科技发展、国家安全等目的的合理利用之挑战，而对于完全去除了人格属性的数据信息，能否视为与主体完全脱离的物尚无定论。

上述有关权利客体制度的现代化课题的讨论，在中国民法学者起草的较有影响力的专家建议稿中也多有涉及。例如，梁慧星负责的中国民法典立法研究课题组《中国民法典草案建议稿总则编》（2014—2015 年）；[①]杨立新负责的中国人民大学民商法中心"民法典编纂研究"课题组《中华人民共和国

[①] 何勤华主编：《民法典编纂论》，商务印书馆 2016 年版，第 227—283 页。

民法总则编建议稿》（2015年）；[1]以及王利明《中国民法典草案建议稿及说明》（2004年）；[2]徐国栋《绿色民法典草案》（2004年）[3]等都对权利客体进行了专章规定。

上述建议稿对于物的定义，基本上都赞成物是人力所控制的有经济价值的有体物，但对于是否包含自然力、资源、空间、人体脱离物、尸体、动物等其他特殊的物的态度则不尽相同。其中，梁慧星版建议稿第99条规定了"自然人的器官、血液、骨髓、组织、精子、卵子等"属于权利客体，杨立新版建议稿第102条认为"与人体脱离并能保持人体功能的器官或者组织，以及尸体，视为物"，法学会版提交稿也在民事权利客体一章第一节"物"中规定了"人体脱离物以及遗体"和"网络虚拟财产"。此外，杨立新版、法学会版以及王利明版建议稿均规定信息也属于民事权利客体。这些意见体现了学理对于社会实践和法制环境变化的重大关切，也体现出目前理论上对新型权利客体制度规则设计的谨慎选择与反复考量。

从比较法视域观察各国民法典总则部分对权利客体制度的设计可知，关于物与权利客体的概念及其关系，一直是民法界未能达成共识的争议问题。中外学者均承认权利客体为权利义务所指向的对象或者事物，但关于权利客体为何物的争论由来已久。[4]潘德克顿模式的民法典总则大都以法律关系为主线，形成了"主体—客体—行为"三位一体的逻辑结构，规定了人、物、法律行为及相关内容，多数立法例以"物"为章名，在总则部分仅规定物以代替对权利客体的规定，但也有以"权利客体"为章名的，内容包括"物"与其他客体。[5]

具体来看，现行德国、日本民法典为了维护潘德克顿体系的严密完整

---

① 何勤华主编：《民法典编纂论》，商务印书馆2016年版，第284—342页。

② 王利明：《中国民法典草案建议稿及说明》，法律出版社2004年版，第241页。

③ 徐国栋：《绿色民法典草案》，社会科学文献出版社2004年版，第6页。

④ 参见尹田：《民法典总则之理论与立法研究》，法律出版社2010年版，第37页。

⑤ 参见梁慧星：《中国民法典草案建议稿·总则编》，载何勤华主编：《民法典编纂论》，商务印书馆2016年版，第228—229页。

性，严格区分物权与债权，立法上将物限于有体物。《德国民法典》第90条规定"本法所称的物，仅为有体标的"，①将物的概念限于可以拿取或者抓取的但无论如何可以凭感官感知和在技术上可以支配的物。②这是鉴于在潘德克顿体系下如果认同无形物也是物，则以债权为代表的权利之上就可以成立所有权，会产生物权与债权范围的混同，造成体系混乱。《日本民法典》在总则第四章规定了"物"，第85条关于物的定义规定了"本法所称之'物'为有体物"，并未包括无体物和权利，这一做法仿效了《德国民法典》第一草案第778条之规定，③目的也在于有意识地区别权利与物。

值得注意的是，作为大陆法系各国民法典立法过程的一个缩影，日本民法典立法过程中关于物的概念发生过重大变化，这源自其先后对法国民法和德国民法中物之概念的继受。与现行日本民法典不同，1890年由法国法学家波阿索那德主持起草的日本旧民法典中对于物之概念采用了包括无体物的广义界定，而无体物中除了物权、人权之外，还包括著作人、技术人以及发明人的权利，解散了的公司的财产以及全体债务。④此处物之概念的形成吸收了19世纪中期法国流行的"财产"（patrimoine）概念的界定方式，包含了主体及其拥有的财产这两层含义，并未有意识地区别权利与物，而是将财产与人格相结合，认为财产除了强调金钱性价值之外，还要强调与主体之间的关系，如是否可以支配、收益、处分以及是否具有人格利益和人格属性。对此，现在有日本学者开始加以反思，认为如果不把物限定在有形物这一做法与严加区别债权和物权的潘德克顿体系是矛盾的话，应该讨论是否继续维持潘德克顿体系。

相比之下，1995年施行的《俄罗斯民法典》摆脱了潘德克顿体系对物

---

① 杜景林、卢谌：《德国民法典——全条文注释》（上册），中国政法大学出版社2015年版，第69页。

② 转引自杜景林、卢谌：《德国民法典——全条文注释》（上册），中国政法大学出版社2015年版，第69页。

③ 参见《德国民法典》第一草案第778条规定"本法所称之物为有形物"。

④ 参见《日本民法典》财产编第6条第1项。

权、债权二分法的束缚，在总则中设置了"民事权利的客体"一编，第128
条规定了民事权利客体的种类，包括信息和非物质利益等，[①]极大地丰富了权
利客体的内容。从德国、日本民法典到俄罗斯民法典的改变，反映出民法体
系中物与权利客体之概念的与时俱进。在总则部分仅规定物以代替对权利客
体的规定体现了时代的局限性，毕竟以修订成文法的方法回应日新月异的社
会变化无疑是刻舟求剑，为适应社会生活中日益涌现的权利种类，现代民法
需要对权利客体制度进行技术性革新，俄罗斯民法典对民事权利客体制度的
设计体现了包容性和开放性的要求。而我国《民法典》中关于民事权利客体
的规定同样旨在突出时代性和前沿性，也并未因此破坏体系性和科学性，谨
慎克制地立足民法典的原始功能，在保持逻辑完整、概念精密的前提下，关
注迫切现实的立法变革需求，为新兴权利的立法保留了空间。

二、人格理论视角下的新型物的权利客体属性

黑格尔将财产定义为人格的延伸，认为私有财产权是建立在个人的相
互尊重基础上的，将所有权视为个人意志的表达、人格的自我实现及对个
体人格的承认，[②]这一法哲学思想对民法上的财产权也产生了深远影响。虽
然传统的财产理论一般不承认财产中的人格利益，但受黑格尔人格理论的
影响，美国学者玛格丽特·简·拉丹提出了财产的人格论，基于财产与人
格的关系，将财产区分为和个人人格相关的财产（personal property）以及
可代替的财产（fungible property），这种划分不取决于物的性质，而取决
于是否与个人密切相关。前者与个人密切相关，其损害比财产的金钱价值
更大，后者是完全可能由金钱等代替的财产。法律对前者给予更充分的保

---

① 参见《俄罗斯联邦民法典》，黄道秀等译，中国大百科全书出版社1999年版，第69—
78页。
② 参见［德］黑格尔：《法哲学原理》，杨东柱、尹建军、王哲编译，北京出版社2007年
版，第33—38页。

护，也对其交易进行限制，这种保护是否适当取决于与财产的关系是否有利于健全人格的形成和人类的繁荣，并参照客观的道德共识加以判断。玛格丽特·简·拉丹认为这种财产的人格观的基础前提是个人为了实现适当的自我发展，需要对外部环境中的资源进行某种程度的控制，因此可以在处理财产纠纷时引入道德区分作为明确的价值来源。

　　我国学者面对不断涌现的新型物，也在尝试基于人格理论加以解释。较早提出"人格物权"概念的是经济学学者芮沐，认为其包括有独立价值之人格产物（如发明、文艺作品等）和无独立价值之人格产物（如商标、姓名等）。[①]而民法学者主要采用的是"人格财产""具有人格利益的财产""财产权人格化"等概念。徐国栋教授肯定了人格财产与可替代财产这一分类具有现实的法律意义，并阐述了二者的区别。[②]易继明教授等将具有人格利益的财产细分为具有人格象征意义的财产、寄托特定人感情的财产、源于特定人身体的财产和源于特定人智慧的知识产权，旨在缓和在现代社会中财产与人格之间的僵硬关系。[③]姜福晓博士关注现代民法中的人格权财产化和财产权人格化问题，认为传统民法理论已不能满足现实的需求，需要概括出物权人格化的概念，并解决债权人格化的技术性问题。[④]杨立新教授提出与人格相应的"物格"，将物区分为：伦理物、特殊物及一般物。[⑤]温世扬教授也关注到现代民法中的个别特殊形态之"物"，如"人格物"等。[⑥]这些探讨在一定程度上都受到人格理论的影响。

---

① 参见芮沐：《民法法律行为理论之全部（民总债合编）》，中国政法大学出版社2003年版，第7页。
② 参见徐国栋：《现代的新财产分类及其启示》，载《广西大学学报（哲学社会科学版）》2005年第6期。
③ 参见易继明、周琼：《论具有人格利益的财产》，载《法学研究》2008年第1期。
④ 参见姜福晓：《人格权财产化和财产权人格化理论困境的剖析与破解》，载《法学家》2016年第2期。
⑤ 参见杨立新：《民法物格制度研究》，法律出版社2008年版，第41—47页。
⑥ 参见温世扬：《民法总则中"权利客体"的立法考量——以特别"物"为重点》，载《法学》2016年第4期。

　　与人格最密切相关的新型物当属从人体衍变、异化而来的具有物的形态，同时又包含人格利益因素的人体变异物，主要包括：（1）脱离人体的器官、组织；（2）人体医疗废物；（3）尸体以及遗骨、骨灰。对此，也有学者称之为"人格物"[①]或者"人体脱离物（分离物）"。[②] 随着现代科学技术的发展，人类可以借助器官移植、人工胚胎等医学手段，将脱离人体的部分器官、组织、细胞、血液等加以收集、储存、再生利用，对此，支持人体商品化的学者主张应当推动将人体的一部分视为可能交换的商品，从根本上推翻将人体视为"人格的身体体现"的认识。这种人体商品化的认识在否定人及其身体一部分的主体性，明确工具性，促进交换可能性时，关系对人及其身体一部分的认知准备。而众多反对者则从传统法律原理和伦理道德层面提出质疑，强调转让人体一部分容易造成对贫穷的器官提供者的权利剥夺，造成人格性侵害和权利榨取。这种观点主张对人体进行金钱性评价侵害了人格性，会从根本上推翻我们关于人体的社会性、道德性、法律性地位的存在分歧的理解，因而是不能被正当化的。

　　对人格物的探讨应当考虑到其具备有体物的特征，故形式上符合物的特征，但因对其占有、使用、收益、处分的行为有关伦理道德，需要受到公序良俗和尊重人权的约束，不能像普通的物一样仅仅被任意赋予财产性价值。首先，人的胚胎、尸体等具备准人格的性质，不能按照一般的物权规则进行处分。尸体受到最为严格的限制，死者近亲属为所有权人的，原则上不得加以利用，只能用以埋葬祭拜，医疗机构和科研机构作为所有权人的，只能基于公共利益加以合理利用。其次，对于脱离人体的器官、组织、血液等，则应当结合其脱离人体的目的考察其物权规则。如果人的器官组织脱离人体的

[①] 温世扬：《民法总则中"权利客体"的立法考量——以特别"物"为重点》，载《法学》2016年第4期；冷传莉：《人体基因法益权利化保护论纲——基于"人格物"创设的视角》，载《现代法学》2014年第6期。

[②] 中国民法学研究会《民法典民法总则专家建议稿（提交稿）》第103条，载中国民商法律网，http://www.civillaw.com.cn/zt/t/?id=30198，最后访问时间：2016年12月27日。郭明瑞：《关于民法典规定客体制度的几点思考》，载《政法论丛》2016年第1期。

目的是自己今后使用，则仍可以视为其身体的组成部分，如以备今后自用的冷冻精子、卵子、脐带血等，医疗机构等保管人对这类人格物的侵害可以视为对人身体的侵害。但对于并非自用的脱离身体的器官、组织等，性质上则更接近于物，在一定场合下类似于医药品，如待移植的器官、血液、组织等，只是其利用规则不得违反公序良俗和尊重人权的限制。最后，关于人体医疗废物，原则上其所有权属于来源主体，医疗机构等可以根据医疗知情同意书的约定进行处分。对于有利用价值和再生价值的，权利人可以留以自用或准许他人利用，但不得违背公序良俗获取收益，对于具有社会危害性的，则禁止权利人随意使用和处分。

虽然民法学界关于人格物的系统论证日臻完善，但《民法典》总则编中并没有对人格物进行特别规定，表现出立法的谨慎与克制。然而，随着生物医学技术的发展，社会对人体之一部分的需求日益旺盛，如果法律不先发制人地加以规制，只会催生更多地下交易和非法获取，造成更多权利压榨和社会不公。为解决这一全球性问题，应当在民法上探讨人体与人格之关系，在道德层面论证交换行为的正当性，思考如何在不违反传统的伦理规范及法律原理的前提下，有条件地承认供体对自身一部分的处分权，以满足现代社会的合理期待，构建法律和道德允许的交易规范。

三、人格理论视角下的网络虚拟财产的权利客体属性

民法典中写入网络虚拟财产是在当下世界各国的民事立法中具有引领作用的，也展现了现代化的民法典应有的亮点和新意。不过，从立法进程来看，虽然一审稿承认了网络虚拟财产具有物的属性，是物权的客体，但在二审稿之后实际上避免了探讨虚拟财产是否是物权的权利客体这一问题。对此，有学者认为面对虚拟财产定性缺乏统一规则的现状，现有相关规定体现了谨慎克制又相对灵活的态度，避免了将其一概"视为物"或"是物"从而适用物

的规则，更能适应不断变化的时代特点。[①]

"网络虚拟财产"是指在网络环境下，模拟现实事物，以数字化形式存在的、既相对独立又具排他性的信息资源。[②]目前受到理论界和实务界广泛关注的网络虚拟财产主要包括社交通信账户、网络店铺、网络游戏账号、角色、货币、装备等。网络虚拟财产的本质是模拟真实世界一些特性的计算机代码，因此具有虚拟性，但其又与现实世界的个人财产有很多相似性，可以由一个实体拥有，具有专属性、独特性、竞争性、稀缺性、永久性、可转让性等特征。

随着网络虚拟财产的交易市场规模不断扩大，关于虚拟财产的交易形式已经从过去主要依靠虚拟世界中的物物交换，发展到在现实世界中用真实货币买卖虚拟物品或服务的交易，游戏用户付费行为的快速增长进一步促进了游戏产业的迅猛发展。网游世界中萌生了规模庞大的"现实货币交易"，即买卖双方将在线游戏中出现的虚拟道具等资产用作现实货币交易，甚至出现了不少人以投资虚拟资产为生。对此，网络服务提供商们态度不尽相同，持支持态度的将现实货币交易作为服务的内容加以设计，持反对态度的则设计服务规则加以禁止，如果用户违反规定，将采取封号、停止服务等措施，还有的介于二者之间，有偿提供此类服务，并将这项有偿服务朝着产业化方向发展。实务中围绕交易中的欺诈行为以及网络服务提供商利用规则限制交易或停止服务的纠纷日益增多。此外，与虚拟财产相关的民事纠纷还主要包括：网络服务提供者是否可以对用户采取禁止访问、清空数据、封号销号等措施；其终止服务时财产的权益归属和补偿问题；因运营商网络系统问题造成数据毁损灭失的，是否可以请求经营者恢复原状；对第三人侵权导致的数据毁损灭失等，第三人是否承担侵权责任，网络服务提供者是否负有补充责任；网络用户死亡时的虚拟财产继承问题；

[①] 温世扬：《民法总则中"权利客体"的立法考量——以特别"物"为重点》，载《法学》2016年第4期。

[②] 林旭霞：《虚拟财产权性质论》，载《中国法学》2009年第1期。

游戏角色等虚拟人物的人格权保护等。

要解决网络虚拟财产的权利归属等法律问题，需要分析虚拟财产的权利属性。目前我国民法学界围绕这一问题存在"物权说（或准物权说）"①"债权说"②"物债兼有说"③"新型（新兴）财产说"④"知识产权说"⑤"信息记录支配权说"⑥等观点，其中较为有力的主张是前两种。物权说将虚拟财产作为物权法保护的对象，从而肯定了虚拟财产现实交易的权益归属于用户，用户在遭遇虚拟财产被盗、黑客攻击等情形时可以直接向第三人行使物权请求权，在遭遇经营者原因造成的数据毁损灭失等情形时也可以请求恢复原状，同时也允许用户基于服务协议中约定的财产安全的保障义务向网络服务提供者请求恢复原状。债权说认为用户对虚拟财产不具备支配可能性，只是基于服务协议享有占有、使用等部分权能，所有权原则上属于经营者，虚拟财产现实交易的权益归属应当视协议而定。这两种学说都是基于传统的物权债权二分体系提出的，各自存在理论上难以解释和完善的问题，引发了学界旷日持久的讨论。

此外，有学者跳出了物权说与债权说的束缚，基于人格理论研究网络虚拟财产的权利客体属性和财产归属。例如，有美国学者在研究虚拟财产时，

---

① 林旭霞：《虚拟财产权性质论》，载《中国法学》2009年第1期；杨立新、王中合：《论网络虚拟财产的物权属性及其基本规则》，载《国家检察官学院学报》2004年第6期；钱明星、张帆：《网络虚拟财产民法问题探析》，载《福建师范大学学报（哲学社会科学版）》2008年第5期。

② 余俊生：《论网络虚拟财产权的权利属性》，载《首都师范大学学报（社会科学版）》2011年第3期。

③ 王竹：《〈物权法〉视野下的虚拟财产二分法及其法律规则》，载《福建师范大学学报（哲学社会科学版）》2008年第5期。

④ 刘德良：《论虚拟物品财产权》，载《内蒙古社会科学》2004年第6期；黄笛：《物债二分体系下网络虚拟财产权的再审视》，载《社会科学家》2015年第4期；李国强：《网络虚拟财产权利在民事权利体系中的定位》，载《政法论丛》2016年第5期。

⑤ 房秋实：《浅析网络虚拟财产》，载《法学评论》2006年第2期。

⑥ 陈琛：《信息产品使用者权利研究：论信息记录支配权之确立——兼谈虚拟财产保护"物权"说的理论缺陷》，载《河北法学》2016年第12期。

借用黑格尔的人格理论指出了财产权与人权密切相关,为了确保自我实现或者其他人类需求,应当承认所有权。人格理论并不区别对待现实的财产与虚拟世界的类似品,承认其私人所有权的正当性,将自由、个性这些人类需求作为私有利益的根据,不因财产是虚拟的而有所不同。按照这种理论,应当承认用户对游戏中角色的所有权,因为人与游戏内角色之间的联系不能视为单纯的物,而是能感受到自身自我的投射。这种基于人格理论的分析实际上更有益于处理现实矛盾,实现定分止争,原因如下:

首先,基于人格理论的分析有益于解释网络虚拟财产的价值归属问题。由于网络游戏中的账号装备、游戏角色等虚拟财产,是用户花费时间、金钱、体力、脑力获取的,投入了大量劳动和感情,这也让虚拟世界整体获得价值提升,因此,用户享有从经营者服务中获取收益的权利。用户的这种与人格相关的财产与用户之间的联系远比网络服务提供者更为密切,故这种财产比网络服务提供者的可代替财产更应当优先受到保护,网络服务提供者不能通过用户协议任意对其加以限制或者终止服务。

其次,基于人格理论的分析有益于解决网络虚拟财产的权利继承问题。2013年年初某网络购物平台公布了"店主过世网店过户"细则,网络虚拟财产的继承问题引发热切关注。[1]用户死亡后其继承人因不知晓其相关账户密码,需要网络服务提供者协助继承用户在虚拟世界中的权益,但网络服务提供者以保护用户隐私为由阻止虚拟财产的继承引发纠纷。对此,有学者从人格理论的角度指出网络虚拟财产是死者亲属人格利益的载体,[2]继承人与死者之间存在感情羁绊,故其相较于运营商更有维护死者隐私利益的动力。[3]

---

[1] 马一德:《网络虚拟财产继承问题探析》,载《法商研究》2013年第5期;张冬梅:《论网络虚拟财产继承》,载《福建师范大学学报(哲学社会科学版)》2013年第1期;李岩:《虚拟财产继承立法问题》,载《法学》2013年第4期;梅夏英、许可:《虚拟财产继承的理论与立法问题》,载《法学家》2013年第6期;胡光全:《论遗产的范围——以我国〈继承法〉第3条修改为中心》,载《郑州大学学报(哲学社会科学版)》2015年第6期。

[2] 申晨:《虚拟财产规则的路径重构》,载《法学家》2016年第1期。

[3] 梅夏英、许可:《虚拟财产继承的理论与立法问题》,载《法学家》2013年第6期。

最后，基于人格理论的分析有益于解释虚拟人物的人格权保护问题。实务中确实出现了网络虚拟人物名誉权之诉。例如，有玩家因网游公司认定其在一款游戏中存在炒分作弊行为并清零其排名第一的积分而起诉对方侵犯名誉权。案件终审结果是网络服务提供商被判令在游戏网络上对玩家赔礼道歉、恢复积分并赔偿精神抚慰金。[1]从人格理论视角出发，应当承认网络中的"虚拟人"是现实社会中的用户借助数字化技术在虚拟空间的再现，网络虚拟财产中存在人格权因素，即网络中的"虚拟人"同样享有人格权，其隐私、姓名、名誉在一定程度上受到保护。[2]

当下的虚拟世界已经不限于社交世界和游戏世界，随着互联网+时代的到来，虚拟世界的影响范围大大扩展，军事、医疗、政治、科技、商业等领域都正在利用虚拟世界，作为模拟战争、治疗、磋商、实验、销售的实战舞台，不但大大缩减了现实成本，而且显著提高了效率。未来的虚拟财产也不仅限于游戏装备、网络账号等游戏和社交资产，还会开拓出更多新类型和新价值。随着网络虚拟财产交易的产业化趋势明显，暴露出的问题和纠纷不断增加，《民法典》总则编中虽然明确了网络虚拟财产作为权利客体的法律地位，但仍需进一步明确网络虚拟财产的法律性质和规制原则，有必要借助人格理论分析虚拟财产与其主体以及网络服务提供者之间的关系，保护虚拟财产中体现的人格利益，解决现实纠纷和避免法律混乱。

四、人格理论视角下的数据信息的权利客体属性

《民法典》总则编中明确了对个人信息和数据的保护，体现出我国《民法典》的与时俱进。从人格理论视角下研究数据信息的权利客体属性，尤其

[1]《游戏排名第一被清零玩家告联众终胜诉》，载中国法院网，http://old.chinacourt.org/public/detail.php?id=157890，最后访问时间：2016年12月19日。
[2] 余俊生：《论网络虚拟财产权的权利属性》，载《首都师范大学学报（社会科学版）》2011年第3期。

是具有人格利益和人格属性的个人信息，需要考察信息与主体之间的关系，即信息与主体之间的密切程度以及主体对信息的支配、收益、处分等行为。大数据环境下对个人信息的获取来源和传播渠道日益密集和隐蔽，几乎所有个体的生活场景都被网络予以数据化，大大削弱了信息主体对个人信息的控制权，个人信息的边界也变得日益模糊。一方面，大数据技术的应用可以将取自个人的信息进行处理，去除其固有的人格特征，使人无法直接辨识出原信息主体；另一方面，通过对累积的海量的非个人信息进行关联比对，又能大大提升对信息主体的识别能力。例如，根据广泛收集的个人医疗信息、位置信息、消费信息等个人生活信息，依托高科技手段的信息加工和二次利用，能够准确分析出信息主体的健康状况、生活规律、活动轨迹、消费能力与喜好等，将主体范围锁定为某特定群体或个人。

关于个人信息的概念内涵，传统的界定方式包括隐私型的定义和识别型的定义，[1]前者强调个人信息的私密性，通过隐私制度进行保护。后者强调个人信息对个人的可识别性，通过制定个人信息保护的相关法律法规进行保护。相应地，个人信息的分类标准也主要分为两种：

第一种是根据个人信息的私密程度分类，区分个人敏感隐私信息和个人一般信息。[2]杨立新教授进一步划分为三个层次：第一层次属于隐私权的保护范围，第二层次是有关个人其他方面的私人信息，第三层次是衍生数据，即排除、过滤掉个人身份特征的脱敏信息，是新的具有财产性质的东西，应当建立数据专有权，将其作为知识产权的客体。[3]这种划分方法是有价值的，敏感信息涉及个人隐私保护，强调的是以人的人格性自主为核心内容的控制性和自我决定性权利，当受到不法侵害时，侵权行为人应当承担侵权责任。

---

[1] 参见谢远洋：《个人信息的私法保护》，中国法制出版社2016年版，第6—7页。

[2] 参见张新宝：《从隐私到个人信息：利益再衡量的理论与制度安排》，载《中国法学》2015年第3期。

[3] 参见杨立新：《民法总则草案对权利客体规定的重要价值》，载中国法学会网站，https://www.chinalaw.org.cn/Column/Column_View.aspx?ColumnID=1058&InfoID=20918，最后访问时间：2016年12月27日。

而其他有关个人的私人信息，具有财产利益和人格利益的双重属性，其法理基础是人格权中的个人信息权。最外围的衍生数据因为对数据进行了不可连接个体的匿名化处理，已经不属于个人信息，而是纯粹脱离了人格利益与人格属性的数据财产。

第二种是根据信息与主体之间的可识别程度分类，区分为直接个人信息和间接个人信息。[①]日本在2004年年底公布的《人类染色体、遗传基因解析研究伦理方针》中就将个人信息的匿名化处理分为不可连接匿名化和可连接匿名化两种，前者完全不能识别个人，后者是为了在必要情形下识别出个人，还保存着该主体与新附加的符号或序号间的对应表。将个人信息进行了不可连接匿名化处理的信息不属于个人信息，将该信息进行了可连接匿名化，但在进行研究的机构中未保存这种对应表的，也不属于个人信息。

结合上述两种分类标准，本书将数据经济时代背景下的个人信息细分为以下三个层次：直接可识别个人的身份信息、间接可识别个人的生活信息以及不可识别个人的衍生信息。[②]前两个仍然保留部分人格利益与人格属性，符合"财产"的定义，而最后一个是纯粹的脱离人格利益与人格属性的数据，更符合"物"的定义。对于直接可识别个人的身份信息，如果具有私密性的，可以通过隐私权进行保护，不具有私密性的，可以通过个人信息权进行保护。对于不可识别个人的衍生信息，可以通过物权或知识产权进行保护。这两类信息均可借助传统民法对个人信息的保护框架加以规制，但对于急速增长的间接可识别个人的生活信息，依靠传统民法中的隐私权理论和个人信息权理论已经不能对其进行充分保护和合理规制。

间接可识别个人的生活信息主要包括个人消费信息、位置信息、网络浏览记录、医疗信息、信用信息等，随着互联网定向广告、手机生活记录软件、GPS定位系统等技术的发展，大数据的快速决策、未来预测等功能凸显，

---

① 参见郭明龙：《个人信息权利的侵权法保护》，中国法制出版社2012年版，第6—11页。

② 参见陶盈：《我国网络信息化进程中新型个人信息的合理利用与法律规制》，载《山东大学学报（哲学社会科学版）》2016年第2期。

此类信息创造出了巨大的经济效益。它们不同于姓名、住址、身份证号、基因等能够较容易地识别和映射特定个体的个人身份信息，但如果利用新技术并结合其他信息比对分析，不但可以知悉主体的兴趣爱好、活动范围、消费能力、行为方式等，还有可能间接识别出特定个人或群体。在大数据时代，此类信息蕴含着巨大的财产价值，对其合理利用有利于社会的进步和科技的发展，对其不当利用则有可能侵犯公民的隐私权和个人信息权，大量聚合之后形成的国民信息又关系着国家信息主权和信息安全。

新型权利客体的出现也伴随着新兴权利的发展，对于间接可识别个人的生活信息就可以借助新兴的公开权理论加以保护。所谓公开权，也有学者称为形象权、人格商品化权、商业化权。日本学者播磨良承认为，公开权是一种无体财产权，其虽然与隐私权相区别，但并不是与隐私权完全无关的唯我独尊的状态。温世扬教授认为其客体是人格符号，故属于一种特殊财产权。公开权虽然保护财产性利益，但主要体现的也是个人对公开其人格特征产生经济利益的自由，是一种排他性控制权。正如著作权一元论的逻辑一样，公开权中所体现的精神利益和财产利益密不可分，对人格要素的商业化利用应当置于人格主体的控制权视野下进行研究。

广义的公开权理论认为物如果具有可识别性和客户吸引力，也应当享有公开权，强调了公开权的财产属性。但多数学者认为物不享有公开权，其被商业化利用产生的经济利益纠纷属于知识产权调整范围，可以借助知识产权、著作权邻接权进行保护。但根据公开权理论的最新发展，某些个人信息只要具备一定的可识别性和客户吸引力，并且与信息主体之间有相当的关联性，在未经许可被他人利用时也应当受到公开权的保护。在美国已经有案例将公开权的保护范围扩大到"可以被认为是标识名人身份的任何事物"，如游戏开发企业不得擅自使用职业棒球选手或是高尔夫选手的姓名和竞技成绩等信息。甚至有案例是某女明星起诉一款热门游戏使用的封面女郎形象和角色设计侵犯其公开权与隐私权，尽管被告抗辩称该角色是从某不知名模特手里获得肖像权和公开权的授权，并公布了相似度更高的对比照片以证清白，但美国纽约最高法院的判决依然支持了原告诉求，理由是"被告的角色任务、故事线与原告的地理位置、设置方向、生活事件相似，使该角色及角色任务明确地指向了原告"，故认定游戏角色与该女星具有一致性。可见，名人的履历信息、位置信息、信用信息、访谈记录、网购信息、医疗信息等具有间接可识别性的个人生活信息被擅自使用，也有可能侵犯公开权。

公开权理论的培育、发展与成熟在我国尚有待时日，但对个人信息的保护已经通过写入民法典迈出了重要一步。大数据时代需要信息的流动和分享，但也应平衡对个人及国家信息安全的保护，明确个人信息的权利边界和法律规制标准。如何兼顾信息主体、信息业者及国家的利益，平衡好信息服务与信息防护，信息自由与信息安全之间的关系正成为重要课题。在民法典中明确对个人信息的保护，有利于指导今后的信息立法，避免法律对科技发展的不当束缚，也为政府依法治网、维护网络信息安全提供法律指引。

结　语

《民法典》总则编在起草过程中关于权利客体制度的条文设计与立法考量，关注到了民法中物与财产制度的现代化发展，尤其是脱离人体的器官、组织及尸体等人格物、网络虚拟财产、数据信息等新型权利客体对民事权利客体体系的影响，体现了其时代性与前沿性。在考察现代民法中新型权利客体的法律属性和权利归属时可以借助人格理论，关注民事权利主体与客体之间的关系，重视此类财产中的人格利益，保持开放的姿态，为新兴权利的发展提供法律支持。

第二节　网络虚拟财产的民事客体保护

网络虚拟财产研究开始于网络游戏道具失窃、网络服务账户关停、未经许可抓取网站内容，整个网络系统等新事物遭遇的法律适用危机。在作为《民法典》开篇之作的《民法总则》制定过程中，网络虚拟财产的民事客体属性也成了讨论的焦点。有观点认为网络虚拟财产和数据、信息分属于不同的民事客体，网络虚拟财产属于物权客体，而数据和信息属于知识产权客体，这是由于对事物认识不清而导致的结果。不同学者在网络虚拟财产的属性上也见仁见智，有学者认为"虚拟财产意指在网络环境下的一切以数字化形式存在的客体对象，包括信息空间"。[①]有学者认为，虚拟财产实质上是借助于计算机这种媒介表现出来的数据组合。[②]显而易见，在学者论理过程中，很难区分虚拟财产和数据、信息的概念，且常常用数据、信息来解释网络虚拟财产，那怎么能将虚拟财产和数据、信息分属于物权客体和知识产权客体。《民法典》第127条虽然采取概括式立法使得民法总则对网络虚拟财产的保护更具包容性，为后续出现的更多新型网络虚拟财产保护案件提供了基本的法律依据。由于互联网在我国的极速发展，理论界和实务界都对网络虚拟财产有了一定的认识，但网络虚拟财产不断变化发展，所以应理顺复杂的法律关系，规范网络争议，维护竞争有序的网络市场环境。

---

① 马一德：《网络虚拟财产继承问题探析》，载《法商研究》2013年第5期。
② 林旭霞：《虚拟财产权性质论》，载《中国法学》2009年第1期。

一、网络虚拟财产民事客体保护之因：权利范式

随着网络化浪潮的到来，虚拟财产成为民法学研究领域的新热点，并提出了网络虚拟财产应当受法律保护的普遍性诉求。

之所以存在网络虚拟财产保护的法律适用难题，原因就在于网络虚拟财产保护，理论界一直寻求"权利范式"。在哲学上，客体是主体相对应的一个范畴，是主体认识和实践的对象。[1]这势必存在"客体"依赖，省略逻辑前提，即网络上众多民事主体复杂交互关系的前提，致使对网络虚拟财产的认识有误。此外，网络虚拟财产的内涵外延也随着诉讼案件的增加，不断接受挑战。在抽象网络虚拟财产的共有属性上，不同学者见仁见智。有的学者认为虚拟财产仅指网络游戏道具、虚拟货币；[2]有的学者认为虚拟财产还包括网络服务的电子账户；[3]还有的学者认为虚拟财产包括网络环境下一切以数字化形式存在的对象，如计算机文件、信息空间、网站等。[4]对于"网络虚拟财产"这个内涵外延皆不明的对象定性为有形"物"，适用物权规则是明显错误的；一般认为"数据"是"信息"的载体，二者并列本身就存在逻辑混乱，作品、商业秘密本身也属于信息范畴，所以规定"信息"仅属于"知识产权"的客体也在逻辑上存在冲突。

国外在处理类似案件时，也难逃"权利范式"的思维。比如，在H诉律所案中，律所使用搜索工具获得原告网络运营商的存档屏幕截图，原告指控被告违反了《数字千禧年法案》（DMCA）和《计算机欺骗和滥用法

----

① 屈茂辉：《民法引论》，商务印书馆2014年版，第255页。
② 钱明星、张帆：《网络虚拟财产民法问题探析》，载《福建师范大学学报（哲学社会科学版）》2008年第5期。
③ 梅夏英、许可：《虚拟财产继承的理论与立法问题》，载《法学家》2013年第6期。
④ 王竹：《〈物权法〉视野下的虚拟财产二分法及其法律规则》，载《福建师范大学学报（哲学社会科学版）》2008年第5期。

案》(CFAA)的规定，侵犯著作权、强占和侵入动产。在审理过程中，首先针对强占侵入动产的诉求，法官认为因特别法优于一般法适用，所以可适用版权法规定，不再考虑强占和侵犯动产的诉求。其次法官认为被告之所以可以抓取原告的存档文件，是因为原告设置的技术规避措施失灵。最后法官认为被告对原告存档的抓取属于合理使用的范畴而非侵权使用。因为被告截屏行为，只是为了提供信息，即为代理人辩护而用，且没有公开文档。虽然被告复制了全部网页截屏，但这只是为了证明公众可以获知这些文件。被告对截屏的使用不会影响原告的营利性使用。由此可见，本案中，网络服务提供商在提出诉讼请求时，法官对其存档文件性质认定也存在疑问，到底是动产还是版权？最终法院采用了版权保护来论理。但细究其因，网络服务提供商因将文档存储在服务器上就获得了版权或者说是版权人本身就存在逻辑瑕疵。

　　学理上，国外学者对民事客体也有不同的认知，有人认为法律关系的客体为法律关系"所由"发生的事物；有人认为客体是法律关系所要"达到"的事物；还有人则把法律关系的客体看作法律关系所"作用"的事物。[1]《奥地利民法典》采纳盖尤斯的无体物概念，规定：有体物是可以触知的物，其余的物为无体物，如狩猎权、捕鱼权和其他类似权利。我国除规定物、行为、人格利益、智力成果和有价证券是民事客体外，也有学者主张民事权利也是民事权利的客体。[2]这种方式无疑陷入了逻辑的循环论证，如什么样的民事权利是民事权利客体？什么样的民事权利仅属于民事权利？逻辑上的完美主义无法包容社会新事物的产生发展，对新事物的法律适用必然造成更大的困难。

---

① 尹田：《民法典总则之理论与立法研究》，法律出版社2010年版，第37页。
② 中国民法典草案建议稿课题组（负责人梁慧星）：《中国民法典草案建议稿附理由（总则编）》，法律出版社2013年版，第190页。

二、网络虚拟财产民法保护之察：司法实践

既然学者对网络虚拟财产的认知莫衷一是，为厘清网络虚拟财产法律保护的路径，就需深入分析网络虚拟财产的争议，此种争议包括两类：网络用户和网络服务提供商的争议和网络服务提供商之间的争议。基于网络虚拟财产发生的争议，来梳理网络虚拟财产的保护思路。

（一）用户和网络服务提供商之间的争议

信息时代互联网蓬勃发展，无论国内还是国外的理论实务界都已经积累了丰富的经验处理网络出现的争议案件。在比利时报业案件①中，某网络公司未经许可，抓取报业出版物上的故事标题和链接。虽然报业公司的网页既没有蜘蛛协议也没有"非存档标签（noarchive tag）"，但因某网络公司的行为侵犯了报业公司的著作权及其特有数据库，则被认定为侵犯著作权。在某作家诉某文库案中，虽然文库并不是直接上传某作家作品的侵权人，但因文库"未采取其预见水平和控制能力范围内制止侵权的必要措施，认定案涉公司存在主观过错"，承担了相应的法律责任。由此可见，针对网络争议案件，国内外已经梳理出一个解决路径：首先，权利主体确定享有的权利有：著作权、名誉权、专利权等，支持权利主体。其次，权利主体确定，网络服务提供商不是直接侵权人的，依照避风港原则和红旗原则解决争议。最后，无法确立权利主体的，网络服务提供商因提供服务产生了相应的权利义务，需依具体情况判决。针对前两类情形，国内外已经积累了大量的司法实践经验。但对于最后一种情形，也是互联网提供服务最普遍的存在形式，就需要具体问题具体分析了。

国内的各类案件，在电子商务的争议案件中，电子商务中网店转让案、

---

① 杨华权、曲三强：《论爬虫协议的法律性质》，载《法律适用》2013 年第 4 期。

网店查封案，之所以会在用户和网络服务提供商之间产生争议，是因为网络服务提供商认为自己作为服务提供者，须维护消费者的信赖利益。在网络游戏的争议案件中，网络游戏道具失窃、交易案，网络游戏中的"装备"，究其本质是一段计算机代码，或称"电磁记录"，它有形（无体），是虚拟物质不是一个实体物质。网络游戏道具失窃或交易，会破坏网络游戏服务提供商塑造的有序竞争秩序。在社交网络争议案件中，公民死亡后遗留的QQ号、微博是否可以被继承，由于我国法律尚未对QQ号和微博定性，存在疑难。一方面互联网服务提供商对长期不用的账号因占有其服务器空间享有清除、管理的权利，另一方面网络账户下所发布的内容正是死者生活的点滴记录，生者可以寄托哀思，回忆往昔。

综上，在用户和网络服务提供商的争议案件中，网络服务提供商往往不是权利的主体，用户才是网络内容的创作者或提供者。但用户处置其生成的内容时，网络服务提供商为了维护消费者信赖利益、竞争秩序以及履行管理义务，与用户产生争议。网络服务提供商作为一个居间的服务提供者，一方面为信息发布者提供有偿或无偿的信息发布，另一方面对于使用信息的人又负有管理和维护使用者信赖利益的义务。对于网络服务提供商而言，无论是信息提供者还是信息使用者，都是网络的用户。

（二）网络服务提供商之间的争议

1.故意侵害网络服务提供商的经济利益

网络服务提供商之间的争议，在界定网页内容的客体属性过程中也困难重重，某网站作为提供搜索、链接服务的网络服务商，某网站搜索抓取另一点评网用户的评论，在其网站上展现。某网站的抓取行为应遵守法律规定和相关行业规范，对于特定行业网站信息的利用，须控制在合理的范围内。但某网站对另一点评网的点评内容使用，已达到了网络用户无须进入另一点评网，即可获得足够信息的程度，超过了适当引用的合理限度，事实上造成某网站向网络用户提供的涉案点评内容对另一点评网的相应内容的市场替代，对另一点评网的利益产生实质性损害。

上述案例中，网络服务提供商均对其网页展现信息没有权属，只有经济利益，同时被告都是抓取部分信息使用，在法院判案时对这些信息的定性存在差异，有进行版权保护的，有讨论是不是动产的，有认为损害经济利益，构成不正当竞争行为的。但在法律关系上无一例外地体现为：被告抓取了原告经过长时间经营积累在其网络上积聚的信息，虽然这些信息很难确权为网络服务提供商所有，但网络服务提供商为这些信息的积聚提供了存储空间、技术支持，投入人力、物力成本，还需不断维护。由此可见，网络服务提供商和信息发布者在长期的服务提供过程中产生了共益性。任何其他网络服务提供商未经许可的大量复制或通过技术手段获取这些信息，都会对网络服务提供商长期的投入造成损害，所以应当对这种恣意复制、抓取网络数据信息的行为进行规范。

2.恶意干扰网络服务提供商提供的服务

此类人为干扰网络服务提供商提供服务的案例不胜枚举。在网络服务提供商之间的争议，一方存在故意干扰另一方正常经营利益，其行为具有不当目的。虽然不当干扰他方正常经营利益的一方，在抗辩时无一例外地援引为了公共利益，实则该等公共利益并非必要，客观上造成了网络服务提供商正常经济利益的损害。国内外的判决，虽然不能界定网络虚拟财产的属性，但都保护了利益受侵害的一方。对于恶意干扰其他网络服务提供商正常经营活动的行为，应以"非公益必要不干扰原则"来判断干扰主体是否应该承担责任。从对上述司法实践的考察中不难发现，权利范式不能妥善解决全部网络虚拟财产争议，这就需要变革规范的思维方式。

三、网络虚拟财产民法保护之变：关系范式

民法的规则构建范式为"权利范式"和"关系范式"，当权利范式难以避免逻辑瑕疵的诟病时，又要对现实发生的争议适用法律解决，不妨试试关系范式。"关系范式"虽然无法像"权利范式"那样，通过上位权利的涵摄

获得当然的正当性。[①]但"关系范式"将网络虚拟财产保护，落实到合同法、侵权法、继承法等具体的法律规则中，更为合理，可以更好地维护动态交易安全。告别以逻辑完美为追求的经验主义民法，开创以服务社会使命的务实民法。[②]学界通说认为，权利由特定利益与法律之力两要素构成，本质上是受法律保护的特定利益。特定利益的本体是权利的客体，成为权利的标的或权利的对象。盖尤斯在《法学阶梯》中界定"属于我们财产的物"，没有涉及物的分类，却用了很长的篇幅讨论"属于我们财产的物"取得方式。事实上，这其实是通向另一种方式——"关系范式"。在规则构建中，对使用行为进行概括，某些条件成就时会导致某个后果，也即在特定行为或条件下民事主体之间的强制分配关系。以物权的客体"物"为例，物本身并非法律的规范对象，如果切断其与民事主体之间的归属、利用关系，则"物"的独立规定缺少了规范意义，物的归属问题因属于物权规范解决的问题，不应规定于权利客体的内容之内。[③]由此可见，即使界定清晰的物权客体物，若缺乏其民事主体的归属、利用关系，则缺乏规范意义。网络虚拟财产的产生是用户和网络服务商的共同作用，网络服务提供商很难对网络上的信息数据宣示权利，所以权利范式难以一以贯之。究其原因如下：

首先，互联网的诞生就涉及众多民事法律主体。网络服务提供商是信息链接的中枢，链接提供信息者和使用信息者。一般包括用户、网络服务提供商和商户。享受网络服务提供商提供服务的用户，存在长尾散户的特点，所以互联网服务提供商提供的服务具有集约性和公众性。目前发生的法律争议有用户与网络服务提供商之间的，也有网络服务提供商与商户之间的，还有网络服务提供商之间的争议。案件焦点均在于网络服务提供商提供服务的特点，及其与多重主体交互过程中所体现的中介性、集约性、公众性。

其次，网页内容包括两部分，一部分可以确定权属，另一部分因主体

① 申晨：《虚拟财产规则的路径重构》，载《法学家》2016年第1期。
② 王卫国：《现代财产法的理论建构》，载《中国社会科学》2012年第1期。
③ 尹田：《民法典总则之理论与立法研究》，法律出版社2010年版，第42页。

交叠，不能确定权属，而争议往往发生在流转、使用环节，给了司法裁量权空间。对于第二部分内容，网络服务提供商提供的服务都有其显著特色同时具有稀缺性，流转过程又可以产生经济价值。网络服务提供商一般可以通过技术手段控制网络信息流转，网络服务提供商提供服务的方式时时变化。虽然网络服务提供商提供服务的方式呈现动态变化，但因其可有效控制信息流转，便使得信息具有价值。

最后，网络服务提供商提供服务的交易、秩序受到干扰，公共利益受到侵害。无论是用户和网络服务提供商之间的争议，还是网络服务提供商之间的争议，都会影响网络服务提供商提供的服务，从而损害其他使用网络服务提供者提供服务的主体利益，由于这类主体分散，体现为任何使用网络服务的主体，他们对网页内容有信赖利益。对他们信赖利益的侵害，即对不特定多数人利益的侵害。正因为网络提供的服务将不特定多数人集约，所以网络服务提供商要承担善良管理义务，使得集约起来的公众利益不受侵害。

四、网络虚拟财产民法保护之果：完善建议

学者之所以探讨网络虚拟财产、数据、信息的民事客体保护，是想在《民法总则》的制定过程中抽象出一般的类型化概念，以便后续通过逻辑推演来解决新事物的法律适用问题。但随着科技的不断发展进步，人类控制、支配事物的能力不断提升，会有越来越多的新事物挑战法律工作者适用法律的能力。网络虚拟财产和数据保护的问题，有一些是现有法律制度可以解决的，解决不了的那部分实际上属于信息财产化利用的问题。如何在民法上保护信息的财产化利用成为一个亟待研究的问题。其实知识产权也是对信息利用的保护，只不过现在对信息利用的广度已经超过知识产权体系所能涵盖的范围，知识产权体系本身的扩展也说明了这点。

将数据和网络虚拟财产规定在"民事权利"之下，避免了规定其属于物权或知识产权的不妥，不再深究数据和网络虚拟财产到底属于何种权利从而

进行保护，有其合理性。《民法典》总则编采用了这一模式。由于网络链接多方利益主体，民事法律关系复杂，民事主体多元，通常情形下用户和网络服务提供商哪个是民事主体，界定困难。

因此，在发生网络虚拟财产争议后，网络虚拟财产属于现有法律保护并可以界定权属的，由权利人享有相关权利。网络虚拟财产中无法界定权属的争议，建议在未达成广泛共识又急于立法的情况下：直接关注民事法律纠纷中主体之间形成的关系，规定合作模式下，通过条件（行为）—后果的方式，规范民事主体在特定行为或状态条件下的归属、利用关系确定。针对网络服务提供商提供的服务的特殊性所在，应规定其善良管理义务人的注意义务，在获得收益的情形下确定事前审查的义务。网络服务提供商存在恶意干扰其他网络服务提供商正常经营活动的行为时，应确立"非公益必要不干扰"的原则。在网络虚拟财产的争议中，网络服务提供商承担责任与否取决于动态的归属关系，即对权利人而言，权利人享有移转特定行为后果的权利。对于义务人而言，义务人承担移转特定行为后果的义务。

结　语

互联网产业在我国迅速发展，网络虚拟财产也不断发展变化，理论界的权利范式探索会陷入逻辑的循环论证。司法实践也证明权利范式不能妥善解决全部网络虚拟财产争议。规范网络虚拟财产需要变革思维方式，关系范式将网络虚拟财产保护落实到《民法典》合同、侵权、继承编等具体的法律规则中，更为合理，可以更好的维护动态交易安全。随着科技的不断发展进步，人类控制、支配事物的能力不断提升，会有越来越多的新事物挑战法律工作者适用法律的能力。理顺法律关系，规范网络争议，可以维护竞争有序的市场环境。

第三节　个人数据的使用、流通与监管

目前，我国对于个人数据的立法主要集中在如何保护个人数据。《民法典》第127条"法律对数据、网络虚拟财产的保护有规定的，依照其规定"，也强调了对数据的保护。但对于个人数据如何进行利用规定较少，研究也不多。随着技术的进步和发展，对于个人数据的商业化利用的基础问题需要进一步研究。本书尝试回答以下问题：如何界定和保护个人数据？如何合法收集利用个人数据？如何合法流通个人数据？

一、个人数据的界定与分类保护

王利明教授及张新宝教授对个人数据定义是：个人数据是指与一个身份已经被识别或者身份可以被识别的自然人相关的任何信息。[①]《信息安全技术 个人信息安全规范》中定义个人信息为电子或者其他方式记录的能够单独或者与其他信息结合识别特定自然人身份或者反映特定自然人活动情况的各种信息。在借鉴经济合作与发展组织最新的《个人隐私保护原则》后，笔者将个人数据定义为：可被用于识别自然人（数据主体），或者与识别个人相关用于影响个人的信息（且不包括匿名化数据，但匿名化数据被用于识别个人相关被用于影响该个人则属于个人数据）。

[①] 张新宝：《隐私权的法律保护》，群众出版社2004年版，第7—8页。相同观点参见王利明：《隐私权概念的再界定》，载《法学家》2012年第1期。

　　首先，国内学界对于个人数据、个人信息、个人隐私定义界限不够明晰，一般被认为是同一研究对象，且大多倾向于人格化的个人信息称谓。[①]对于这样的观点笔者并不完全认同。因为这一名称就已经体现立法保护的倾向，同时个人信息、个人数据、个人隐私的不同称谓，其定义上也有不同的含义。从立法目的的角度而言，采取个人信息这一称谓，体现出强调对于个人信息应作为人格权客体进行保护的暗示，具有强烈的人权色彩，过度的个人权利保护在现在大数据时代可能会造成对技术发展的阻碍。个人数据保护立法最终目的是促进个人数据在不伤害个人隐私情况下合法自由地流通，要进行利益的综合平衡。对个人信息保护的目的是数据收集处理者可以合理合法地利用个人信息。且仅就其定义而言，目前已经出现了由于网络服务产生的各种复杂类型的个人数据，而其难以作为个人信息准确界定。

　　美国、加拿大、以色列等采用"个人隐私"立法，德国、法国、英国使用"个人数据"立法，日本、韩国及我国使用"个人信息"概念立法。[②]这是基于不同的法律环境决定的。个人信息与个人数据的区别在于，对于个人信息的定义是指与一个身份已经被识别或者身份可以被识别的自然人相关的任何信息。根据现代信息论来看，信息是一个模糊且负有争议的定义，如"信息是有组织的数据集合""当数据作为原始材料时，信息是被转变成有含义有适用范围的数据"，[③]这都反映了数据是由信息和冗余构成的，信息被压缩在数据中进行传输，数据是信息的载体且范围大于信息。换言之，个人数据包括个人信息和数据冗余；而个人信息中含有个人隐私。因为个人信息是与个人直接相关的信息，而个人数据则更加客观宽泛是个人活动直接或者间接产生的。从实际商业数据收集活动上来讲，科技企业主要收集的还是个人数据，虽然其目的是获得有商业价值的信息，这其中既包括个人信息也包括与

① 齐爱民:《论个人信息的法律保护》，载《苏州大学学报》2005年第2期。

② 齐爱民:《个人信息保护法研究》，载《河北法学》2008年第4期。

③ 参见［美］马克·布尔金:《信息论：本质·多样性·统一》，王恒君、嵇立安、王宏勇译，知识产权出版社2015年版，第4—6页。

个人信息无关的衍生信息，但是个人信息的取得需要大量的无具体价值的个人数据经过加工、处理、筛选。因而三者之间的关系归纳起来如下图所示。

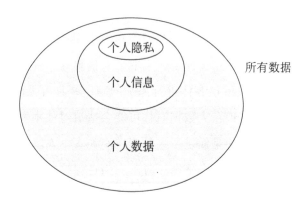

图3-1　个人数据、个人信息、个人隐私关系图

个人信息保护法保护的客体是个人相关的信息，也就是个人数据处理后获得的与个人关联度强、价值较高的数据或衍生数据。个人信息作为人格权的延伸有着超出隐私权的部分，而个人信息作为企业收集原始数据后获得的产物却可能阻碍了其对个人数据的利用，这个中间概念既增加了未来立法的混乱性，又使企业对于收集何种数据的尺度难以把握。我们也可以发现无论是欧洲还是美国，在对于个人数据方面的观点差异都是介于保护个人数据资料权的利用与隐私权保护之间，而没有把个人信息作为抽象的中间概念权利去进行保护。[①]

此外，对于个人数据性质的争论，有人认为个人数据可以是私权利保护下的财产权，有的国家将个人数据界定为隐私，并有人认为隐私可以进行交易具有财产性；有人认为是私权利保护下的与隐私权相关的基本人权，以欧盟为代表突出了非数据主体授权不得使用或限制使用的问题；还有少部分人认为个人数据应为公法保护，宜作为公共物品来对待。[②]从我国现

---

① 王利明：《隐私权概念的再界定》，载《法学家》2012年第1期。
② 吴伟光：《大数据技术下个人数据信息私权保护论批判》，载《政治与法律》2016年第7期。

状来看，个人数据的企业滥用时有发生，非法个人数据交易时有发生，而我国个人数据保护社会结构与政府主导的德国、法国等欧盟国家更为接近；另外，我们还应当考虑有利于推进个人数据保护法规的国际化。因而从立法上来看，把个人数据作为人格权的延伸来考虑更加现实、更符合我国立法的现状，但是这并不是否认个人数据的财产属性；从公法角度来看，大量个人数据在规模聚集后形成的社会化个人数据，在大数据时代作为一项公共物品来看也有其道理，以隐私权利及财产权等对个人数据保护将无法对个人数据信息的使用方式、目的和效果产生有效的规制，私权制度在大数据技术下的作用正逐步弱化。因而，数据控制者企业也应受到公法规制，尤其是在个人数据跨境流通中，这一部分则应通过经济法中的反不正当竞争法等进行规制。

我国出台的《信息安全技术　个人信息安全规范》紧跟国际先进的个人数据立法，目前对个人信息定义的解释也是基于可识别标准来进行界定，即有助于识别出特定个人或由特定个人活动产生的信息。例如，在规范附录A中具体界定个人数据的范围类型，包括个人基本资料、个人身份信息、个人生物识别信息、个人财产信息等。①《信息安全技术　个人信息安全规范》中还提到从个人信息中排除了对个人信息做过匿名化②处理的数据。③但是规范中虽然提到考虑到大数据时代的技术进步，匿名数据有被重新识别的风险，但是仅仅停留在了数据控制者管理风险防范上。在这点上，在经济合作与发展组织《理事会关于隐私保护和个人数据跨境流通指南的建议（2013）》中，也考虑到了去身份化数据进行排除，但是出于对大数据时代技术进步可能导致的未知后果考虑，限制去身份化的大数据被利用在个人身上施加影响，在定义排除去身份化数据时，又补充了可能被用于识别身份或是影响个人去身

---

① 《信息安全技术　个人信息安全规范》有关个人信息定义3.1及附录A。
② 匿名化，是指通过对个人信息的技术处理，使得个人信息主体无法被识别的数据，且处理后的信息不能被复原。
③ 《信息安全技术　个人信息安全规范》有关个人信息定义3.1及附录A，有关匿名化定义3.1。

份化数据。^① 笔者认为这是对未来大数据应用未知威胁的预防条款，应当作为未来立法的参考。因为匿名化数据也可能是隐私泄露的源头。首先匿名化数据基本上都具有可逆转的属性，如《规范》中提到的用户画像，很容易通过用户使用痕迹进行恢复，现有的假名化技术、泛化技术等仅能最大限度地抑制个人数据信息泄露，不能完全消除痕迹。^② 同时匿名化数据也会被利用对个人施加影响，如点击流数据作为 web 分析公司会从各数据平台收集的一种数据，一般被认为是匿名化数据。点击流数据中可能会识别出一些无意义的访问 IP 地址，或者随机生成的用户名如 sakfdaidoa 以及一些浏览过的网址，这肯定不会涉及个人隐私。但是当 sakfdaidoa 多次访问某小众的旅行网站时透露出自己行为偏好，分析公司将数据交易给其他产品销售商，那么这个用户可能会在自己经常浏览的其他平台收到旅行装备的广告，匿名化数据被利用后对他又产生影响，本人并不知情，那么这类数据未来也应该考虑被纳入个人数据保护的范畴中。

除此之外，在《规范》条款中还对个人信息划分公开信息、一般个人信息、个人敏感信息的分等级保护，并制定了具体范围类型名单和保护措施，体现出了我国对于个人数据的界定趋势是：以可识别性作为鉴别是否为个人数据的标准，并对个人数据按损害后果重要性进行具体等级细分。在欧盟立法过程中也体现了这一趋势，《一般数据保护条例——欧盟委员会 2012 年建议案》中对于个人数据定义为与数据主体相关的任何信息。而到了 2016 年制定的《一般数据保护条例》中，个人数据被定义为与已识别或可识别的自然人（数据主体）相关的任何数据。对应个人敏感度进行了个人数据详细层级划分：一般个人数据信息，种族、宗教等不得泄露数据信息，个人基因生物特征等不得识别个人身份数据，健康信息等不可处理数据信息。另外，值得

---

① OECD Digital Economy Paper No.229（2013），该文件中关于个人数据定义进行了新的讨论。

② 参见《信息安全技术 个人信息去标识化指南》（2019 年 8 月 30 日），载国家标准全文公开系统，https://openstd.samr.gov.cn/bzgk/gb/newGbInfo?hcno=C8DF1BC2FB43C6EC0E602EB65EF0BC66，最后访问时间：2023 年 6 月 4 日。

注意的是，在2018年《一般数据保护条例》第8条中新加入关于儿童个人数据的特殊保护，即处理儿童相关的数据需取得监护人同意。欧盟此项立法体现出了对特殊群体的数据权利保护，按照数据主体的特殊性进行分类保护也会成为未来立法的新趋势。

二、个人数据收集处理原则及具体措施

个人数据收集处理原则伴随着技术发展和各国实践也发生着变化，在结合我国现有立法现状和社会现状，目前最合理的个人数据收集处理原则可以总结为：权责一致、目的明确、最少够用、公开透明、选择同意、确保安全、主体参与、质量保证。

从个人数据保护原则确立发展历程来看，经合组织OECD在1980年制定了个人隐私保护的八项基本原则并明确了个人数据保护的主旨，成为国际上修订个人数据保护法的重要参考。八项基本原则即信息收集限制原则、信息质量原则、表明目的原则、使用限制原则、安全保护原则、公开性原则、个人参与原则以及负责任原则。个人数据保护的主旨是平衡"隐私保护和信息自由流动"之间的"基础性价值对立"。国际组织及国家应在人权方面对个人数据的利用行为进行规制，但促进个人数据自由流通是个人数据保护立法的最终目的，应当平衡个人数据保护与数据流通利用之间的关系，政府应该在保护个人隐私不受侵犯上起主要作用。

随着时代发展，虽然个人数据保护原则的立法理念主旨未变，但OECD专家组经过与各国家、国际组织以及相关领域人士的讨论后，认为八项原则的一些内容已经在大数据时代严重过时，又在2014年和2016年作出了新的修订，这也极大影响了欧盟、北美等国家后续对于个人数据保护的修改。[①]

---

① 参见高富平主编：《个人数据保护和利用国际规则：源流与趋势》，法律出版社2016年版，第3—32页。

其一方面减少了对于数据收集的事前告知、征得同意等关于数据主体的权利，弱化了目的特定化原则、使用目的范围限制等对于数据的使用要求；另一方面加强了对数据收集利用过程中的风险评估，对数据收集使用者提出了更加严格的行为责任要求，以及对于造成损害的认定范围的扩大。这些原则变化都体现了对于未来个人数据的法律保护正在向促进个人数据自由流动方向倾斜。

导致弱化个人数据收集限制、加强数据收集使用者管理变化的一个重要原因是：具体数据限制收集方式的效率低下且不能有效真实反映个人数据主体的想法。目前网络服务提供者收集数据的主要方式是通过用户签署由服务商提供的网络协议进行的，协议里面格式条款的内容一般也涵盖并符合以上要求。但是我们可以发现，这种网络协议方式其实对个人数据保护的作用十分有限。根据2008年一项名为"阅读隐私保护协议的成本"（The cost of Reading Privacy Policies）的社会调查报告中指出，平均每人每年要花费244小时来阅读时下最新网站的隐私协议，也就是以每天工作12小时计算，需要20.1个工作日，而往往理解其数据收集实质性后果需要更长时间。更大的问题是，当我们在签署这些网络服务商提供的格式条款时，我们往往是迫切需要使用他们服务的，而拒绝其中一个条款，往往就意味着不能享受到其提供的完整服务。在这种情况下，用户是没有实质上的选择权的，要么接受条款，要么放弃服务。所以对于一般用户来说在取得个人同意这件事情上其实意义不大，成为点击"我同意"的形式化流程。因此用户许可的这一关键步骤在支付宝年度账单案件中被工程师贴心地帮助用户"优化掉了"。

目前我国对个人数据收集使用持谨慎开放的态度。对比《信息安全技术 个人信息安全规范》中列明的关于个人数据处理活动的八项基本原则，即权责一致、目的明确、最少够用、公开透明、选择同意、确保安全、诚信履行和主体参与。由此可以看出，我国目前也承袭了国际上关于个人数据处理活动的主要趋势，一方面，对个人数据的数据主体信息选择性的依赖下降了，对数据进行分级别保护，由以往的个人同意原则变为选择同意原则，对个人公开信息利用无须征得同意，对一般个人数据需要取得数据主体的授权同意，个人敏感信息需要取得数据主体的明示同意。另一方面，加强了对数据控制者要求权责一致、公开透明、确保安全、诚信履行等更完善的责任原则。

在《规范》中质量保证原则没有出现，笔者认为数据的质量保证原则应该在未来立法中被吸收保留，数据质量原则要求本身被收集使用数据要具备相关性、准确性、完整性、即时性。这一原则保证了以数据为基础的各种服务以及数据利用的准确性，加强了对于个人数据收集者在收集数据质量上的责任，避免了不必要的损害发生。《联合国计算机处理的个人数据文档规范指南》、《亚太经合组织隐私框架》、欧盟《一般数据保护条例》等国际组织的法律中都保留了这一点，确保错误的数据被更正更新，保持数据准确性。因为商业化的数据作为一项基础资源被利用于社会进步，如果数据控制者在收集处理这些数据时不能保证其质量，那么一方面对于数据主体可能造成损失；另一方面对整个数据交互网中其他使用者也将造成巨大损失。举例来说，机器学习是数据应用领域与人工智能相并列的发展技术，机器学习模型从输入的数据中学习，如果说数据池中的数据就是错误的，那么所有对该数据池进行利用的数据分析其输出的结果就也是错误的，数据造假最典型的例子就是日本神户制钢对于数据的造假，导致其所有服务商遭受巨大的损失。[1] 而在个人健康数据、身份信息等重要的个人数据领域，对于数据则有着更加严格的要求，不保证数据的质量将会导致严重的连锁反应。

在大数据时代，确立适应时代要求的个人数据保护原则对于未来立法至关重要。为了保证个人数据的流通和商业利用，防止个人数据在商业利用方面的侵权行为发生，我们应该将法律监管更多地投入个人数据利用的事中、事后阶段。在数据收集方面，保护用户对于个人数据拥有合理的权利，将过于严格绝对的告知与同意变为选择同意是有必要的，应该适当放宽个人数据收集限制；在数据处理利用方面，吸收质量保护原则，明确其对于收集、管

---

[1] 参见《神户制钢所被曝产品数据造假》，载人民网，http://world.people.com.cn/n1/2017/1010/c1002-29577174.html，最后访问时间：2017年10月10日。

理、传播数据的责任，对于个人数据收集处理者应采取扩大性责任，为其制定更为宽泛的责任范围。

首先，在具体措施方面，数据收集者收集个人数据要合法化、最小化，且根据数据敏感度分别获得自然人（数据主体）的知情、授权或明示同意，并必须制定相应隐私政策。《信息安全技术　个人信息安全规范》中提出了个人信息数据处理具有合法化、最小化的要求，对于个人数据收集需要分不同敏感级别取得用户的同意。对于数据的收集方式、内容不能违反现行的法律法规是最基本的要求，而且收集数据的范围、数量、频率应当受到限制，仅限于与产品服务有直接关联。收集需要对数据主体履行公开告知义务，提供自己使用的数据具体内容及目的，明确双方责任并获得个人同意，这对数据收集利用提出了合理限制。而依据《信息安全技术　个人信息安全规范》附录中列举了详细分类的数据信息使用目录，对个人公开信息利用无须征得同意，对一般个人数据需要取得数据主体的授权同意，个人敏感信息需要取得数据主体的明示同意，以此来对企业收集或者挖掘产生的数据进行细致的管理和利用限制。《信息安全技术　个人信息安全规范》最后还提供了隐私条款的示范示例，从图案界面设计、内容等方面更加明确了其中对于隐私条款的设计，这也从更加现实的角度，对网络协议的设计作出了规范，各家互联网服务公司也都陆续对网络协议做出了更新。

其次，在个人数据利用上，主要采取限制措施，包括访问限制、使用限制、展示限制以及对信息系统自动决策的约束。访问限制，包括内部数据使用人员授权管理、内部使用操作流程及备案制度设计、对于个人敏感数据访问的用户授权。在《澳大利亚隐私保护法》中还对不同实体的访问做出具体限制，对于政府机构外的组织要求不能对公众造成不良影响，不可以进行无价值访问，处于和该个人法律程序中禁止访问又或者是阻碍执法、损害谈判、法院禁止等情况。使用限制是数据控制者不能超出数据主体的授权限制范围使用数据，除必要目的外避免使用信息指向个人。展示限制是控制者对在外界展示个人信息采取去标识化处理等措施，降低数据泄露风险。最新出现的还有对于信息系统自动决策，如系统对个人自动的判别分析，尤其是通过用户画像影响到个人决策的情况下，应当予以一定技术上的限制。

三、个人数据的流通

目前在我国，个人数据的流通目前原则上禁止（匿名化数据除外），确需分享时必须进行事前安全风险评估、告知数据主体转让个人信息的目的、数据接收方的类型，并事先征得个人信息主体的授权同意，个人敏感数据须取得明示同意，流通过程中记录具体分享使用情况反馈数据主体，并承担相应产生风险损害的责任，跨境流通应接受政府相关部门审查。我国法律对于个人数据流通进行了较为严格的限制。随着个人数据立法的完善，对于个人数据流通尤其是商业利用限制应逐渐放开。

对于个人数据流通，对比国际上主要关于个人数据流通的立法，美国和欧洲为代表的两大立法模式以不同的立法理念和权利保护展开。美国强调数据交流和利用，在使用上以防止政府部门侵犯隐私为主，而欧洲强调个人对于数据的决定权和控制权，为政府和非政府组织制定了统一严格的个人数据流通保护措施。但是，进入大数据时代，欧盟过度强调个人权利的立法直接后果就是欧洲的互联网产业发展远落后于支持数据流通的美国，从而导致了上文描述的欧盟在最新的个人数据立法上进行调整，向支持数据流通方向进行倾斜。联合国及各国际组织也都大力鼓励数据的跨境流通，其中《联合国计算机处理的个人数据文档规范指南》提出了"对于两个或者更多国家间跨境流通的立法提供互惠措施时，要保证一国境内流通状态在不同国家间自由流通，没有互惠的，限制应当合理，且仅限于隐私保护需要"。所以在全球化趋势下，立法角度还应该考虑到未来个人数据全球化利用的问题，如何更好地将个人数据与个人隐私进行剥离划分，并制定不损害国家利益的应对海外实体的数据的使用限制。《澳大利亚隐私保护法》中对跨境数据接收者的规定包括必须在领土外且符合针对国内实体的相应标准；而属于政府机构的实体则应有政府协议共享的国际协定，且出于执法活动的必要。从目前的支持跨境数据流通的国家个人数据立法分析来看，其对个人数据的跨境利用限制主要针对的是外国政府，对一般商业利用是比较宽松的。

结合我国现状来看，我国互联网产业蓬勃发展，目前既是个人数据进口国又是个人数据出口国。但从长远来看，无疑我国将成为重要的个人数据进口国。出口国立法倾向于保护本国个人数据而进口国则希望最大限度地推动数据流通，因而我国对于数据流通以及跨境数据流通的立法理念不能执着于对个人权利的过度保护，而应该对于更多的数据流通采取支援型立法。①但在具体制度上则应该兼收并蓄，充分参考各国对于数据流通的相应限制制度。在不阻碍正常的商业利用个人数据情况下，在流通领域进行必要的监管和限制。

在我国个人数据的跨境流通中，《信息安全技术 个人信息安全规范》中提到在中国境内运营中收集和产生的个人信息向境外提供的，个人信息控制者应当按照国家网信部门会同国务院有关部门制定的办法和相关标准进行安全评估，并符合其要求。那么我国对个人数据跨境流通中的性质倾向定义为公共资源，跨境间数据交流此时应该更多地受到公法保护，在数据流通限制的把握上还是需要综合考虑。考虑到未来可能在国家间司法、医疗、金融、文化等方面涉及个人数据的合作交流，以及联合国或者国际组织层面可能成立与个人数据流通相关的机构，如何在不损害国家利益的情况下与世界其他各国进行个人数据的平等友好流通也是未来立法的考虑方向。

四、个人数据流通的监管

对于个人数据流通的监管，欧盟最新的《一般数据保护条例》和澳大利亚的《澳大利亚隐私保护法》中的相关制度可以作为参考。《澳大利亚隐私保

---

① 参见张才琴、齐爱民、李仪：《大数据时代个人信息开发利用法律制度研究》，法律出版社2015年版，第97—103页。

护法》按照机构和组织制定了不同的个人数据流通限制，仅针对商业化数据讨论，第七章规定如果某组织持有某个人信息，该组织不得以直销目的使用或披露该信息，但是这三种情况下除外：（1）从该个人处收集信息，且该个人对该组织以直销为目的的使用或者披露该信息有合理预期，且该组织提供了一个简便途径，即个人可以很容易拒绝来自该组织的直销传播，且该个人没有向该组织做出此类要求；（2）或者从该个人处收集信息，且该个人对该组织以直销为目的的使用或者披露该信息有合理预期，该个人已经对直销目的使用或者披露该信息表示同意；（3）从该个人处收集信息，且该个人对该组织以直销为目的的使用或者披露该信息有合理预期，且该组织提供了一个简便途径，即个人可以很容易地拒绝来自该组织的直销传播，在获得上述同意不可行时，每次针对该个人的营销传播中该组织作出明确声明，该个人可以做出上述要求或者通过其他途径让该个人可以注意到其可以做出上述要求，且该个人没有向该组织做出上述要求。并且个人可以要求不接收直销传播，并且个人数据使用方一般情况下要披露信息源。《一般数据保护条例》第14条规定了个人数据非自数据主体处获得时，数据控制者应提供信息，包括：数据控制者或者数据控制者代表人、数据保护专员（如果有）的身份信息联系方式、处理个人数据的目的及合法基础、相关个人数据种类、个人数据接受者信息，而且数据控制者还要提供给数据主体关于数据的存储期限、数据控制者及第三方所获得的合法利益、个人数据来源、包括识别分析的数据自动化决策的重要性使用后果等一系列的信息，并应在使用数据前或合理期限内告知数据主体。对比两部法律，其共性部分是对于个人数据流通的前提是数据主体的知情与允许，并且数据的控制方与使用方都要承担相应的安全责任。同时针对敏感信息又都做出了额外限制，如必须获得认证又或是联邦合同的服务商等。

而对于商业化的数据流通监管制度，监管应从企业到国际间确立多层级的个人数据流通监管体制。目前比较美国、澳大利亚、加拿大和欧盟的国家对于数据流通的管制，相对来说大陆法系的欧盟立法比较系统化、国际化、具有前瞻性。《一般数据保护条例》则明确针对企业间信息流通提出了一套详细的从企业个体到国家再到国际组织层面的监管体制：（1）在企业机构层面建立数据保护专员制度。企业机构核心业务与数据处理有关或者对个人数据实时大规模持续监控或者涉及敏感数据收集，必须且只能任命一个数据保护专员，考虑企业规模可以多家企业机构聘用同一数据保护专员，该专员应当监督企业机构的行业行为准则和相关个人数据法规的执行，与监管机构协作定期进行评估审计报告监管机构。（2）国家层面设立独立的公共监管机构。欧盟明确规定各成员国应该设立拥有独立于地方，单独开支的国家级监管机构，由其对欧洲数据保护委员会进行合作，同时该监管机关可以授权成立认证机构，赋予企业数据处理的认证，其可以在欧盟的其他成员国享受相同认证待遇。（3）对于跨境数据交流监管，欧盟内部国家基于数据认证标准基本等同于本国内企业，且统一受欧洲数据保护委员会领导下的监管机构联合行动监管，对于第三国或者国际组织，只有经过欧盟委员会评估才能授权转移数据，并签署相应协议，且使用过程中要受到欧盟委员会的持续监管，随时在无法达到数据保护水平或者违反数据使用协议时撤回授权废除协议。欧盟对于个人数据的监管制度是一套从上到下，且考虑到各国法律一致性的成熟法律，对我国未来个人数据流通监管机制立法和跨境数据交流都提供了很好的参考。

通过促进个人数据的流通对数据加强利用以推动社会进步是个人数据保护法设立的主要目的，而个人数据流通所存在的最大忧虑是个人数据的安全，尤为担忧个人数据泄露所造成的对个人的损害。所以数据利用安全机制原则上只有经过严格的内部自律、外部审查，以及用户授权的个人数据才能够进行流通。借鉴欧盟《一般数据保护条例》中提出的建立行为准则或者引入对于敏感个人数据使用流通的资格认证制度，并向数据及监管机构提供数据风险评估报告。对数据及衍生数据的移转、销毁、泄露等一系列情况制订详细的管理计划提交个人及监管机构审查。

除此之外，技术与制度相结合也是对数据合法利用进行流通监管的重要趋势，手机移动端、PC端等网络终端等硬件提供者、软件服务商作为主要的数据利用者要在加强个人数据的系统保护机制，在产品服务进入市场前要经过企业的自律检查及数据监管机构的监督。

结　语

我国目前个人数据商业化利用、流通以及监管上相关规定较为原则化，这给以数据处理为核心业务的科技企业在商业收集利用个人数据时留下了隐患。在个人数据保护立法时在侵犯个人隐私与开发个人数据资源之间需要进行利益的衡量。《个人信息保护法》是我国在个人信息保护方面的重要法律，随着该法的施行，国内法学界积极讨论如何保护个人数据权利。笔者认为，个人数据保护不能仅依靠处于弱势地位的用户个人来保护自己，而保证个人数据不被非法利用才是关键。一方面，应在企业对个人数据的收集、处理、流通的各个环节建立起完善的行业规范及监管体制，同时鼓励由行业自律为主和监管机构外部审查为辅的双重监管。另一方面，保证个人数据的流通尤其是跨境流通，帮助我国互联网数据产业发展。这就需要制定出详细严格的标准保护好国内个人数据的数据安全，同时还要促进国际间的数据交流，制定与国际接轨的个人数据交流贸易法律，促进国际间个人数据交流，帮助我国数据产业国际化发展。我国未来个人数据立法面临着技术更新挑战、跨国互联网数据行业的竞争，结合技术发展趋势制定具有前瞻性、灵活性、通用性的个人数据保护制度势在必行。

第四节　冷冻胚胎的法律属性及处置

一、江苏宜兴冷冻胚胎案引发的思考

（一）宜兴冷冻胚胎案简介及裁判要点概述

江苏省宜兴市一对"双独"年轻夫妻因车祸不幸去世，生前曾在南京市某医院做试管婴儿，遗留4枚冷冻胚胎。为保留香火，双方老人将医院诉至法院，想通过诉讼让其归还冷冻胚胎。一审原告败诉后，提起上诉。2014年无锡市中级人民法院作出终审判决：撤销一审裁判，支持双方老人共同处置4枚冷冻胚胎。无锡案中，虽然夫妻双方和医院之间签署了知情同意书，但对意外死亡情况下，冷冻胚胎的处置方式并没有作出相关约定，也没有任何其他证据表明夫妻双方的真实意愿。致使冷冻胚胎的处置问题难以解决。由于我国现行法律没有对冷冻胚胎的法律属性及法律地位等作出明确规定，无锡市中院在充分尊重基本法理精神的前提下，考虑伦理、情感、特殊利益保护等相关因素，结合实际状况最终撤销了原审法院的裁判文书，判决沈某、刘某存放于南京某医院的4枚冷冻胚胎由双方父母共同监管和处置。[①]

（二）对两审法院裁判的思考

1.对两审案由判定的思考

当事人对冷冻胚胎提出的权利主张，一审和二审法院存在不同的认识：

[①]　参见《中国首例冷冻胚胎继承权案二审改判 胚胎可继承》，载中新网，https://www.chinanews.com/fz/2014/09-17/6602481.shtml，最后访问时间：2023年6月1日。

原审法院认为，本案属于"继承权纠纷"，审判客体为继承法律关系，并以《继承法》没有明确将"冷冻胚胎"纳入可继承范围为由，驳回了原告的诉请；而二审法院则将案由变更为"监管权和处置权纠纷"，依据《民法通则》的规定，判决冷冻胚胎由上诉人和被上诉人共同监管和处置。

案由系法院内部对受理案件进行分类的规定，是为方便法官对诉讼案件所涉及的法律关系进行认定以及对当事人权利主张作出正确判断，其目的在于"正确适用法律"。更为重要的是在一定程度上，案由的划分可以为法律依据的找寻提供指引，从而帮助法官形成正确的判决。根据最高人民法院《民事案件案由规定》，并不存在"监管权和处置权纠纷"的独立案由。所以监管权和处置权的性质和来源不免使人疑惑。

2. 对两审冷冻胚胎法律属性认定的思考

在法律没有明确规定的情况下，法院以开放性的姿态结合常理、情理等相关因素确定涉案胚胎的权利处置，并不违背依法裁判和法治要求。但是，作为判决应做到言必有据。一审法院认为，在现有的法律体制下夫妻双方死亡后生育目的已无法达成，故双方老人不能继承冷冻胚胎。但实际上在本案中，当事人对冷冻胚胎的权利来源并不是基于生育权，而是基于继承权。诚如二审法院所言，冷冻胚胎是上诉人和被上诉人双方血脉的唯一载体，他们是胚胎利益最密切的享有者，故双方父母享有涉案胚胎的监管权和处置权于情于理是恰当的。

二审法院考虑了人伦情理，采取了较为开放的态度。但案由"监管权和处置权"两词的使用不免增添了人们的疑惑。因为监管和处置两词很难说是民法通常意义上的"权利"，原因有三：一是"监管"和"处置"两词本身并非民事法律术语，民法中相对应的术语其实分别是"管理"和"处分"，后两者虽在学说上称为"管理权"和"处分权"，但不是独立的民事权利；二是从产生基础来看，"监管"和"处置"既可基于所有权关系产生，又可基于债权关系产生，还可以基于身份关系产生，所以这两词的使用并没有使冷冻胚胎的属性得以确定；三是从后续权利的静态保护来说，即便是将"监管"和"处置"视为特殊的权利加以保护，也难从法律中找出相应的保护方式。由此可见，法院对冷冻胚胎性质的认定采取回避态度，而这种回避并不利于冷冻胚胎的后续保护。

一般来说，从冷冻胚胎是否可以被继承，能推定出法院对冷冻胚胎性质的认定。因为就继承权而言，是对财产进行继承的权利。如果冷冻胚胎的定性采用客体说，则其可以被继承。但如果采用主体说，就只能适用于监护制度。但二审法院既没有对一审法院否认继承权的观点加以说明，又未对冷冻胚胎监管、处置的请求权基础加以解释。在判决中使用"监管"一词游离于监护和管理之间，由此有的学者认为，二审判决采用折中说。但在我国，法官不具有"造法"的权力，因此不能认定宜兴冷冻胚胎案采折中说。[①] 综上可以看出，法院对冷冻胚胎性质的判定采取了回避的态度。那么，冷冻胚胎的性质应如何认定？发生处置纠纷时，应如何判定？

二、冷冻胚胎的法律属性

（一）学界关于冷冻胚胎属性的不同观点

冷冻胚胎是否应该被视为"人"或"物"，这是对冷冻胚胎定性的基本问题。对冷冻胚胎的定性涉及民法对其认识的基本立场。而症结在于，冷冻胚胎植入人体后，有发展成为人的潜在特性，所以考虑到其人格属性，不同的学者对它究竟属于人的范畴，还是物的范畴有着不同的观点。

1.客体说

"客体"说认为，尽管冷冻胚胎具有发展成为人的潜在可能性，但是这种可能性并不是能立即实现的，所以应将冷冻胚胎视为权利的客体，而不应将其视为主体。客体说主要分为财产说和夫妻私人生活利益说。财产说认为其属于财产即"物"，在夫妇之间属于共同财产。夫妻私人生活利益说则认

---

① 学理上对冷冻胚胎的性质有主体说、客体说和折中说等不同观点。将在下文详述。

为其不是单纯的物,应属于私生活权的客体。[①]2008年美国密歇根州和佛罗里达州共同通过一项议题:允许仅为治疗目的创造胚胎从而将胚胎归类为财产。[②]夫妻私人生活利益说视体外胚胎为私生活权的客体,与财产说的不同之处在于,它强调体外受精胚胎可能发展为人,并进而与其配子提供者建立亲属关系的可能性。[③]

2.主体说

"主体"说认为,人的生命从受精开始,从这一刻起,胚胎就具有生命权,应受到法律的保护。在这种定义之下,胚胎作为生命不得毁弃,只能被移植或捐赠,此说亦反对实施以胚胎为实验对象的科学研究活动。人们要像对待人一样尊重其权利,胚胎具有人身自由,其享有生命权、自由权等人的基本权利。因此,当事人各方均无权对冷冻胚胎进行"处理",只能对冷冻胚胎这一"主体"进行监护。法院需要运用公权力,遵守满足"孩子"最大利益的原则,这也就不存在继承问题,而在于争诉双方哪一方赢得"抚养权"。在此学说下,无锡案中,医院显然不能成为监护人,监护人应从四位老人中产生。

主体说被少部分国家和地区采纳。意大利《医学辅助生殖规范》将体外胚胎视为主体,规定其具有婚生子女的地位;禁止以任何形式对人类胚胎进行试验、选择;禁止冷冻和摧毁胎胚,规定移植制造的胎胚不得超过3个;在他们被移植子宫后,原则上不得减胎。[④]

3.折中说

"折中"说又称"中介"说或者"准物"说,认为冷冻胚胎介于人和物

---

① 参见刘颖、杨健:《胚胎的法律属性及其处置规则刍议》,载《中国卫生法制》2014年第1期。

② 参见张善斌、李雅男:《人类胚胎的法律地位及胚胎立法的制度构建》,载《科技与法律》2014年第2期。

③ 参见徐国栋:《体外受精胚胎的法律地位研究》,载《法制与社会发展》2005年第5期。

④ 参见高勇、贺昕:《论体外胚胎的法律地位及其物权保护——兼评"冷冻胚胎争夺案"》,载《黑龙江省政法管理干部学院学报》2015年第5期。

两者之间，不是人也不是物。既然它是介于人物之间的一种过渡组织具有双重属性，那么理应受到特殊的尊重和保护。

其中，法国生命和健康科学伦理咨询委员会和美国田纳西州最高法院支持潜在的人格说。冷冻胚胎虽然不能称为人，但是蕴含人类生命潜能，必须得到应有的尊重。[1] 由此可见，冷冻胚胎案若采折中说，则需创造民事法律关系主体和客体之外的中间概念。

（二）冷冻胚胎是不同于一般物的人格物

1.宜将冷冻胚胎视为"物"

本书赞成客体说，认为应将冷冻胚胎视为"物"。当下主要有两个原因使有些学者难以将冷冻胚胎视为"物"：第一，认为冷冻胚胎有发展成为人的可能性，具有潜在的人格属性，所以为对其进行保护而不能视其为"物"。第二，基于民事法律关系主客体之间的不可转换性。

针对第一个原因，其一，在冷冻胚胎阶段将其定性为人是否过于靠前？我国学者虽然对冷冻胚胎的定性不一，但是将卵子、精子的定性为"物"已达成比较一致的观念。根据王利明教授主持的《中国民法典草案建议稿》第128条第2款规定：自然人的器官、血液、骨髓、组织、精子、卵子等，以不违背公共秩序和善良风俗为限，可以作为物。[2] 而在梁慧星教授主持的《中国民法典草案建议稿》第94条第3款规定：自然人的器官、血液、骨髓、组织、精子、卵子等，以不违反公共秩序与善良风俗为限，可以成为民事权利的客体。[3] 如果冷冻胚胎不移植入人的身体，其发展成为人的可能性为零，它与精子卵子在法律性质认定上应无任何区别。所以，在冷冻胚胎移入人体前，视其物更为适宜。其二，无法否认冷冻胚胎能发育成为人，但是即使被移植冷冻胚胎也只有13%—21%的机会真正附着在子宫上。而且，仅

---

[1] 参见高勇、贺昕：《论体外胚胎的法律地位及其物权保护——兼评"冷冻胚胎争夺案"》，载《黑龙江省政法管理干部学院学报》2015年第5期。
[2] 杨立新：《民法物格制度研究》，法律出版社2008年版，第87页。
[3] 杨立新：《民法物格制度研究》，法律出版社2008年版，第88页。

仅56%—75%的怀孕会成功生育。换句话说冷冻胚胎发育成为人的概率为7%—16%。由此可看出，冷冻胚胎发展成为人的过程中存在诸多障碍，这种概率还不包括被遗忘、遗弃、毁损等诸多情况下的冷冻胚胎，所以将其视为"物"更符合经济效益，减少不当成本。其三，对于冷冻胚胎的特殊保护是定性后的法律制度设计问题，不应为此影响对冷冻胚胎的定性，忽略冷冻胚胎的自身特性。

针对第二个原因，笔者认为主客体分类的意义在于谁支配谁。主体可以通过法律行为支配和控制客体，而作为物的客体，始终处于被支配、控制的地位。冷冻胚胎显然无法为法律行为，更无意思表达的可能性，所以客观上难以成为主体。如果为其创设主客体之间的"第三体"显然也不太可能，所以，相比之下将其视为客体较为可行。对于主体说，多数学者都不认同，只有少部分国家和地区采纳，如意大利。意大利选择适用主体说，在很大程度上受宗教观念的影响。

对于折中说，承认了它的存在，事实上，也就承认除人与物外，还存在不人不物的"实体"，实在令人费解。

综上，可以看出采"客体说"，将冷冻胚胎视为"物"符合科学基础和法经济学基础。对于"冷冻胚胎"这种客观存在物来说，它的定性从其自身特点出发考虑较为适宜，而不是从伦理保护的角度出发。因为冷冻胚胎的伦理价值可以依靠相关的法律制度进行调整和保护。即使采用客体说将其定性为物，实际上也不阻碍伦理价值的保护，相反在现存的法律体系下加之特殊的限制，可以在使用和伦理、法律保护之间达到平衡，更加有效地促进冷冻胚胎的利用。对于冷冻胚胎的定性，下文也将结合冷冻胚胎自身特点作进一步阐述。

2.作为"物"的冷冻胚胎不同于一般物

冷冻胚胎具有有体物的一般特征，但它也有着与一般物不同的特征：

首先，冷冻胚胎具有生命性，带有人格利益因素。冷冻胚胎与一般物的不同之处就在于它具有生命力，带有潜在的人格利益。为保持冷冻胚胎的活性，须在液氮中冷冻保存，一旦冷冻胚胎失去生命力，它就丧失了发育成人的可能性，失去主要价值。所以冷冻胚胎的价值不仅是对其所倾注的财产利益，更珍贵的是它的生命特性价值。

其次，冷冻胚胎具有不可再生性和易损性。冷冻胚胎自身具有脆弱性，这不仅体现在其储存条件严苛，即使在正常储存的情况下，也可能丧失活性，被"冻结"。更体现在它在获取和移植过程中极易被损坏。由于冷冻胚胎有储存期限较长，损坏后难以修复的特点，所以在特殊情况下，一旦无法重新提取，有可能会对当事人造成不可逆转的损失。

再次，冷冻胚胎具有限定的独立性。物必须是独立存在的，所以冷冻胚胎作为物只存在于特定的时间段，即初次被冷冻之时到移植人体之刻。当移入人体后，应将它视为人体的一部分，而不再是独立物。这一点和人体器官有相同之处，人体器官在与人体分离后成为物。重新移入人体后又成为人体的组成部分，冷冻胚胎亦是如此。

最后，冷冻胚胎涉及伦理，具有特殊的社会地位。毋庸置疑的是冷冻胚胎确实具有人伦因素，它不仅承载着人类繁衍的希望，更带有潜在的人格尊严。所以对其保护应高于对一般物的保护。另外，冷冻胚胎的应用也与伦理相关。

3. 冷冻胚胎可定性为"人格物"

基于以上阐述，可以看出尽管冷冻胚胎定性为"物"，但又因其与一般物不同，所以应在应用或处置制度上做出一定的限定。人格物是指与人格利益紧密相连，体现人的深厚情感与意志，其毁损、灭失所造成的痛苦无法通过替代物补救的特定物。[1]这正好与上述的冷冻胚胎的"不可再生性和易损性"相互呼应。一般而言，人与物的相互关系来源于两个方面：一是本身为"身外之物"的内化，即象征人格或寄托情感；二是本身为人身东西的外化，即财产直接源于人的身体或智慧。[2]而冷冻胚胎兼具这两个方面，它本身既寄托着某种特殊的情感，同时又是人身东西的外化。我们可以从一般人格权

---

① 冷传莉：《论人格物的界定与动态发展》，载《法学论坛》2010年第2期。

② 易继明、周琼：《论具有人格利益的财产》，载《法学研究》2008年第1期。

概念的角度理解人格物，但是人格物的具体内涵又与一般人格权不同。与传统人格权之人格利益相比，人格物上的人格利益更侧重于特定物上的精神和伦理价值等。

首先，人格物具有双重属性。人格物具有财产利益和人格利益的双重属性。一方面人格物以物质形态呈现，自身就具有财产价值；另一方面它上面承载的人格利益也借由物质载体呈现出来。人格物上往往寄托着特殊的情感，包含道德等因素。所以人格物上的人格利益价值要远远大于形成它所花费的财产价值。

人格物的出现是为了保护人格物上特有的伦理、道德、情感等价值，将其与一般物相区别，所以"择一"的做法无助于实际问题解决。冷冻胚胎上所依附的人格利益不会因其与人身的分离而消失，所以人为割裂冷冻胚胎上人格与财产关系不利于冷冻胚胎的周密保护。

其次，与其他国家相比，我国生育辅助医疗技术发展较晚，相关的法律制度需要进一步完善。尽管在《最高人民法院关于确定民事侵权精神损害赔偿责任若干问题的解释》实施后，部分与带有人格利益的纪念物相关的精神损害赔偿案件得到解决。但此解释的功能只限定在精神损害赔偿，并未对一些特殊物的性质进行认定。具有进步意义的是，我们可以从侧面看出物上人格利益的价值得到了认可，但实际上还远远不够。将冷冻胚胎定性为人格物，可以为人与物、人格与财产、人格权与财产权之间的联通架起桥梁，在不打破人物二元制的体制下对冷冻胚胎进行保护。

最后，无论对冷冻胚胎定性为何物，主要目的是采用更谨慎、更周到的方法对人格利益予以特殊保护。当发生人格物侵权损害时，赔偿数额的确定不能简单地以其物的经济价值加以权衡，而应在人格物经济价值的基础上，加之人格利益进行合理评估。因此定性为"人格物"更能体现冷冻胚胎的特性。

三、冷冻胚胎处置的司法考量

（一）冷冻胚胎处置的案例类型

1.夫妻离婚型

2012年，在山东省日照市发生了一起因夫妻离婚而导致胚胎处置纠纷的案例。该对夫妻在冷冻胚胎移植入女方体内前感情恶化导致离婚。离婚后，女子为实现其成为母亲的愿望，多次向法院要求植入剩余的冷冻胚胎。但是该案法官基于生育权的实现必须以夫妻双方合意，所以驳回了女方的诉讼请求。[①]

该法院认为，生育权是附属于配偶关系的一种派生性身份权。夫妻离婚后，配偶关系不存在，生育权也就失去了基础而无法行使。所以女方不能在离婚后单方面使用冷冻胚胎。基于我国法律的规定和法理，该案法官以保护生育权为由驳回女方的诉讼请求是具有合理性的。但是随着人工辅助生殖技术的发展，生育权是否附属于配偶关系是值得深思的。

2.一方意外身亡型

2003年6月，王某夫妻在广东省妇幼保健医院成功培育冷冻胚胎后尚未移植入女方体内之前，男方遭遇车祸身亡，女方要求继续实施胚胎移植手术，但是医院认为王某因为丧偶而成为"单身女性"，再实施此手术与相关规定相悖。王某则认为没在冷冻胚胎形成之前，她是有配偶的，移植是完全符合规定的。医院将上述情况报请卫生部裁决。卫生部批复认为，王某的冷冻胚胎移植是辅助生殖治疗的一个组成阶段，由之前的行为可以推知其丈夫同意进行冷冻胚胎移植手术，所以批准该省妇幼保健医院为其提供胚胎的移

---

① 肖媛媛：《日照离婚案牵出"冷冻胚胎"法律空白不孕夫妻闹离婚"冷冻胚胎"归谁？》，载中新网，https://www.chinanews.com/fz/2012/05-02/3858476.shtml，最后访问时间：2023年1月13日。

植手术。[①]

本案的实践意义在于，夫妻双方对于胚胎的处置合意可以由之前的行为推导得出。但是，在该案之后，卫生部没有继续作出同意提供冷冻胚胎移植服务的批文。因而，对于夫妻一方意外死亡时，是否能继续进行胚胎移植手术尚未形成共识。

3.依据协议型

在美国，一般来说医院与接受生育辅助治疗的夫妻之间会签订事前协议，确定冷冻胚胎的处置方式，同时在执行辅助生育治疗的每一步骤前医院也均会让夫妻双方签字。这份合同的主要内容包括：如果该对夫妇离婚、一方或双方死亡、他们与该诊所失去联系等情况下，医疗诊所对冷冻胚胎的具体处理方式。对未使用的胚胎处理方式大体可以分为四种，即存储、销毁、捐赠给其他夫妇或者科研机构。[②]

从立法选择上看，多数美国学者认为合同理论是一种合理的选择。这样协议的优势在于：一是可以避免昂贵的诉讼费用；二是经过充分思考协商的事先约定有助于误解的避免，也有助于生育自由的实现；三是书面协议为执行提供了有效的依据，为运作提供了必要的确定性。

合同理论优势虽然明显，但在应用过程中也出现了一些疏漏之处。例如，合同理论难以全面保护受到危害的个人和社会利益。让夫妻就其冷冻胚胎的未来使用达成合意，增加了个人未来意愿改变时的回应困难。

4.反对单方意见型

英国人埃文斯与男友约翰斯顿在冷冻数枚胚胎后解除关系。但是，埃文斯想继续利用冷冻胚胎完成生育，这项提议遭到了前男友约翰斯顿的反对。之后，埃文斯诉诸法院。英国伦敦高等法院裁决驳回埃文斯的诉求。后来，埃文斯又向欧洲人权法院起诉，人权法院依据《英国人工授精和胚胎学法》

---

① 应琛：《新民周刊：谁有权利拥有胚胎孤儿》，载半月谈网，http://www.banyuetan.org/chcontent/zx/mtzd/201466/103308.shtml，最后访问时间：2023年1月13日。

② 李昊：《冷冻胚胎的法律性质及其处置模式——以美国法为中心》，载《华东政法大学学报》2015年第5期。

所规定的人工授精的要求，对埃文斯的主张不予支持。在英国的司法实务中，一般不支持一方处置胚胎的诉求。这是因为《英国人工授精和胚胎学法》作出了明确规定，人工授精的各个阶段都应当取得夫妻双方的一致同意，否则受精胚胎应当被销毁。

5. 支持女方意见型

有学者主张，试管授精程序过程中女性付出更高的体力投入，而男性提供者几乎并不经历痛苦或遭受身体伤害的风险，所以基于这种不平等，女性对胚胎权益的实现要优先于男性。但由于这样做确实会使男性的情感和经济处于一种不确定的状态，因此为平衡双方的权利，女性优先权的行使应受到一定期间的限制。例如，有外国学者主张受孕妇女对其胎儿在一定时间范围内享有绝对权利，可以独自决定移植或销毁冷冻胚胎。

这些司法案例，为我们的立法提供了经验，对现实问题的考量也可以使立法更具有针对性。归纳起来，笔者认为对于冷冻胚胎的使用应遵循以下几个原则：其一，当事人双方离婚时，无特殊情况任何一方不得使用冷冻胚胎。此时，实际上是生育权与不生育权的衡量。一个人权利的行使不能成为他人权利正常行使的障碍。其二，男方当事人死亡时，女方当事人可以继承冷冻胚胎并凭其意愿选择继续进行辅助治疗，孕育生命。因为她权利的行使不会给任何人的利益造成损害，法律应保护她的自由选择权。其三，针对冷冻胚胎的使用，以事前合意为先。这体现了民法中"理性人"的假设，同时也有助于降低成本。但如果在纠纷时形成新的合意可以变更，遵循当事人之间的意思自治。其四，尽管女性在生育辅助治疗中的"投入"比男性大，但是平等是民法的基石，不应过于强调女性权利的保护。但在特定情况下，应保护女性的生育权。例如，当冷冻胚胎是某一女性唯一成为母亲的机会时，应先考虑她的利益进行生育辅助治疗。但为公平起见，在抚养方面男方可免责。

从上文可看出，各国的司法实践相当丰富。如何将各国司法的经验应用到我国的立法实践中，应从我国的风土民情与价值观出发，考虑民众的可接受程度理性地进行选择。

（二）裁判法理考量

1.司法不得拒绝裁判的精神

（1）关于冷冻胚胎的法律属性和保护规则尚无明确的法律规定。本案鼓楼医院主张人体冷冻胚胎不能转让、赠送等禁止性行为，主要依据来源于卫生部颁布的《人类辅助生育技术规范》等部门规章。然而，一方面，卫生部颁布的部门规章中规定的诸如"禁止以任何形式买卖配子、合子、胚胎""禁止实施胚胎赠送""医疗机构和医务人员不得实施任何形式的代孕技术"等内容，虽然可以适用于冷冻胚胎，但立法目的是规范医疗机构的管理，仅适用于卫生部门下属的医疗机构及医疗工作人员，而并不是针对一般公民进行的法律约束。另一方面，本案涉及的问题其实与部门规章中规定的买卖和代孕等相关问题并无直接关系，所以这些规定只能对法官做出原则方向上的指引，而无法成为审理案件直接的法律依据。

（2）司法不得拒绝裁判的精神。法官不得拒绝审判已经是各国司法公认的原则，有的国家还明确规定如果法官没有合法理由而拒绝裁判，要依拒绝审判罪追究责任。这就需要在法律没有明文规定的情况下，法官主动去寻找审理案件的法律依据，积极为司法判决寻找法律支撑，即法律发现。对于法律发现学界大致有两种观点：一种是单纯地适用现有的法律，即法律发现是单纯的找法的过程；另一种是认为法律发现是法官"造法"的过程，即法官依据现行法律结合司法裁判经验，运用司法推理，进行法律漏洞的填补。

在法律没有明文规定时，法官应探求法的内在精神，运用法学理论和一般原则等进行审理案件。这是因为法官不仅是公民权利的维护者，更是社会公平正义的守护者。如果"公力救济"的目的不达，则当事人的合法权利得不到保障，最终很可能回归"私力救济"导致社会的混乱。当然诉权也是当事人的一项基本权利，作为承担定分止争责任的司法机关不能因为没有具体明确的裁判依据而拒绝裁判。在此案中，尽管一审、二审得出的法律结论不一致，侧重的角度和考虑因素也有所差异，但都是对于"司法不得拒绝裁判"原则的遵从。二审更是以发展的眼光、开放的眼光对当事人的利益予以最大限度的保护。

2.权力运行与权利保障的衡量

权力与权利经常处于一种盘根错节、相互作用的关系之中。在一定的社会物质条件下，权利的变化引发权力关系的变革。但这种变革往往不是一蹴而就的，而是在权利与权力长期的博弈过程中逐步形成的。两者的博弈产生了深远的后果：其一，当权力转化为法律权利时，权力主体可以通过法律制度的力量使利益"自动地流向自己"；其二，在法律权利中的权力因素虽然并没有消失，但它受到了一定的控制。①

实际上，当公权力向私权利转换时，必然会留下一些"缝隙"。而法官的作用就是在此缝隙出现时，运用"自由裁量权"在权力运行与权利保障之间做出权衡。一方面，确保不会因公权的过分扩张而侵犯个人的私权；另一方面，也在保证权力能够正常运行的前提下，最大限度地对个人权利进行保护。

为对冷冻胚胎的使用作出一定的规范，卫生部出台的《人类辅助生殖技术管理办法》这个部门规章。在法无明文规定的情况下，行政法规、部门规章毫无疑问应当成为秩序维护的依据。然而在理论上，行政法规、部门规章大多是公权力运行的依据。当然，在有些行政法规、部门规章中也约束公民的行为。但在本案中，这两部部门规章主要是为了约束医疗部门和医护人员的行为，即禁止实施胚胎赠送和实施代孕，禁止以任何形式买卖配子、合子、胚胎，并未对公民的其他行为作出禁止性的规定。此时，在不违反这两部行政法规目的的情况下，司法就应最大限度地对个人权利进行保障。

3.社会情理考量

（1）情理倾向与公众认同的关系。情理表示人情和道理，而从法律角度来说应是指案情和事理。情理往往是在特定的社会背景下，逐渐形成的、大众普遍认同的。情理在本质上是"常识性的正义衡平感觉"。②也正是因为这

---

① 孙国华：《法的真谛——孙国华精选集》，中国人民大学出版社2015年版，第524页。
② ［日］滋贺秀三等、［中］王亚新等：《明清时期的民事审判与民间契约》，法律出版社1998年版，第13页。

样的"情理"在其中，从而促使大多数人，对同一事件有着类似的看法，形成了公众认同。有时候某个案件的裁判结果引发讨论，原因就在于案件的处理结果和人们情理相差较大，所以难以获得公众的认同。

（2）情理倾向与公众认同的司法价值。法不为人所难。孟德斯鸠曾说过："要特别注意法律应如何构想，以免法律和实务的性质相违背。"[①]这也就是说法律的制定和执行要尊重社会的习惯，符合大众的情理倾向，从而得到公众的认同。民法中的诚实信用原则及公序良俗原则等都是典型的体现。然而，并非所有的案件判决都能得到公众的认同。实际上，公众往往带有最朴素的良知和道德的判断，同时也蕴含着对弱者的同情、对悲者的怜悯等。审判公正的实现需要法官不受舆论导向来进行评判，因为公众往往不知案件的细节而存在认识的偏差。但这不等于说法官的审判应脱离情理，忽视公众认同。因为法律要想良好地实施，需要符合客观实际，得到公众的认同。

实际上，从立法层面上就已经吸收了民众的普遍价值取向。审视民众的道德价值意识是具有法哲学基础。因为任何社会发展形成的法律都是社会民众普遍价值判断的抽象化。但是立法具有滞后性，在现实纷繁复杂的案件中，往往包含许多特殊的条件。这是立法不可能预测的，当民众的普遍价值规律与审判依据法律发生冲突时，实际上就需要法官予以调整和弥合，从而得出符合普遍公平正义观的判决，以实现司法的真正价值。

在宜兴冷冻胚胎案中，一审裁判以冷冻胚胎不属于民法中的"物"为由，判决老人不能继承子女遗留下的冷冻胚胎，引起了社会的热烈讨论。而二审法院则从人伦、亲情的角度出发，在不违反法律规定的前提下，最大限度地满足了老人的诉请。对于情理的考虑更能使公众对案件的司法价值产生认同。当然，对于情理的考虑不能违反法律。实际上法律赋予法官自由裁量权，也是希望法官在考虑个案的情况下，作出实体公平的裁决。所以对冷冻胚胎最强有力的保护依然来源于立法。下文将对有关冷冻胚胎的相关立法考量进行阐述。

....

① 史彤彪：《孟德斯鸠错了？》，清华大学出版社2014年版，第84页。

四、冷冻胚胎处置的立法考量

尽管法律要求具有稳定性，但这并不意味着我们对于冷冻胚胎等由于科技发展带来的新问题可以置之不理，依然需要从立法层面进行研究。

（一）冷冻胚胎处置的确定原则

1.符合胚胎的生命尊严及其亲属人格利益的尊重原则

对于冷冻胚胎而言，它身上往往不只是潜在的生命，更是一个家庭的希望。它的损坏，有可能会使一个女人失去成为母亲的机会，所以在不违背公序良俗的前提下，应对其予以最大限度的保护。

上文阐述了冷冻胚胎应属于"人格物"，具有双重属性。所以在法律制定上，一方面，要从冷冻胚胎自身角度出发，考虑到它有发展成为生命的可能性，任何主体不应非法剥夺。在立法上予以特别的保护，从而彰显对生命的尊重。另一方面，应考虑到冷冻胚胎具有生命性、带有人格利益因素，同时具有易损性，一经损坏就使其丧失潜在的价值。所以在法律上，应完善冷冻胚胎的侵权赔偿制度，除物上的财产价值外，更应保护其内在的精神价值。

2.审慎推定原则

公民有生育自主决定权，决定是否生育以及何时生育。在人工辅助生育的情形下，这种权利的实现就表现在夫妻双方有权决定何时将冷冻胚胎移植入母亲体内。然而，不能以父母生前没有及时行使生育权为由，否认胚胎的继承权。没有行使生育权不等于父母想放弃生育的机会。

3.符合比例原则

当对公益的追求与个人权利的保护呈现矛盾冲突时，为了对公益的追求，可以对公民的自由予以一定的限制，但是这种限制要有一定的限度。在法理上，为了划定必要的限度，比例原则成为各国在公法领域普遍采用的原则。我国在立法过程中关于冷冻胚胎处置以及使用方式的规制方面也应采取比例原则，防止"一刀切"的禁止性规定，采用原则上禁止、一定条件下允许的模式，方便冷冻胚胎辅助生育技术的开展与实施。这样既维护了社会公共秩序，又能设身处地地为当事人着想。

4.符合民众普遍价值取向原则

在立法层面审视民众的道德价值意识具有法哲学上的正当性。这是因为每一个社会法律的发展都是基于民众的普遍价值判断，这种普遍价值的抽象化可以说是正义的标准。随着社会的不断发展，人们的普遍价值判断也在不断地发生变化，立法也要不断地吸收新的民众的需求，一方面这有利于增加民众对立法的可接受程度，另一方面也可加强社会纽带的约束作用，减少法律适用的成本。

5.符合公序良俗原则

对于胚胎的处置的确定，不能违反民法的原则性规定。我国禁止冷冻胚胎的转让、代孕，因为这些行为与我国的传统伦理相背离。但是，不孕不育的夫妇有运用医学手段利用冷冻胚胎进行生育辅助治疗的权利。所以在丈夫死亡的情况下，只要符合我国生育政策，妻子有权继承属于丈夫的那部分权利，要求继续进行胚胎移植，以实现其生育的目的。在夫妻双方均去世的情况下，我国禁止代孕，但继承权的实现并不与生育直接相关。因此应准许胚胎继承，继承权人可以保存该胚胎。妻子和父母对冷冻胚胎的继承，只要不违反法律和公序良俗应予以支持。

（二）冷冻胚胎处置的确定规则

冷冻胚胎的处置问题可以考虑通过合同约定进行。并考虑在不同情形下，夫妻双方对冷冻胚胎不同的处置方式。在推进生育辅助治疗之前，合同中应包含一个等待期，供夫妻双方决定是否变更协议，以增加合同的稳定性减少不当成本的发生。而基于冷冻胚胎的特殊性质应对医院与患者的权责以格式条款的形式确定下来。我国现行法规侧重于对技术流程的规定，所以有必要完善相关的法律规定。因为在夫妻双方关系存续期间，理所当然以合意为前提，处分冷冻胚胎这一"共有物"，所以下文主要针对在特殊情况下冷冻胚胎处置纠纷进行探讨。

1.夫妻双方离婚时，冷冻胚胎纠纷的确权和利用规则

除另有约定外，体外胚胎应由提供配子的夫妻共同共有。当夫妇离婚时，如果胚胎尚未移植到女方的体内，可以采用事前合意理论；如果没有约定，可以按事后达成的合意处理，归夫妻一方所有或销毁；双方达不成一致意见时，可以继续保存冷冻胚胎但不得使用，由赞同继续保留一方支付保管费用。但也应根据具体情况予以调整。

2.夫妻一方死亡时，冷冻胚胎纠纷的确权和利用规则

英国瓦诺克委员会曾建议：夫妻一方死亡的，受精卵的使用、处分权移转至生存的一方；双方死亡时，上述权利移转给保存机构。[1]但有学者认为，不论是捐赠还是配偶间所冷冻保存的精子、卵子和受精卵，一旦捐赠者或受术夫妻之一方或双方死亡时，除法律另有规定外，应予以提供医疗研究或销毁。[2]尽管为保护社会公益，对冷冻胚胎的继承应予以限制，但是既然冷冻胚胎为夫妻共同共有物，那么在还有一方存活的情况下，将冷冻胚胎供医疗研究或销毁就有违物权的共同共有理论。所以除了另有约定的以外，夫或妻仅有一方死亡时，应当允许另一方当事人继承冷冻胚胎。此时具体分为两种情况：

一是如果在世方是女方，女方继承冷冻胚胎后，应有权决定是否继续利用冷冻胚胎通过辅助医疗实现生育。因为通过双方事前的合同和每一环节的共同授权都可以看出丈夫想要继续完成辅助医疗的意思。所以女方想继续使用该胚胎完成辅助生殖过程，应予以准许。现实生活中，我们允许单亲妈妈生育权的实现就不应阻止妻子想要继续使用冷冻胚胎。这在一定程度上可以慰藉男方的父母。二是如果在世方为男方，此时只能继承但不能随意使用，

---

① 王丽莎：《体外早期胚胎的物权保护规则》，载《广西政法管理干部学院学报》2011年第4期。

② 周华：《论类型化视角下体外胚胎之法律属性》，载《中南大学学报（社会科学版）》2015年第3期。

当事人如想抚慰心灵上的伤痛，可以采用胚胎捐赠的方式，使基因得以传递，女方的生命得以延续。

3.夫妻双方死亡时，冷冻胚胎纠纷的确权和利用规则

形成和提取冷冻胚胎需要支出相应的医疗费用，所以冷冻胚胎本身就带有财产上的利益。因此，夫妻双方死亡后，继承人有权继承冷冻胚胎。然而，尽管冷冻胚胎上承载亲属对逝者的哀思和纪念，但基于这种财产利益具有特殊性，其亲属也仅有管理和控制的权利，而没有继续将冷冻胚胎培育成人的权利。这样做一方面是为了防止新生儿一出生就面临父母双亡的境地，另一方面是为了防止出现伦理的紊乱，防止因抚养人缺失而造成社会不稳定的现象。

在冷冻胚胎继承后可以根据不同的情况，制定不同的利用规则：一是如果继承人意见一致，均想要继续保存胚胎至科学成熟，再对其加以利用。那么，应该允许。二是如果继承人对胚胎的利用意见不一致，则应在低温条件下继续保存，待继承人意见统一后再进行下一步的处理。三是如果经协商全体继承人一致同意想要将胚胎捐赠给医疗机构，帮助其他夫妇实施人工辅助生殖，医院应促使其目的的达成。一方面，可以安慰家人，通过胚胎的捐献使血脉得以延续；另一方面，也有助于不孕不育夫妻生育愿望的实现。此时可以作为"双盲选择"的例外，让老人以非直系亲属的身份进行探望，从而变相地安慰家人，既符合法律也符合人伦。

4.夫妻婚姻关系无效时，冷冻胚胎纠纷的确权和利用规则

因为婚姻关系无效的瑕疵不同，从而对冷冻胚胎的确权和利用规则也会产生不同的影响。具体分为以下几种情形：

（1）对于近亲结婚和婚前患有不应当生育的疾病者。对于这两种情形，由于他们的冷冻胚胎均可能存在医学上的病态，所以应予以销毁或者捐献给医疗机构进行医学研究。尽管对于婚前患有不应当生育疾病者，他们可能在婚后已经治愈使婚姻关系有效，但是为了消除隐患，不应保留冷冻胚胎，除非有确切证据能够证明，此枚冷冻胚胎的配子是在其恢复健康之后提取。

（2）对于重婚者和未达法定年龄者。此时，尽管其已被判定婚姻关系无效,但是,当事人仍可采取事后"补救"的措施使婚姻关系合法化。所以此时分为两种情形。其一,双方关系彻底破裂,那么就应由保管机构行使管控。此时冷冻胚胎不能交由当事人处置的原因有二:第一,婚姻无效是指自始不发生效力,所以不适用夫妻双方离婚情况下冷冻胚胎的处理方式;第二,作为冷冻胚胎人工辅助医学技术应用的前提是双方为夫妻关系,此时双方与医院签订的合同的基础出现断裂,同时也违反法律的强制性规定,签订的合同应属无效。其二,出于对冷冻胚胎潜在生命的尊重,如果双方通过自身努力符合婚姻登记要件后,重新登记结婚的可以和医院重新签订合同继续利用冷冻胚胎进行辅助治疗。这就需要双方和医院共商一段适宜的"等待期间",以给予当事人时间进行"事后婚姻补救"工作。

结　语

宜兴冷冻胚胎案处理过程中的关注和讨论主要是因为案件新颖,欠缺审理案件的法律依据。事实上,有关冷冻胚胎处置的纠纷在世界范围内尚无定论,学理上也存在不同观点。但这确实是一个不能回避的问题。希望可以通过本书抛砖引玉,将冷冻胚胎等问题的研究推向深入。

第四章

民事法律
行为与代理

第一节　民事法律行为的成立与生效

一、法律行为成立

（一）法律行为的成立要件

"所谓法律行为，是指以发生私法上效果的意思表示为要素之一种法律事实。"[1]《民法典》第133条规定："民事法律行为是民事主体通过意思表示设立、变更、终止民事法律关系的行为。"而法律行为的成立是指法律行为在客观上已经存在。[2]民事法律行为的成立是指民事法律行为具备其构成要素的存在或者产生。关于法律行为的成立要件一直是理论界争论的话题，对此存在不同的看法。不少学者认为，法律行为的成立要件分为一般成立要件和特别成立要件。一般成立要件是一切法律行为成立都应当具备的共同要件，即在法律或行政法规没有特别规定，当事人也未特别约定的情况下法律行为成立的共同要件。特别成立要件是指个别法律行为成立所特别具备的要件，如要式行为须具备特定的方式，要物行为须交付标的物等。[3]

针对一般成立要件，究竟包括哪些方面同样存在分歧，即单一要件说和多要件说。多要件说认为，一般成立要件包括当事人、标的和意思表示三个方面，另有观点认为一般成立要件包括当事人和意思表示两个方面。[4]单一

---

① 梁慧星：《民法总论》，法律出版社2007年版，第159页。
② 王利明：《民法总则研究》，中国人民大学出版社2012年版，第568页。
③ 王利明主编：《民法》，中国人民大学出版社2008年版，第127页。
④ 王利明主编：《民法》，中国人民大学出版社2008年版，第127页。

要件说认为，一般成立要件是法律基于法律行为的实质性要素所提出的，为一切法律行为所共有的要件，这就是意思表示，[①]而当事人和标的是意思表示的应有之义，意思表示要件即已包括当事人和标的在内，没有必要再将当事人和标的作为单独的要件另行提出来。以意思表示为唯一成立要件的观点也为我国不少学者所赞同。

《民法典》第143条明确规定了有效要件，但关于法律行为的成立要件并没有明确列举规定，从《民法典》第134条规定分析，民事法律行为的成立要件是比较单一的，该条规定："民事法律行为可以基于双方或者多方的意思表示一致成立，也可以基于单方的意思表示成立。法人、非法人组织依照法律或者章程规定的议事方式和表决程序作出决议的，该决议行为成立。"法律行为有单方法律行为、双方法律行为以及多方法律行为等，其成立表现也有所不同。无相对人的单方法律行为，当事人作出意思表示即成立；有相对人的单方法律行为，表意人的意思表示到达相对人时成立；双方或多方法律行为，各方当事人意思表示一致时成立。[②]单一要件说在逻辑上具有一定的合理性，因为法律行为成立的核心是意思表示，而意思表示毫无疑问应当由当事人作出，所以意思表示要件包括当事人和标的在内。但笔者认为，具体到司法实务中，判断法律行为能否成立仅凭意思表示还不够，还应当考虑和分析其他要素即当事人和标的，详细论证如下：

1.当事人

当事人是不是民事法律行为成立要件之一，争论的焦点在于"当事人"是否已包含在"意思表示"要件之中。作为一个法律行为的成立必然离不开当事人，即法律关系的主体。毫无疑问一切法律行为均是"人"的行为，包括自然人、法人、非法人组织等。有学者认为，争议双方之观点实际上并不矛盾，不管理论上将"当事人"作为意思表示的要件还是法律行为的要件，

---

① 王泽鉴：《民法总则》，中国政法大学出版社2001年版，第251—252页。
② 王利明：《民法总则研究》，中国人民大学出版社2012年版，第569页。

但"意思表示肯定是行为人作出的……"。[1]笔者认为，虽然在意思表示中已包含"当事人"，但并不应当因此而否定有必要将"当事人"作为法律行为成立要件。因为，在一般的情况下意思表示与法律关系的当事人是一致的，但也有不少情形是作出意思表示的行为人与法律关系当事人并不一致，即意思表示法律后果并不归属于直接作出意思表示的行为人，而是归属于其他的自然人或组织，这种分离最为典型的就是无权代理行为。

在代理制度中，由代理人作出的意思表示，但法律后果归属于被代理人即法律关系的当事人。在此情况下，作出意思表示的"行为人"与由此产生的法律关系"当事人"并非同一个人。在表见代理中，所谓的"当事人"在该种法律行为中既无"意思"也无"表示"，纯属行为人的意思和意思表示。在此情况下，法律行为的当事人显然不能被认为已含在意思表示之中，意思表示的行为人与作为法律关系主体的当事人可能存在分离现象。正因如此，我国原有的《民法通则》《合同法》以及现行《民法典》均规定，没有代理权、超越代理权或者代理权终止后的行为，只有经过被代理人的追认，被代理人才承担相应的法律后果。因此，将法律行为的当事人作为法律行为成立的要件之一，对于明确意思表示的归属具有重要意义。

2. 意思表示

法律行为成立的核心要件就是意思表示，且在民法理论界已是不争的事实。意思表示是指"向外部表明意欲发生一定私法上效果之意思的行为"。[2]"意思表示者，对于外界表彰法律行为上之意思之行为也，即以具有足以形成法律行为之内容之意思，表示于外部之行为，为意思表示。"[3]民事法律行为是以意思表示为核心的行为，没有意思表示就没有法律行为。关于作为成立要件的意思表示是否需具备一定的条件？通说认为，只要有意思表示就足够了，即如果行为人存在意思表示的外部征象，相对人因合理地信赖

---

① 马俊驹、余延满:《民法原论》，法律出版社1998年版，第247页。
② 王利明:《民法总则研究》，中国人民大学出版社2012年版，第539页。
③ 胡长清:《中国民法总论》，中国政法大学出版社1997年版，第223页。

其意思表示而加以承诺时，法律行为即成立，而不管行为人内心是否意欲为意思表示。但另有学者认为，作为成立要件，"意思表示必须符合法律的要求"，包括"标的须确定并且可能""不存在诸如错误、内心保留、通谋虚伪、受诈欺、受胁迫等问题"。[1]

笔者认为，意思表示只要具备意思表示的要素，即目的意思、效果意思和表示行为，意思表示即成立。[2]至于是否必须符合法律要求以及"标的须确定并且可能"等问题，应当是基于意思表示所形成的法律行为之效力判断问题。

3.标的

法律行为的标的是法律行为的内容之一。法律行为的内容是由意思表示所决定，体现在意思表示之中，但这并不意味着意思表示的标的就是法律行为的标的，二者不能完全等同。在单方法律行为中，一方的意思表示之标的与其所形成的法律行为的标的是一致的，但当一个法律行为由双方或者多方当事人的多个意思表示合意而成时，如当事人订立合同，可能会产生行为人的意思表示的标的与最终形成的法律行为的标的不一致的情形，法律行为如果缺少标的将难以成立。标的不仅是认定法律行为的性质、权利、义务的标准之一，而且可以借此考察当事人在作出意思表示时的真实意思。至于标的是否合法、确定并且可能等不应是法律行为成立要件，而是法律行为效力判断问题。《最高人民法院关于适用〈中华人民共和国合同法〉若干问题的解释（二）》第1条规定："当事人对合同是否成立存在争议，人民法院能够确定当事人名称或者姓名、标的和数量的，一般应当认定合同成立……"由此可见，标的作为法律行为的成立要件在法律上业已得到肯定。

---

[1] 参见张俊浩主编：《民法学原理》，中国政法大学出版社2000年版，第250—254页。

[2] 意思表示的构成要素，除通说三个要素外，还有"五要素说"和"二要素说"。"五要素说"为行为意思、表示意思、目的意思、效果意思和表示行为。"二要素说"认为意思表示仅包括效果意思和表示行为。参见王利明：《民法总则研究》，中国人民大学出版社2012年版，第539页；王泽鉴：《民法总则》，中国政法大学出版社2001年版，第33页；郭明瑞主编：《民法》，高等教育出版社2003年版，第100页。笔者倾向于"三要素说"。

（二）法律行为特别成立要件评析

不少学者认为，法律行为的成立除一般要件外还有特别成立要件。特别成立要件是指依据法律、行政法规规定或者当事人约定，某些民事行为的成立除当事人和意思表示外，还应具备特别的事实要素，如特定的事实行为或采用特定的形式等。[①]关于特别要件突出体现在要式法律行为中。

笔者认为，法律行为只须一般成立要件，而不应有"特别"成立要件。按照现行民法理论和立法，"对法律行为的控制已采用了成立和生效'二次调整'的方式，如再将成立要件划分为'一般'和'特别'成立要件，再作一次'二次调整'则会使简单问题复杂化"。[②]法律行为的成立不应附加更多的条件，仅有一般成立要件足矣。

要式法律行为是指必须具备法律要求的特定形式才能成立的法律行为。要式法律行为在实践中主要表现为书面形式和批准或登记等。对于法律行为是否采取要式行为，笔者认为应当根据不同情况进行设计，即区分身份关系的法律行为与非身份类的经营性法律行为。

1.非财产交易类法律行为采用要式有效。非财产交易类法律行为主要是婚姻、收养、遗嘱等身份法律关系，对于该类法律关系的形成并不能完全由当事人的意思表示成立。为了维护社会秩序等，法律规定了相应的成立条件或排除条件，比如收养人应当具备的条件以及排除条件。而在法律关系的成立方面，通过登记这种法定程序，一方面，便于对各方当事人进行必要的条件审查，保证法律关系的合法性和真实性。另一方面，通过法定登记程序可以使法律关系向社会进行公示，并保证法律关系稳定性。当然，诸如婚姻、收养等法律关系的形成须在法定登记机关的登记行为已经不属于纯粹的民事行为。关于遗嘱，法律一方面规定了遗嘱内容必须合法，另一方面如果不采用法定形式，一旦被继承人死亡将无法查明遗嘱的真实性，所以为便于被继

---

① 王利明：《民法》，中国人民大学出版社2008年版，第127页。
② 金可为、崔岩双：《再论法律行为的成立与生效——兼析〈合同法〉与〈民法通则〉相关条款》，载《广西政法管理干部学院学报》2000年第1期。

承人死后查有凭据，保证遗嘱的合法性和真实性，法律规定采用特定的形式是非常必要的。由于该类法律行为并非当事人之间的交易行为，本书研究的内容不包括该类法律行为。

2.交易类的法律行为应尊重当事人的意思。对于交易类的法律行为，特别是经济活动或者纯粹市场行为应当尊重当事人的意思，法律没有必要将特定的方式作为法律行为的成立或有效要件。这是因为：

第一，法律行为的成立仅仅表明当事人之间建立了某种法律关系，从法律效果方面来看，法律行为成立体现出当事人的意志，只是一个事实问题。至于该法律行为是否有效，能否产生当事人预期的法律效果，则将根据法律规定解决。因此，我们对于法律行为的成立之事实问题，只要当事人达成合意或者实施了法律行为的意思表示即可成立。

第二，从法律行为的书面形式要求方面，以《民法典》合同编关于典型合同等规定来看，采用书面形式的合同大多有履行周期长、合同内容复杂等情形，如建设工程合同、租赁期6个月以上的租赁合同、保理合同等。从法律规范进行目的解释来看，规定采用书面形式无非是为了维护当事人的权益，如便于当事人履行合同、便于分清责任。但法律在提出应当采用书面形式的时候，并不是要直接维护国家利益和社会公共利益，它协调的仅仅是合同当事人之间的利益。[①]书面形式仅具有证据的作用，不应当赋予更多的价值和功能。因此，一方面，法律没有必要规定当事人订立合同应当采用何种形式；另一方面，即便规定采用书面形式，但也不能因未依照法律规定采用书面形式的合同而认定不能成立或者无效。

第三，关于法律或行政法规规定须经批准或登记的法律行为，笔者认为，该种情形之法律规定有失妥当，立法应当将批准或登记作为法律行为的履行前置条件，既不应当是法律行为的成立要件，也不是法律行为的有效或生效要件。

对于涉及不动产权利的设立、变更等问题，我们要分清合同登记与物权

---

① 王轶：《论倡导性规范——以合同法为背景的分析》，载《清华法学》2007年第1期。

变动登记，二者不能混为一谈。《民法典》第209条第1款规定："不动产物权的设立、变更、转让和消灭，经依法登记，发生效力；未经登记，不发生效力，但是法律另有规定的除外。"实践中常常把物权设立或变动登记错误地理解为债权行为登记。关于法律规定的批准或登记问题将在后文详细论述。

第四，当事人可以约定法律行为采用书面等特殊形式，如果对此有约定，法律尊重其约定。[①]当事人约定采用书面形式或者其他特殊形式，但最终没有形成约定的形式，是否因此而致法律行为不成立或不生效？对此不能一概而论，应当具体情况具体分析。一种情况是当事人约定采用书面形式或者其他特殊形式但没有采用约定的形式，并且该法律行为之后也没有实际履行，应认定该法律行为不成立。但从理论上来讲，法律行为不成立的原因并不在于没有采用约定的形式，其不成立的原因是当事人没有最终作出承诺，对于双方法律行为意味着没有最终达成合意。如当事人经协商后约定某日签订书面合同，但之后某方当事人拒绝继续签订书面合同，此时就意味着其最终没有作出承诺，应当认定为双方当事人没有达成合意，合同不成立。[②]

另一种情况是当事人约定采用书面形式或者其他特殊形式，之后虽然没有形成约定的形式，但当事人仍然履行了法律行为所设立的义务或者行使了权利并且相对人接受的，该法律行为成立，不因没有采用约定的形式而否定法律行为成立及其法律效力。《民法典》第490条第2款规定："法律、行政法规规定或者当事人约定合同应当采用书面形式订立，当事人未采用书面形式但是一方已经履行主要义务，对方接受时，该合同成立。"

综上，关于法律行为的成立要件，对于非身份类的法律行为的成立要件不存在"一般"与"特别"之区分，只需要一般成立要件即可。

《民法典》第135条规定："民事法律行为可以采用书面形式、口头形式或者其他形式；法律、行政法规规定或者当事人约定采用特定形式的，应当采用特定形式。"该规定的前半部分赋予了当事人对于法律行为形式的自主

---

① 崔建远：《合同法总论》，北京大学出版社2011年版，第66页。
② 王利明：《合同法研究》，中国人民大学出版社2002年版，第243页。

决定权。但在后半部分仍然延续了之前《合同法》等公法干预私法的立法理念，[1]没有区分交易类法律行为与非交易类法律行为等不同情况，这就为其他法律、法规干预法律行为的形式留下了空间。笔者认为，《民法典》笼统地将法律、行政法规规定的特定形式作为法律行为的形式要件加以肯定是不妥当的。《民法典》作为民商事的基本法，应当阻断公法对于私法的不必要、不正当干预，除非法律行为关乎到国家利益或者社会公共利益。民法的基本原则之一就是意思自治，仅就法律行为的形式而言并不涉及国家利益和社会公共利益，更不会因为当事人采用非法定形式就损害国家利益和社会公共利益。因此在法律行为形式方面，《民法典》应当充分尊重当事人意愿，所谓的"要式"对于当事人的法律行为在形式上作出强制性规定不但违背自愿原则，而且并无实际意义和价值，法律行为的形式不但不应作为成立要件，也不应作为法律行为的生效或有效要件。因此，《民法典》就此规定有必要进一步完善，以减少对于纯粹的私法行为不必要的干预。

（三）法律行为成立的效力

1.法律行为成立效力的观点评述

现有理论上以及立法上都肯定了法律行为的成立与生效存在区别。如原《合同法》第44条第2款、第45条、第46条规定了须经审批、登记以及附生效条件的合同等情形，出现了合同的成立时间与生效时间存在分离情形，分别出现在两个不同的时间点，《民法典》基本仍然延续这一立法理念。但这种理论与立法引发一个问题，就是在法律行为成立后生效前，已经成立的法律行为将有何种法律效力？对当事人是否具有法律约束力？如果赋予法律效力，该效力又是什么？学界对此存在诸多不同的看法。

第一种观点认为应区分成立与生效。法律行为的成立使当事人的目的明确化，双方的意思表示达成一致，但尚未产生法律约束力。"合同的成

---

[1]《合同法》第10条第2款规定："法律、行政法规规定采用书面形式的，应当采用书面形式。当事人约定采用书面形式的，应当采用书面形式。"

立，其直接的后果使当事人关于彼此权利和义务的约定得以确定，但不一定能产生法律约束力。合同的生效，则使当事人之间成立的合同具有法律约束力。"[①]依该观点，合同成立对当事人不产生法律约束力，只有生效的法律行为才产生法律约束力，基本上完全否定了法律行为成立的法律效力，法律行为的成立纯粹是一个事实问题。

第二种观点认为，即法律行为成立后生效前具有"拘束力"。但何谓"拘束力"又有不同的解释。以最为典型的双方法律行为的合同为例，其一，解释为"形式上的拘束力"，法律行为自成立时起，就具有形式上的约束力，当事人不得撤回。[②]"我们常常把合同的拘束力用来指合同成立后生效前当事人不得变更或者废止已经成立的合同，这一拘束力由于在合同生效前，还没有强大到能够要求当事人履行合同义务的程度，而只是在形式上约束当事人对于合同存在的破坏，即不允许当事人随意地撤销或撤回。因此，这一拘束力常被称作合同形式上的拘束力。"[③]其二，较为普遍的观点认为，法律行为成立的效力表现为非依当事人协商同意或法律许可的原因不得变更或解除。例如，合同依法成立后正式生效前，因合同尚未正式生效，当事人有权不履行合同义务，这时的合同约束力表现为不得擅自变更或者解除合同。[④]合同成立以后，当事人不得对自己的要约与承诺随意撤回，合同生效以后当事人必须按照合同的约定履行。其三，王泽鉴教授区分"契约拘束力"与"契约之效力"，"契约经意思合致而成立时，当事人因而受契约之拘束，此为契约之拘束力，系指除当事人同意或有解除原因外，不容一方任意反悔请求解约，无故撤销。易言之，即当事人一方不能片面废止契约。与'契约拘束力'应严于区别的是契约之效力，即基于契约所生的权利义务。'当事人缔结之契约一经合法成立，其在私法上之权利义务，即应受契约之拘束，不能由一方任意撤销。'其所谓'其在私法上之权利义务，即应受契约之拘束'，系指

---

① 龙翼飞：《新编合同法》，中国人民大学出版社2001年版，第50页。
② 龙卫球：《民法总论》，中国法制出版社2001年版，第499页。
③ 崔建远：《合同法总论》（上卷），中国人民大学出版社2011年版，第254页。
④ 杜万华主编：《合同法精解与案例评析》（上），法律出版社1999年版，第13页。

'契约之效力'；其所谓'不能由一方任意撤销'则指'契约之拘束力'而言，故契约效力的发生，以契约有效成立为前提，契约通常于其成立时，即具拘束力"。①陈自强先生则将合同拘束力定义为"契约的形式拘束力"，将合同效力定义为"契约的实质拘束力"。②上述界定解释了合同拘束力与合同效力（法律约束力）的各自含义和区别。但问题是，形式上的拘束力或者合同约束力是否属于法律上的拘束力，如果不是法律约束力或者说没有法律效力，该拘束力又有何意义和价值？ "不得擅自变更或者解除"将完全成为当事人的自觉和自愿行为。

第三种观点认为，将合同中的条款进行划分，合同中的核心内容条款是有关当事人之间具体权利义务关系的约定，此外还有两类独立于合同的权利义务条款，一是促成法律行为生效的条款，如附生效条件条款、报批条款，此类条款独立于合同条款而事先生效。二是有关争议解决条款，该条款不受合同效力影响，合同生效的条款约定的义务属于当事人从给付义务，权利人可以单独诉请义务人履行报批等义务。③这种对合同条款（法律行为内容）的主观划分未必符合当事人的真实意愿，也缺乏理论依据。

第四种观点认为，依法成立的法律行为从成立时起具有法律约束力，是不可怀疑的法律判断。无论是民事权利还是民事义务都是法律强制力保护之下人们为某种行为或不为某种行为的可能性或必然性。因此，以民事权利和民事义务为内容的合同当然应具有法律的约束力，否则合同就成了儿戏或与"君子协议"无别。④有学者明确指出，法律行为成立与生效的效力都表现为对当事人具有法律约束力，二者的效力在实质上应当是一致的。还有学者认为，合同成立与合同生效都属于事实上的判断，合同有效才属于法律上的判断，在司法实践中对于依法成立或生效的合同，都可确认其法律效力，依法

---

① 王泽鉴：《债法原理》，中国政法大学出版社2002年版，第193页。
② 陈自强：《契约之成立与生效》，法律出版社2002年版，第102页。
③ 刘贵祥：《合同效力研究》，人民法院出版社2012年版，第191—193页。
④ 赵旭东：《论合同的法律约束力与效力及合同的成立与生效》，载《中国法学》2000年第1期。

成立或生效的合同对当事人都具有法律约束力，当事人违反依法成立或生效的合同都应当承担违约责任，合同成立制度已经能够涵盖合同生效制度的内容，现行合同法将其一分为二有不妥之处。[①]

2.法律行为依法成立即具有法律约束力

笔者认为，凡是依法成立的法律行为，成立即具有法律约束力。法律行为存在有效与无效问题，而无效的法律行为自始不具有法律约束力，故法律行为具有法律约束力的前提须是有效法律行为。对此，我国《民法通则》第57条规定："民事法律行为从成立时起具有法律约束力。行为人非依法律规定或者取得对方同意，不得擅自变更或者解除。"《合同法》第8条规定："依法成立的合同，对当事人具有法律约束力。当事人应当按照约定履行自己的义务，不得擅自变更或者解除合同。依法成立的合同，受法律保护。"针对已成立的民事法律行为，《民法典》第136条第2款规定："行为人非依法律规定或者未经对方同意，不得擅自变更或者解除民事法律行为。"

法律行为的法律约束力"应是法律赋予合同对当事人的强制力，即当事人如违反合同约定的内容，即产生相应的法律后果，包括承担相应的法律责任"[②]。所以，法律行为依法成立即具有法律约束力或者说具有法律效力，而并非学者所主张的"合同拘束力"以及"形式上的约束力"。"合同拘束力"并非法律概念，即便称为"合同拘束力"，也应当承认其法律上的约束力，如果不承认其法律约束力，也就不会有法律强制执行力，"合同拘束力"就变成空谈，"不得擅自变更或者解除"就会沦为当事人自觉自愿的道德义务。因此，法律行为依法成立后即对当事人产生法律约束力。对于依法成立的法律行为，有学者主张采用"成立推定有效规则"，[③]也就是不具有无效情形的法律行为即为有效成立，同时也为生效的民事法律行为。笔者认为，法律行

① 杨树明、张平：《合同成立与合同生效的效力同一性研究》，载《中山大学学报（社会科学版）》2000年第3期。

② 赵旭东：《论合同的法律约束力与效力及合同的成立与生效》，载《中国法学》2000年第1期。

③ 易军：《法律行为生效要件体系的重构》，载《中国法学》2012年第3期。

为成立与生效在时间上一致、法律效力一致，凡是依法成立的法律行为即为生效的法律行为，当然具有法律约束力。

二、法律行为生效

（一）法律行为生效的含义

"法律行为的生效，是使当事人的目的意思得到实现，意味着当事人所追求的目的得以实现，并发生了行为人预期的法律效果。"[1]依据现行立法与理论，所谓法律行为生效，是指依法成立的法律行为具备法定或者当事人约定的生效条件时开始发生法律上的约束力，从而能够实现当事人实施法律行为之目的。

法律约束力因单方法律行为与双方法律行为不同，其具体表现也有所不同。就双方或多方法律行为而言，从法律行为生效时起，债务人应当按照约定履行其义务，债权人有权请求债务人履行其义务。债务人未按照合同约定履行或者未全面履行即构成违约，依法及合同约定承担违约责任，从合同外部而言，合同生效后发生对抗第三人之效力。[2]

（二）法律行为有效与生效

法律行为的生效与有效在很多论著中并没有区分适用，而是将二者混同，生效等同于有效，有效就是生效。[3]但笔者认为，法律行为有效与生效

---

[1] 王利明：《民法总则研究》，中国人民大学出版社2012年版，第568页。

[2] 王利明：《合同法研究》，中国人民大学出版社2002年版，第493页。

[3] 该种情形在很多论著中基本不作区分，如"法律行为的生效（有效）要件包括一般生效（有效）要件与特别生效（有效）要件"。参见陈华彬：《论我国民法总则法律行为制度的构建——兼议〈民法总则草案〉（征求意见稿）的相关规定》，载《政治与法律》2016年第7期；王轶：《民法总则法律行为效力制度立法建议》，载《比较法研究》2016年第2期。文章共同之处就是，"生效"之后加括弧"有效"，实际上将二者等同。

并非同一概念，二者存在较大的差异。

法律行为有效是相对于无效而言，是指民事法律行为具有法律强制力，可以产生法律效果即民事权利和民事义务。[1]法律行为的有效或者无效体现的是国家意志，是法律对当事人所实施的法律行为的审查和干预，如果该民事法律行为损害国家利益或社会公共利益即被认定为无效，将不能受到法律保护，不能产生当事人预期的法律效果，甚至还要对当事人给予相应的制裁。法律行为的有效或无效是对法律行为的价值判断，是对其进行法律评价后得到的肯定性结果，[2]侧重于法律行为效力的定性方面的问题。[3]法律行为从依法成立到终止，其有效性所表现出来的始终是一个静态的状况，能够受到法律保护，对当事人具有法律拘束力，对第三人产生对抗力。

而法律行为的生效，是指已经成立的法律行为从生效时起发生法律效力，在当事人之间引起了意思表示所追求的民事法律关系产生、变更、消灭的法律后果。"生效是有效的下位概念，只有有效的合同才谈得上生效，合同生效对应的概念是合同的未生效。"[4]法律行为生效是侧重于法律行为发生法律效力的时间点，是对法律行为发生法律约束力时间的确定，解决的是法律行为是否具备履行效力，而且法律行为生效仅仅是一个时间点，并非持续不断的过程。按照现有的立法和普遍观点，依法成立的法律行为能否得以实际履行，实现当事人的预期法律效果，不仅取决于法律行为有效，还应当具备法律规定或者当事人约定的生效条件。例如，《民法典》第158条、第159条、第160条等规定的生效条件和时间。法律行为能够生效，其前提条件是该法律行为是有效的，或者说不具有法律规定的无效情形，否则该法律行为将永远不能生效。但是，有效的法律行为未必都一定生效。

法律行为有效与生效除上述主要区别外，在有效条件以及生效条件、法

---

① 尹田主编：《民法教程》，法律出版社1997年版，第71页。

② 武钦殿：《合同效力的研究与确认》，吉林人民出版社2001年版，第23—24页。

③ 杨树明、张平：《合同成立与合同生效的效力同一性研究》，载《中山大学学报（社会科学版）》，2000年第3期。

④ 武钦殿：《合同效力的研究与确认》，吉林人民出版社2001年版，第23—24页。

律后果、法律责任等方面也存在较大差异。

（三）既往和现行立法关于法律行为生效时间规定

《民法通则》并没有严格区分法律行为成立与生效，其第57条规定："民事法律行为从成立时起具有法律约束力……"据此可以理解为，依法成立的民事法律行为就是生效的法律行为。但《合同法》区分了法律行为成立与生效，并就此分别作出了不同规定，《合同法》第44条、第45条、第46条根据不同情况，分别规定了不同的合同生效时间：（1）合同成立时生效；（2）自批准、登记时生效，即法律、行政法规规定应当办理批准、登记等手续生效的，合同自办理批准、登记时生效；（3）所附条件成就或期限到来时合同生效。当事人对合同的效力约定附生效条件的，自条件成就时生效。当事人约定附生效期限的合同，自期限届至时生效。《民法典》第136条、第158条、第159条以及第160条等也作出了基本相同的规定。

三、法律行为生效之规定的缺陷与完善

按照多数学者的观点和司法实务，法律行为成立后生效前还不产生法律上的效力，对当事人不具有法律约束力或者仅具有所谓的"合同约束力"，如此这样将会产生一个不良的法律后果，就是法律行为依法成立后当事人并不受法律约束，当事人"不得擅自变更或者解除"的法律规定也就失去了法律依据。

（一）批准、登记应当规定为法律行为的履行条件

1.批准、登记生效规定之不足

依据《合同法》的规定，法律、行政法规规定合同须经批准、登记的，合同自批准或登记之日起生效，《民法典》第136条、第502条基本延续了这一规定。法律或行政法规规定法律行为须经批准等手续才生效存在缺陷，无

论是于理论上还是于实践中都将引发很多法律问题：

第一，当事人在法律行为成立后，如果认为法律行为所设定的权利或者义务对自己不利，或者出于其他考虑而不愿意继续履行该法律行为所设定的义务，便可以恶意不办理相关手续以使法律行为不生效。

第二，由于法律行为成立后对当事人尚未发生法律效力，没有法律约束力，因此，应当办理批准或登记的当事人如果不办理相关手续也无须承担违约责任，充其量是承担缔约过失责任等，这样无疑从法律上鼓励其不履行应尽的义务。

第三，法律行为生效与履行义务将陷入一个"推磨式"怪圈，即一方面，法律行为自批准、登记之日起生效；但另一方面，在批准、登记前（法律行为生效前），当事人因法律行为未生效而无须履行批准、登记等相关义务。如此这样将陷入"先有蛋还是先有鸡"的自我矛盾之中。

有学者提出，将合同内容分割为两部分，其中生效时间也一分为二：实体部分在批准或登记后生效，而"批准或登记"的条款自合同成立时即生效。[①]将"批准或登记"强制规定为独立于合同之外，成立时即生效或许有悖于当事人意愿，无疑是法律强加给当事人的一种义务。杨立新教授认为，"合同已经成立但是一方没有采取协力义务，使合同欠缺生效条件，因而使合同没有生效，诉至法院，法官可以裁判一方履行该种义务，使合同生效"。[②]但问题是，在合同尚未生效的情况下，在当事人间并不产生法律上的权利义务，法官将有何依据判令当事人履行批准或者登记手续？无疑是法官在当事人意志之外给一方当事人设定了义务，并且是为了使法律行为具备生效条件而强行判令当事人履行批准或登记手续，很显然违背了民法中的未经本人同意任何人不得为他人设定义务的基本原则。"契约之效力，并无一般与特别之分。契约若具备成立要件及生效要件，则发生法定或约定之效力。契约虽

---

① 刘贵祥：《合同效力研究》，人民法院出版社2012年版，第192页。

② 杨立新：《民商法评论》（第二辑），吉林人民出版社2001年版，第26页；杨树明、张平：《合同成立与合同生效的效力同一性研究》，载《中山大学学报（社会科学版）》2000年第3期。

已成立，但欠缺特别生效要件者，原则上在当事人间并不产生契约上之权利义务关系，何以在此种情形下，仍发生'一般效力'，且以债务人负履行特别生效要件或成立要件义务为其内容，颇为玄妙，甚难理解。"[①]

2.批准或者登记应当规定为履行条件

对于"批准或登记"才生效的问题，笔者认为，要改变法律、行政法规将"批准或登记"作为法律行为生效要件的立法理念。

法律、行政法规规定须经批准或者登记生效的法律行为是典型的公法既不必要也不正当地干预私法的情形。出于维护国家利益或者社会公共利益，公法对于私法行为干预是必要的，但公法干预私法应当有一个边界和限度。笔者认为，当法律行为涉及国家利益或社会公共利益有干预的必要时，可以对法律行为的履行进行干预。通过干预法律行为的履行可以达到对当事人的行为进行监督与管理，没有必要也不应当对法律行为是否生效问题给予干预。

主管机关对于法律行为的监管放在法律行为履行过程中足以解决问题。首先，批准或登记可以设置为法律行为履行的前置程序，而不是法律行为的生效条件。法律行为生效后履行前经过审批、登记等程序，监管效力丝毫不受影响。其次，主管机关发现法律行为有违法律、行政法规等情形，有许多行政措施予以制止，如可以责令停止履行、行政处罚等行政强制措施，而无须通过法律行为生效与否予以干预。最后，法律已经设置有法律行为无效制度，如果当事人所实施的法律行为损害国家利益、社会公共利益或者法律对此效力有禁止性规定，通过法律行为无效制度给予解决。

总之，笔者认为，公法不应当直接对法律行为的生效问题作出规定。如果为了便于主管机关对该类法律行为的监管，最简单、最适当的处理方式是将批准或者登记作为法律行为履行的前置程序，或者规定为法律行为履行条件，即法律行为未经批准或者登记不得履行。如同一般法律行为一样，应当经批准或者登记的法律行为仍然是依法成立时即生效，负有履行批准或登记手续义务的当事人如果因其主观原因未履行批准或者登记程序导致合同无法

[①] 王泽鉴:《民法学说与判例研究（一）》，中国政法大学出版社1998年版，第416页。

履行的，应当对相对人承担违约责任。

因此建议，应当摒弃将批准、登记规定为生效条件的立法观念，而其他法律、行政法规也不应当再将批准或登记规定为合同的生效条件，而应当规定为履行条件，即可以规定为"合同未办理批准、登记等手续的，不得履行"等类似规定。

（二）"附生效条件"应当解释和规定为附履行条件

《合同法》第45条第1款规定："当事人对合同的效力可以约定附条件。附生效条件的合同，自条件成就时生效。"《民法典》第158条也规定了附生效条件的民事法律行为，自条件成就时生效。笔者认为，应当改变现有立法理念和理论。法律行为依法成立就生效，当事人约定的附条件不应当对法律行为是否生效作出条件约定，而应当对将来是否履行作出条件约定，在法律上应当将"附生效条件"规定为"附履行条件"。例如，房屋买卖双方约定，"如果张三同意担保，本房屋买卖合同生效"。如果按照目前的法律规定和学理解释，张三同意担保是约定的房屋买卖合同生效条件，即张三同意担保房屋买卖合同生效，否则合同将不生效。但如此这样，由于房屋买卖合同尚未生效，合同对于双方当事人并无法律约束力，当事人没有法律义务遵守已经达成的合意，在张三同意担保前因合同尚未生效，买方或卖方可以随时反悔且无须承担违约责任，充其量承担缔约过失责任。笔者认为，双方达成合意时合同成立，且合同成立时就生效，而不是在张三同意担保时才生效。张三同意担保应当作为双方履行合同义务的条件成就，债务人按照合同约定履行其义务，债权人自此有权行使法律行为所设定的权利。

（三）"附生效期限"应当解释和规定为附履行期限

附生效期限的法律行为与上述附生效条件的性质相同，附生效期限同样不应当是针对法律行为生效期限的约定，而应当作为履行行为的约定。法律行为依法成立时生效，但期限届至前债务人无须履行法律行为所设定的义务，债权人无权请求债务人履行义务。例如，实践中常见的所谓附生效期限的保险合同，就保险合同中关于所谓合同生效时间的约定，笔者认为，本质上并不是合同生效时间的约定，而应当是在保险公司同意接受投保人投保并出具保险单时生效。但是，保险合同并非生效时起保险公司即承担保险责任，而是按照合同约定的时日（一般为某日零时）起，保险公司才开始履行其合同义务即承担保险责任。这一点如同客运合同中承运人的发车时间是一样的，并非约定的发车时间届至时合同才生效。因此，将诸如保险合同之类的合同生效时间约定为某一时日，理论以及实务中被认为是合同生效时间，而不是从保险合同成立时生效，这种解释显然是错误的。如果保险合同生效时间不是自合同成立时生效，而是按照约定的某日才生效，那么投保人向保险公司支付保费之义务就失去了依据。因此，《合同法》第46条"当事人对合同的效力可以约定附期限。附生效期限的合同，自期限届至时生效"以及《民法典》第160条"附生效期限的民事法律行为，自期限届至时生效"之规定是不妥当的，法律应当规定为"附履行期限"，将当事人约定的期限届至作为法律行为的履行时间，而不应当是法律行为的生效时间。

四、法律行为"效力待定"的再认识

理论上通常认为，效力待定的法律行为是指法律行为成立后，是否能够发生效力尚不确定，有待于其他行为或事实使之确定的法律行为。[①]学界普遍将《合同法》第47条等规定的如下几种合同作为效力待定：（1）限制民事行为能力人依法不能独立订立的合同；（2）狭义无权代理订立的合同；（3）无权处分合同。《民法典》第145条第1款、第171条第1款规定相对于合同法虽然有比较大的修改，[②]但《民法典》仍有所谓的效力待定问

---

① 王利明：《民法总则研究》，中国人民大学出版社2012年版，第591—592页。
② 《民法典》的修改主要表现在：一是无权代理中在相对人善意的情况下，如果该代理行为不被被代理人追认，相对人可以请求行为人履行或者请求行为人承担责任；二是取消了《合同法》中关于无权处分的规定。

题。对于所谓的效力待定情形，我们不认为是效力待定，而是法律行为不成立。

（一）关于"追认"的法律性质与法律效果的不同观点

1. 有关追认法律性质的现有观点

理论上关于权利人追认的法律性质存在不同的理解和解释。有学者认为，"有权人的追认，是指明确表示同意效力未定的合同"。[①]依此观点，权利人所追认的是当事人所订立的"合同"。依此解释，权利人是对双方法律行为的追认。学界普遍的观点认为，追认是指权利人表示同意无缔约能力人、无权代理人、无处分权人与他人实施的双方法律行为。[②]追认行为属于补正行为，追认的效果是使法律行为由效力不确定状态变为确定状态。[③] "所谓的追认，是指本人对无权代理行为在事后予以承认的一种单方意思表示。"[④]就限制民事行为能力人而言，法定代理人的追认是对限制民事行为能力人单方行为的事后承认。而对于无权代理、无权处分而言，本人或有处分权人的追认在性质上视为补授代理权或处分权。依此观点解释，权利人是对单方法律行为的追认。上述无论何种观点，共同点都是建立在法律行为已经成立，法律关系已经形成的基础之上，只是通过权利人的追认行为消除法律行为效力障碍，使法律行为有效或生效。

2. 追认的法律效果的不同观点

关于权利人追认的法律效果如何同样存在以下不同的观点：

（1）法律行为有效说。有不少学者认为，权利人追认的法律效果是使合同效力得以确定，合同因追认而成为有效合同。"这种追认是一种单方的意思表示，无须相对人的同意即可发生补正法律效力，使得效力待定的合同变

---

① 崔建远：《合同法总论》（上卷），中国人民大学出版社2001年版，第366页。
② 王利明：《合同法研究》（第一卷），中国人民大学出版社2002年版，第542页。
③ 李仁玉等：《合同效力研究》，北京大学出版社2006年版，第170页。
④ 王利明、房绍坤、王轶：《合同法》，中国人民大学出版社2010年版，第125页。

为确定有效的合同。"① 对于效力待定的法律行为的效力而言，公认的观点是该法律行为既非有效也非无效，而是处于不确定的状态，而效力的确定取决于权利人。以此逻辑推论，权利人追认的法律效果应当是法律行为有效，如果拒绝追认则无效，我国《合同法》第47条、第49条以及《民法典》第145条第1款也是明确规定为"有效"。

（2）法律行为生效说。有学者认为追认的法律效果是法律行为得以"生效"。"在权利人尚未追认以前，效力待定的合同虽然已经成立，但并没有实际生效。由于效力待定的合同因权利人追认而生效，因而与可撤销的合同具有明显的区别。"② "即将无权代理人以被代理人名义订立的合同归属于效力待定的合同中，需要被代理人的追认或者拒绝才使合同确定地自始生效或无效。"③ 此观点认为，法律行为已经成立，但由于当事人主体资格的欠缺而尚未生效，需待追认权人追认后，才得以生效。但是，从法律规定角度分析，效力待定应当是指有效与无效的待定，而不是生效与不生效的待定。因此，将追认的法律效果界定为"生效"与理论界关于效力不确定的普遍主张不相吻合。

（二）"效力待定"实为法律行为不成立

法律所规定的在理论上普遍认为的几种所谓的效力待定情形，笔者认为并非效力待定，而是法律行为未成立。

《民法典》第143条规定的法律行为有效要件之一就是明确规定"行为人具有相应的民事行为能力"。限制民事行为能力人可以成为法律关系的当事人，但是为了保护限制民事行为能力人的权益以及维护交易安全，法律上对其行为能力作出限制甚至剥夺，即除纯获利益的法律行为以及与其年龄、智力、精神健康状况相适应的民事法律行为外，实施其他民事法律行为只能由其法定代理人代理或者征得法定代理人的同意，也就是在法定的除外情形

---

① 陈小君主编：《合同法学》，高等教育出版社2005年版，第98页。另参见崔建远：《合同法总论》（上卷），中国人民大学出版社2011年版，第366页。

② 王利明：《合同法研究》（第一卷），中国人民大学出版社2002年版，第543页。

③ 韩世远：《合同法总论》，法律出版社2004年版，第245页。

下，他们没有独立实施民事法律行为的资格。

就双方法律行为而言，以最典型的合同关系的建立为例，合同的订立必须经过有效的要约和承诺。要约或承诺必须具备法定的要件，否则，将不发生要约或承诺的法律效力。依据法律相关规定，限制民事行为能力人根本不具有独立或者亲自签订合同的资格，①那么，我们不能只是简单地理解限制民事行为能力人所订立的合同效力待定或无效，而应当考虑到其所作出的要约或者承诺行为本身因不具备法定的有效要件，当然也是无效的。

无权代理中，从要约和承诺必须具备的条件分析，无权代理人所为的行为依法并不构成有效的要约或承诺。首先，从要约的角度进行分析，行为人在既不是合同当事人又未经本人授权的情况下，他根本没有资格以他人名义向受要约人发出要约，被代理人对于与谁订立合同以及合同内容等情况根本毫不知情，法理上怎能将行为人的行为认定为被代理人的"要约"？行为人的行为不构成有效的要约，那么进而也就不会有有效的承诺。其次，从承诺的角度进行分析，行为人在既不是受要约人也未经本人授权的情况下，依法不具有承诺资格。在其不具有承诺资格的情形下，行为人所作出的"承诺"很显然依法不构成有效的承诺。②

没有有效的要约或承诺，他们所谓订立的"合同"也就谈不上成立。所以，限制民事行为能力人依法不能独立实施的法律行为，以及狭义的无权代理实施的法律行为不是该法律行为的效力待定问题，而是法律行为根本没有成立。

就单方法律行为而言，限制民事行为能力人的行为本身同样因不具备《民法典》规定的有效要件，所以行为本身同样是不成立，而不是效力待定。

（三）追认的法律本质及法律效果

笔者认为，该类法律行为既不是法律行为效力的待定，也不是生效的待

---

① 如果没有特别说明，不包括限制民事行为能力人实施的纯获利益等法定的除外情形。
② 王德山：《合同效力研究》，法律出版社2015年版，第163—164页。

定，而应当属于法律行为不成立。从理论的角度来看，就单方法律行为，限制民事行为能力人在法律上已被剥夺了独立作出意思表示的资格，因其不符合《民法典》规定的有效要件，其所作出的意思表示在法律上属于无效。而法定代理人的"追认"本质上是独立作出了与限制民事行为能力人之行为内容相同的意思表示，并自其作出意思表示时起法律行为成立，而不是对限制民事行为能力人意思表示的简单认可。

在双方或者多方法律行为即合同中，权利人的追认本质上仍然是属于合同订立过程中的"承诺"，在承诺之前合同尚未成立，合同自权利人承诺（追认）时成立，并自成立时生效。

《民法典》第145条、第171条规定的民事法律行为，由于限制民事行为能力人或者无权代理人没有缔约资格，他所作出的所谓的要约或者承诺在不符合要约或者承诺有效要件的情况下，根本不具有任何法律效力。但是，相对人与限制民事行为能力人或被代理人希望达成此合同的意思表示是真实有效的，因此所订立的"合同"在法律上构成相对人的一个要约行为，而权利人的追认事实上是对相对人要约的承诺，相对人的要约被法定代理人或者被代理人承诺后，合同因此依法成立。因此，笔者认为，限制民事行为能力人与相对人所谓的订立合同的内容可以构成相对人的要约，而权利人的"追认"实质上构成法律上的承诺。

法定代理人、被代理人的"追认"就指向的对象而言，既不是对法律行为（如合同）本身的承认，也不是对限制民事行为能力人或者无权代理人意思表示的承认或事后补正授权。就追认的法律效果而言，法定代理人追认的法律效果既不是使得法律行为有效，也不是使得法律行为生效。笔者认为，"追认"在法律上构成是"承诺"，追认的法律效果是因权利人的承诺而使法律行为得以成立。如果是单方法律行为，属于权利人独立作出的意思表示。

至于无权处分的法律行为，该类法律行为属于标的物存在权利瑕疵，无权处分人承担瑕疵担保责任，如果无权处分人因无权处分而不能按照约定履行其义务，应对相对人承担违约责任。对此《民法典》第597条已经作出规定。

五、法律行为成立与生效的统一化

（一）成立与生效区分说

对于法律行为是否区分成立与生效，学界虽有争议，但普遍的观点主张法律行为应当区分成立和生效，认为法律行为的成立与生效是两个相互联系的不同概念，[1]我国《民法典》也将民事法律行为成立与生效分别加以规定。"就民事法律行为的实施过程而言，两者也不相同，前者系不成立（不存在），后者虽为成立（存在），却不能依其意思表示内容发生法律效果。以契约为例，当其被认定为不成立时，当事人固然无从依契约主张任何权利；当其虽成立而不生效时，当事人同样无从依契约而主张任何权利。"[2]"法律行为的成立与否是一事实判断问题，其着眼点在于：某一法律行为是否已经存在，行为人从事的某一具体行为是否属于其他表示行为。而法律行为有效与否则是一法律价值判断问题，其着眼点在于：行为人从事的某一法律行为（或表意行为）是否符合法律的精神和规定，因而能否取得法律认许的效力。按照传统民法学者的认识，法律行为成立是法律行为生效的逻辑前提。"[3]在区分成立与生效的基础上，进而又严格区分法律行为的成立要件与生效要件，如前所述，不少学者主张成立要件又分为一般成立要件和特别成立要件，同时将生效要件也分为一般生效要件和特别生效要件等。

主张区分成立与生效的主要理由以及意义在于：第一，法律行为成立与生效的区分是必要的，这是逻辑上的必然要求。法律行为成立是生效的逻辑

---

[1] 如崔建远：《合同法》，北京大学出版社2012年版，第79—80页；陈小君主编：《合同法学》，高等教育出版社2003年版，第78页。

[2] 张俊浩：《民法学原理》（上册），中国政法大学出版社2000年版，第251—257页。

[3] 董安生：《民事法律行为》，中国人民大学出版社1994年版，第183—184页。

前提，一项法律行为只有成立后才谈得上进一步衡量其是否有效的问题。[①]第二，根据不同的情形可以赋予不同的法律后果和采取不同的补救措施。区分法律行为成立要件与生效要件的根本目的，就是要赋予不成立的法律行为和不生效的法律行为以不同的法律后果。对于不成立的法律行为而言，当事人可以通过补足其所欠缺的要件，使该法律行为得以成立。而对于欠缺生效要件，从而不能发生相应法律效力的法律行为而言，如为无效的法律行为，则该法律行为自始、绝对、确定、永久地不发生法律效力。[②]第三，法律行为成立是事实判断，仅表明法律行为的客观存在，体现的是当事人的意志。而生效是法律问题，是价值判断，体现的是国家意志。二者因性质不同，而应当加以区分。第四，如果将法律行为的成立与生效合而为一，成立即有效，无效即不成立，那么，所谓效力未定的法律行为、可撤销的法律行为等将失去意义，效力瑕疵法律行为的补正、无效法律行为的转换等制度更失去存在基础。

（二）成立与生效同一说

我国少数学者对于区分成立与生效提出反对，认为法律行为的成立与生效二者具有相同的法律效力，因而不必作此区分。"依法成立或生效的合同对当事人都具有法律约束力，当事人违反依法成立或生效的合同都应当承担违约责任，二者的效力体现为同一性特征。"[③]还有学者认为，法律行为的成立有"表面上成立"和"实质上成立"的不同，有效成立就是法律行为的实质上成立，有效成立的条件既包括成立要件也包括生效要件。在法律行为"实质上成立"时，成立与生效二者是合而为一的。[④]因此主张，法律行为

---

① 马俊驹、余延满：《民法原论》，法律出版社1998年版，第245页；董安生：《民事法律行为》，中国人民大学出版社1994年版，第184页；等等。
② 王轶：《物权变动论》，中国人民大学出版社2001年版，第96页。
③ 杨树明、张平：《合同成立与合同生效的效力同一性研究》，载《中山大学学报（社会科学版）》2000年第3期。
④ 李先波：《合同有效成立比较研究》，湖南教育出版社2000年版，第17—19页。

成立与生效制度统一化，依法成立即生效，在立法上不再区分法律行为成立与生效，成立与生效制度同归为一，而且随着我国法律体系的不断健全和完善，不同法律部门之间的分工更加具体和科学，今后区分成立与生效将不再具有任何意义，成立与生效制度也将逐步趋向统一。[①]

（三）成立与生效时间、法律效力统一化

1.成立与生效区分说之缺陷

理论和立法严格区分了法律行为的成立与生效，似乎解决了将未成立或者未生效的法律行为按无效来处理等不良后果。但一方面，这在理论上，特别是在司法实务中又产生了新的问题，即如果法律行为成立时间与生效时间不一致的情况下，法律行为依法成立后生效前究竟具有什么样的法律效力？比如，当事人是否有义务履行"批准、登记"等手续？如果不履行将承担何种性质的法律责任？如此这样将在司法实践中造成更多更大的法律问题。另一方面，按照目前成立与生效区分理论和立法，一个法律行为从成立到能够得以履行，实现当事人的预期法律效果要经过一系列复杂的认定过程：

法律行为成立（须具备一般成立要件＋特别成立条件）＋有效条件－（减）无效条件＋生效条件（须具备一般生效条件＋特别生效条件）→生效→发生法律约束力。

从上述法律行为的法律效力的认定路径可以看出，法律行为能够达到当事人预期法律效果，首先，要判断法律行为是否成立，需要符合一般成立要件和特别成立要件。其次，法律行为要符合有效要件。如果均符合，法律行为有效成立。再次，判断是否具备无效情形。如果具备无效情形的，该法律行为将无效。最后，在法律行为有效的前提下，要得以生效还要符合生效要件，包括一般生效要件和特别生效要件。上述情形只有都完全具备才能产生法律效力，才对当事人具有法律约束力。条件和程序复杂，而且其中不乏存在模糊不清、

[①] 杨树明、张平：《合同成立与合同生效的效力同一性研究》，载《中山大学学报（社会科学版）》2000年第3期。

条件交叉和混乱情形，一方面不利于法律行为人预判自己行为的法律后果，另一方面也不利于司法实践作出快速准确的判断和认定，浪费司法资源。

因此我们主张，《民法典》应当放弃法律行为成立与生效之区分，将法律行为成立与生效的时间、法律效力统一化。

2. 法律行为依法成立与生效时间一致性分析

根据理论界的普遍观点和法律规定，法律行为成立未生效的情形主要有以下几种：（1）须批准等手续的合同，在未办理批准等手续前；（2）附生效条件的合同，所附条件成就前；（3）附生效期限的合同，所附期限届至前；（4）效力待定的合同，即无民事行为能力人订立的合同、无权代理所订立的合同在被权利人追认前。

笔者认为：第（1）种情形，法律将批准或者登记作为法律行为生效要件本身就是一个错误的规定。须经办理批准、登记等手续的法律行为（主要为合同）同样应当依法成立即生效，对当事人具有法律约束力。办理批准、登记等手续，一方面，其属于法律行为生效后履行问题；另一方面，批准、登记一般是有关行政法等法律部门的调整范围，而并非作为私法的民法的调整范围。关于办理批准、登记等手续生效的规定，体现的是国家对法律行为的干预，而在同一部法律中既有调整平等主体之间法律关系的规定，又有调整不平等主体之间法律关系的规定，不同性质的法律关系混杂在一起，导致法律部门分工的混乱。[①]因此，关于批准或登记手续问题，应当留给其他法律、法规作为阻却或干预法律行为履行之规定，而不应由民法规定为法律行为生效条件。法律可以干涉法律行为的履行，而不应当规定为生效条件以及法律行为生效的时间。

第（2）种、第（3）种情形，即所谓的附生效条件、附生效期限等，法律同样不应当规定为生效要件，理论上也不应当解释为法律行为生效条件，同样应当作为履行的条件或者期限。正像有学者所主张的，"条件是否成就、

---

① 杨树明、张平：《合同成立与合同生效的效力同一性研究》，载《中山大学学报（社会科学版）》2000年第3期。

期限是否届至，这是有关合同的履行问题，而不是合同的效力问题"。①债务人因条件成就或期限届至而开始履行之前法律行为所设定的义务，权利人也因条件成就或期限届至可以行使其权利。唯有如此，当事人才负有义务静待条件成就或期限届至，在此期间不得擅自变更或者解除才具有法律依据。

第（4）种效力待定的法律行为，不少学者认为区分成立与生效为法律行为效力待定理论、法律行为可撤销理论提供了逻辑基础。如果将成立与生效一体化，所谓已经成立但尚不能具备法律效力的法律行为就不可能存在了：法律行为要么有效，要么无效，不能有第三种情况存在。只有对成立与生效进行区分，在逻辑上才可能使二者间具有时间和其他的差异，使效力待定的法律行为有存在的空间。为了维持这种效力评价的多样性，法律行为成立与生效的区分是不可避免的。

笔者认为，正如前文所分析的，理论上所谓的效力待定的法律行为事实上本不存在。无论是限制民事行为能力人依法不能独立实施法律行为，还是无权代理实施的法律行为，并非法律行为成立但效力待定。因此，为了所谓的效力待定而将成立与生效加以区分完全没有必要。

实践证明，立法上以及理论上区分法律行为成立与生效不但没有发挥积极作用，反而在理论上和实践中造成诸多混乱。因此，应当将法律行为成立与生效时间一致化、统一化，即除无效法律行为外，法律行为自依法成立时生效。如果将法律行为成立与生效的时间和法律效力统一化，法律行为从成立到履行只需如下所示：

法律行为成立（具备一般成立要件）＝生效（除非具有无效情形）→发生法律约束力。

成立时间与生效时间的一致性，其法律效力自然一致，可以解决理论中的诸多矛盾，对司法实践也具有重要意义和价值。当然，需特别强调的是，成立即生效的法律行为，其前提是该法律行为必须是有效的。

---

① 杨树明、张平：《合同成立与合同生效的效力同一性研究》，载《中山大学学报（社会科学版）》2000年第3期。

3.建立"成立推定有效"规则

《民法通则》第55条规定了法律行为应当具备的有效要件,而第58条列举式地规定了七种法律行为无效情形。同样,《民法典》第143条规定了有效条件,另外分别规定了无效情形。民法理论上有法律行为的成立要件、有效要件、生效要件等,法律行为能够发生预期的法律效果,对当事人产生法律约束力要经过上述条件一一对比和排除,最后作出认定。从逻辑上讲,法律规定了法律行为的有效条件,就意味着法律行为须符合该条件,否则无效。但如果对照无效情形的法律规定,该法律行为却又不在无效之列,因此应当是有效的。[①]如此这样,某个法律行为究竟是有效还是无效就成为疑问,将导致不同的法官对同一个法律行为作出不同的认定,影响法律的严肃性和统一性。

笔者建议,《民法典》不应当既规定有效要件又同时列举规定无效情形,而仅需规定无效情形即可,构建"成立推定有效"规则,即法律行为成立即为有效且生效,除非具有法律规定的无效情形。"法不禁止即可为",将无效情形作为"效力阻却事由",[②]实行法律不禁止即为合法有效的判定标准。

---

① 张广兴:《法律行为之无效——从民法通则到民法典草案》,载《法学论坛》2003年第6期。
② 易军:《法律行为生效要件体系的重构》,载《中国法学》2012年第3期。

第二节　民事法律行为损害他人合法权益之撤销制度
——基于恶意串通损害他人合法权益法律行为之无效

《民法通则》第58条第4项和《合同法》第52条第2项均规定"恶意串通，损害国家、集体或者第三人利益"的行为（合同）无效。《民法典》延续这一立法观念，其第154条规定"行为人与相对人恶意串通，损害他人合法权益的民事法律行为无效"。在《民法典》颁布实施之前，对于《民法通则》第58条第4项和《合同法》第52条第2项有关无效之规定，学界曾经有过不同的解释和研究，甚至对此提出质疑。《民法典》继续保留了这一无效情形，只是不再明确损害"国家、集体"这一被广泛质疑的受害对象。笔者认为，针对《民法典》第154条规定的无效情形，仍有诸多问题值得探讨与完善。

一、我国关于法律行为无效情形的立法发展

我国改革开放之后，有关法律行为无效的规定最早是1981年的《经济合同法》，此后《涉外经济合同法》《技术合同法》等对无效法律行为（无效合同）都有所规定。1987年起施行的《民法通则》第58条列举式地规定了七种法律行为无效情形。[1] 早期立法有关法律行为的无效情形比较广泛，并未

---

[1]《民法通则》第58条规定："下列民事行为无效：（一）无民事行为能力人实施的；（二）限制民事行为能力人依法不能独立实施的；（三）一方以欺诈、胁迫的手段或者乘人之危，使对方在违背真实意思的情况下所为的；（四）恶意串通，损害国家、集体或者第三人利益的；（五）违反法律或者社会公共利益的；（六）经济合同违反国家指令性计划的；（七）以合法形式掩盖非法目的的。无效的民事行为，从行为开始起就没有法律约束力。"

充分体现意思自治原则，干预私法自治的立法理念表现较为突出和强烈，这也符合我国长期以来一直重行政轻民事、强调社会本位的理念。

1999年10月1日施行的《合同法》第52条规定了五种合同无效的情形。[①]其立法理念有了巨大变化，尽可能地体现当事人意思自治原则，其中之一就是无效合同情形的范围已明显减少。首先，不再将《民法通则》中"经济合同违反国家指令性计划"规定为一种无效事由。其次，将限制民事行为能力人依法不能独立签订的合同规定为效力待定合同。最后，将以欺诈、胁迫手段签订的合同效力实行"双轨制"，损害国家利益的为无效，未损害国家利益的作为合同变更或撤销的法定事由，大大减少了实践中无效合同的情形，体现出鼓励交易的原则。但《合同法》关于无效情形的规定具有很强的针对性，仅适用于合同行为，即双方或多方法律行为，对于单方法律行为无法适用。另外，对于第52条第2项至第5项规定的无效情形，在必要性或可行性、无效情形体系等诸多方面值得深入研究和完善。

根据《民法通则》和《合同法》多年的司法实践和理论研究，《民法典》对关于无效民事法律行为在立法体系、无效情形等诸多方面更加科学完善，其中规定了五种绝对无效情形。[②]但是，对于第154条恶意串通损害他人合法权益民事法律行为无效之规定，仍有值得研究和完善之处。

二、恶意串通法律行为及无效

（一）无效法律行为与恶意串通概述

无效法律行为是指已经成立但不具有法律约束力的行为。学界普遍认

---

① 《合同法》第52条规定："有下列情形之一的，合同无效：（一）一方以欺诈、胁迫的手段订立合同，损害国家利益；（二）恶意串通，损害国家、集体或者第三人利益；（三）以合法形式掩盖非法目的；（四）损害社会公共利益；（五）违反法律、行政法规的强制性规定。"

② 详见《民法总则》第144条、第146条、第153条和第154条。

为，法律行为无效分为绝对无效和相对无效。[①]所谓绝对无效是指自始绝对地对任何人均不发生法律效力的法律行为，如《民法通则》第58条和《合同法》第52条关于民事行为无效及合同无效的规定。绝对无效主要是因为法律行为损害国家利益或者有悖于公序良俗或者违反法律、行政法规禁止性规定等，对私人自治的根本性否定。对于相对无效，学界有着不同的观点，如相对无效是"惟得对于特定人主张或惟得与由特定人之关系为无效"的法律行为，[②]即对特定的人不发生法律效力的法律行为。但另有学者认为，《民法通则》第59条以及《合同法》规定的可变更可撤销的法律行为等被认为是相对无效法律行为。[③]《民法典》第154条规定的恶意串通民事法律行为属于绝对无效情形。

恶意串通是指行为人相互勾连和协商，实施了损害法律关系之外的第三人合法权益的行为。从立法本意来看，恶意串通行为是行为人之间相互串通，明知或应当知道其行为损害他人权益但仍然实施该民事行为。恶意串通行为的当事人在主观上具有损害他人合法权益的故意，客观上实施了勾连行为，结果方面其行为已经或者将会损害他人合法利益。

（二）恶意串通损害他人权益无效之要件

1.当事人主观恶意

主观恶意表明当事人的主观心理状态为故意，即明知或者应当知道其所实施的民事法律行为必将损害他人的合法权益但仍然实施该行为。所谓"恶意"民法理论上有两种：一是观念主义的恶意，即明知某种情形的存在，侧重于行为人对事实的认知。二是意思主义的恶意，指动机不良的故意，即以

---

① 王利明：《民法总则研究》，中国人民大学出版社2012年版，第599页；崔建远：《合同法》，北京大学出版社2012年版，第84页；李仁玉等：《合同效力研究》，北京大学出版社2006年版，第176页。

② 史尚宽：《民法总论》，中国政法大学出版社2000年版，第575页。

③ 杨立新：《债与合同法》，法律出版社2012年版，第407页；王利明：《合同法研究》（第一卷），中国人民大学出版社2002年版，第635页。

损害他人权益为目的。而恶意串通中的"恶意"属于意思主义的恶意，行为人具有加害他人的不良动机，并且缔约双方主观上都具有加害第三人利益的故意，如果一方不具有故意的主观要件则不构成恶意串通。[①]

笔者认为，从立法宗旨分析，恶意串通损害他人合法权益之所以规定为无效，并不在于对行为人不正当行为的惩罚，而在于给予受害人的法律救济，使第三人免遭行为人不当行为的损害。因此，对于恶意串通中的恶意不应当考虑行为人的动机是否具有损害他人权益的主观目的，只要双方当事人已经知道或者应当知道其行为必将损害第三人的合法权益，就应当认定为"恶意"。当然这其中包括双方或者一方当事人具有损害他人合法权益的主观愿望。因此，恶意包括三种情形：一是双方当事人均具有损害他人利益的主观目的或愿望，在此共同目的或愿望的驱动下，相互协商，实施了损害他人利益的法律行为，法律行为所造的损害后果正是当事人双方所追求的结果。这种情形是最典型的恶意串通行为。二是一方当事人具有损害他人合法权益的主观目的或愿望，法律行为所造成的损害后果是该方当事人所追求的结果，而另一方当事人明知或者应当知道该目的以及行为的后果必将损害他人合法权益，但仍积极配合，默示接受。[②]三是双方当事人或者各方当事人主观方面虽无损害他人利益之目的或愿望，但各方当事人均明知其所实施的法律行为在后果上必将损害他人权益但仍然实施该法律行为。但是，如果有一方当事人没有加害他人的目的或愿望，并且不知道也不应当知道其所实施的法律行为将损害他人的权益，则不构成恶意串通。

当事人在主观恶意方面是否应以获得不正当或者非法利益为必要？对此存在不同的看法。有观点认为，虽然一般情况下，当事人恶意串通订立合同多为获得非法利益，同时损害国家、集体或者第三人利益，但这并不是构成恶意串通合同无效的要件，即使恶意串通合同的当事人没有为自己获利的目的，结果也不可能使自己获利，但是由于损害国家、集体或者第三人利益，

---

① 王利明：《合同法研究》（第一卷），中国人民大学出版社2002年版，第648页。
② 崔建远：《合同法总论》（上卷），中国人民大学出版社2011年版，第308页。

仍然为无效合同。[1]例如，恶意串通合同，是指订立合同的行为人故意非法勾结，损害他人的合法权益。[2]恶意串通的合同，是指双方当事人非法串通在一起，共同订立某种合同，造成国家、集体或者第三人利益损害的合同。[3]从上述对于恶意串通的定义也可以看出，恶意串通之无效并不以当事人获取利益为必要。另有观点认为，恶意串通行为以串通的一方或双方获取了恶意串通的利益为构成要件。有学者认为，恶意串通损害国家、集体或第三人利益的合同，是指行为人双方以损害国家、集体或第三人利益获取不正当利益为目的，相互串通订立的有损国家、集体或第三人利益的合同。该定义提出了"获取不正当利益为目的"。笔者认为，立法上将恶意串通损害他人权益的法律行为规定为无效，其宗旨是对受害的第三人给予法律上的救济，而并非因当事人获取不正当利益而无效。因此，行为当事人是否具有获取不正当利益之主观目的以及是否从中获得了利益则在所不问。

2. 当事人之间存在串通行为

恶意串通以当事人之间存在通谋为必要。所谓串通行为是指在实施法律行为前或实施行为过程中，当事人具有共同的意思联络、沟通等通谋行为。因当事人对于损害他人合法权益的主观愿望不同，串通行为实践中存在的具体表现也各有不同：一是双方当事人为了各自的私利，均具有损害他人合法权益的主观目的。在此情况下，当事人为此进行积极联络、协商、沟通等，由此实施了损害他人合法权益的法律行为。此种情形属于最为典型的恶意串通行为。二是一方当事人具有损害他人权益的主观目的或愿望，而相对人已明知行为人实施该行为所达到目的的非法性，但对故意一方当事人作出的意思表示仍然默示接受。此种情形中，双方当事人在实施民事法律行为过程中，就损害他人权益的结果虽然没有积极地进行意思联络与沟通，但在法律上仍然属于恶意串通行为。三是各方当事人虽无损害他人权益的主观目的或者愿

---

[1] 王利明主编：《合同法要义与案例析解》（总则），中国人民大学出版社2001年版，第140页。

[2] 郭明瑞、房绍坤：《新合同法原理》，中国人民大学出版社2000年版，第167页。

[3] 参见王利明：《合同法研究》（第一卷），中国人民大学出版社2002年版，第648页。

望，但各方当事人均已明知或者应当知道所实施的法律行为必将损害他人权益却仍然积极作为，也应构成恶意串通行为。[①]

3.损害他人的利益

关于损害他人利益的法律行为包括两种情形：一种情形是损害后果尚未发生，但该法律行为一旦履行必然会给他人合法权益造成损害。另一种情形是损害后果已经实际发生，即已经给他人的利益造成了实际损害，这种情形是行为人所实施的法律行为已经实际履行。例如，当事人订立的合同已经履行，并由此导致损害后果的发生。无论是前者还是后者，对法律行为的效力认定均不受影响。

恶意串通之无效，并非因当事人的恶意串通行为，根本原因在于该法律行为的结果必将或者已经造成他人合法权益的损害。换句话说，当事人不但存在主观恶意，以及事实上存在串通行为，而且所实施的法律行为客观上必将存在或者已经存在损害他人合法权益的法律后果。如果当事人虽然有恶意串通行为，但并不损害他人的利益，将不能以此认定法律行为无效。

从立法宗旨角度出发，将恶意串通损害他人合法权益之法律行为规定为无效，意在救济受害的第三人，而不在于否定当事人的意思表示。法律不但要协调当事人之间的利益冲突，而且要协调法律关系的当事人与国家利益、社会公共利益以及第三人之间的利益冲突。对于当事人之间的民事法律关系，总体上采取自愿原则，充分尊重当事人的意志，但是，当当事人与国家利益、社会公共利益以及第三人之间的利益发生冲突时，法律上将采取强制干预，其中最为典型的就是否定该法律行为的效力。当然，当事人与第三人之间的利益协调是否一定规定为无效，将在后面给予论证。

（三）恶意串通与虚伪表示

有学者将恶意串通行为直接解释为虚伪表示，即所谓恶意串通，实际上构成民法上的所谓虚伪表示，即表意人与相对人通谋而为之虚假的意思表示

[①] 王利明、房绍坤、王轶：《合同法》，中国人民大学出版社2010年版，第139页。

行为。[①]

关于虚伪表示，史尚宽认为，虚伪表示亦称通谋虚伪表示或假装行为，谓表意人对于非真意有认识，而且与相对人通谋所为之意思表示，其要件为：（1）须有意思表示之存在；（2）表示须与意思不一致；（3）表意人自己须对于其意思与表示不一致有认识；（4）须其非真意表示，与相对人通谋为之。[②]当事人故意将意思与表示不一致，亦即双方当事人的一致同意仅具有订立某项法律行为的表面假象，但不具备意思表示构成要件中的"法效意思"，实际上并不想使法律行为发生法律上的效力。我国《民法典》第146条规定："行为人与相对人以虚假的意思表示实施的民事法律行为无效。以虚假的意思表示隐藏的民事法律行为的效力，依照有关法律规定处理。"事实上，恶意串通之无效与通谋虚假意思表示存在较大的差异。

首先，意思表示的真实性有较大差异。通谋虚伪表示是以当事人的意思表示不真实为其构成要件，且因意思表示不真实而无效。但恶意串通行为中，通说认为，行为人的意思表示并不必然虚伪，既可能是真实的，也可能是不真实的。只要行为人有损害国家、集体或第三人利益的恶意，并且双方有通谋，也可构成。[③]也就是除了包括传统民法上的虚伪表示以外，还包括双方通谋而为与效果意思一致的意思表示的情形。由此我国恶意串通可以分解为双方通谋而为的与效果意思一致的恶意串通和双方通谋而为的与效果意思不一致的恶意串通，后一种恶意串通就是传统民法上所谓的通谋虚伪表示。[④]

其次，行为无效的根源不同。通谋虚伪表示由于不符合当事人的真意，故而无效。德国法系民法对通谋虚伪表示之效力的否定，其基础为意思真实

① 杨立新：《我国〈民法总则〉法律行为效力规则统一论》，载《法学》2015年第5期；武钦殿：《合同效力的研究与确认》，吉林人民出版社2001年版，第96页；最高人民法院经济审判庭编著：《合同法释解与适用》（上册），新华出版社1999年版，第222页。
② 史尚宽：《民法总论》，中国政法大学出版社2000年版，第385页。
③ 朱建农：《论民法上恶意串通行为之效力》，载《当代法学》2007年第6期。
④ 黄忠：《无效法律行为制度研究》，西南政法大学2009年博士学位论文。

原则。①既然表意人及受领人均不欲使当事人表示的内容产生法律效力或成为法律行为的内容，则法律不使其发生效力是不言而喻的。②该种情形的无效是尊重当事人意志的结果。但按照《民法通则》和《合同法》的规定，恶意串通无效并非因为当事人"恶意串通"而无效，而是因为损害国家、集体或第三人利益才无效，即便在双方通谋而为的与效果意思一致的恶意串通中，只要该行为损害了国家、集体或第三人利益的就会被认定为无效。

最后，否定法律行为的价值基础不相同。在德国民法上，通谋虚伪表示之所以无效，是因为当事人的意思与意思表示不一致，体现的是对当事人真实意思的尊重，并不包含对其道德上的任何否定性评价。③而我国民法将恶意串通行为规定为无效，表明其行为的非正当性以及法律对该行为的价值判断，法律使之无效，其评价基础为他人权利之保护及社会公平，目的是保护国家利益、社会公共利益和第三人的合法权益不受侵害。

基于上述论证，《民法通则》第58条第4项和《合同法》第52条规定的无效情形并不能替代传统民法上的通谋虚伪表示，④因此，对于通谋虚伪表示宜作为一种独立的效力形态给予规定。《民法典》第146条已经对此作出了独立规定。

三、恶意串通的行为人

（一）恶意串通行为人的不同解释

《民法通则》第58条第4项及《合同法》第52条第2项规定"恶意串通，

---

① 朱建农：《论民法上恶意串通行为之效力》，载《当代法学》2007年第6期。
② ［德］迪特尔·梅迪库斯：《德国民法总论》，邵建东译，法律出版社2000年版，第446页。
③ 朱建农：《论民法上恶意串通行为之效力》，载《当代法学》2007年第6期。
④ 李开国：《民法总则研究》，法律出版社2003年版，第272页。

损害国家、集体或者第三人利益"无效，其恶意串通之人究竟是指谁并不明确，因此在我国民法学界对此存在不同的理解和解释。现行《民法典》第154条虽然规定"行为人与相对人恶意串通"，但依然存在指代不明的问题。

我国民法学界对于恶意串通的行为人主要有以下几种观点：一种观点认为，恶意串通的行为人系指当事人，即双方当事人非法串通共同订立某合同，造成国家、集体或第三人利益的损害。[1]也就是说，该种观点的恶意串通行为人仅指合同当事人，而不包括代理人等。另一种观点认为，恶意串通的行为人包括当事人和代理人。[2]恶意串通的行为人可以是法律关系的当事人，也可以是代理人或者具有相类似地位的人，如法定代表人或社会组织的负责人等，并且认为恶意串通可以区分为两种情况，一是当事人之间恶意串通，损害第三人利益；二是代理人与相对人恶意串通，损害本人利益。比如，在委托代理中，委托人委托代理人购买耕牛，代理人与第三人恶意串通，将该第三人的病牛卖给委托人，致使委托人利益受损失时，代理人与第三人签订的合同为恶意串通合同。[3]还有观点认为，恶意串通是指代理人或者代表人与对方当事人串通，损害被代理人的利益。[4]

除上述观点外，除当事人之间串通积极实施损害他人（第三人）利益的法律行为外，还有人认为，行为人还包括法律关系一方当事人与法律关系之外的第三人通过恶意串通，诱使另一方当事人作出意思表示。比如，借款合同中，债权人与债务人为达到让保证人担保的目的，故意隐瞒贷款性质、用途、还款风险等事实真相，使保证人在不明真相的情况下同意提供担保，并签订担保合同。此种情况下，担保合同因债权人与债务人的恶意串通而无效。[5]

[1] 王利明、崔建远：《合同法新论·总则》，中国政法大学出版社1996年版，第248页。
[2] 最高人民法院经济审判庭编著：《合同法释解与适用》（上册），新华出版社1999年版，第222页。
[3] 刘凯湘：《合同法》，中国法制出版社2006年版，第130页。
[4] 许峰：《民法通则实务与案例评析》（上），中国工商出版社2002年版，第250页。
[5] 刘凯湘：《合同法》，中国法制出版社2006年版，第129页。

（二）行为人当指法律关系的当事人

笔者认为，无论是《民法通则》《合同法》规定的恶意串通，还是《民法典》规定的"行为人恶意串通"均应当作狭义的理解，即仅指法律关系的当事人，而不包括代理人与相对人恶意串通以及法人的法定代表人或者单位的负责人，以及一方当事人与法律关系之外的人串通而损害法律关系的另一方当事人。从其立法宗旨分析，主要目的是保护法律关系之外的受害人，以否定该法律行为的效力而救济法律关系之外的第三人的合法权益。虽然在实践中，代理人、法定代表人等与相对人恶意串通，损害被代理人、本单位利益的情形普遍存在，以及一方当事人与法律关系之外的人串通而损害法律关系的另一方当事人，但在此情况下，已经有各相关的法律救济制度给予解决。因此，此种情况下的恶意串通应当适用其他法律制度进行解决，对此将在后面详细论述。

四、恶意串通行为的损害对象

（一）特定第三人抑或非特定第三人

恶意串通并非当事人的目的，仅仅是为达到某种目的而采取的手段而已。当事人不但存在主观恶意，以及事实上存在串通行为，而且所实施的法律行为必将或者已经损害他人的合法权益。《民法通则》第58条第4项、《合同法》第52条第2项均规定"恶意串通，损害国家、集体或者第三人利益"的法律行为（合同）无效，而对于恶意串通行为所损害的对象也是理论上一直争议的焦点。《民法典》第154条规定"行为人与相对人恶意串通，损害他人合法权益的民事法律行为无效"。该规定删除了国家、集体，而是模糊地规定为"他人"。根据《民法通则》《合同法》对恶意串通的行为所损害的对象明确列举了国家、集体、第三人，但是对于受害的"第三人"作何解释，理论界也存在不同意见，即该第三人是特定第三人还是不特定第三人，抑或是二者均有？虽然《民法典》规定为"他人"，但该"他人"也必将面临与"第三人"之包括范围相同争议的问题。

笔者认为，无论是《民法通则》《合同法》规定的"第三人"，还是《民法典》规定的"他人"，均应理解为特定第三人，而非不特定的第三人，因为，不特定的第三人通说认为属于社会公共利益的范畴，而针对损害社会公共利益以及《民法典》中规定的违背公序良俗行为，法律已经单独规定为无效民事法律行为。基于此，第三人或者他人应当理解为法律关系之外特定的第三人。至于损害特定的第三人权益的行为是否有必要规定为绝对无效的民事法律行为将在后面论述。

（二）代理、代表行为中的受害人

在代理人或法定代表人（非法人单位的负责人）与相对人恶意串通行为中，有观点认为，恶意串通行为损害对象既包括法律关系之外的人，也包括损害被代理人的利益或法定代表人所代表的单位利益。[①]也有观点认为，恶意串通行为所损害的是国家、集体和第三人的利益。如法律行为的双方或者多方当事人，故意合谋，弄虚作假所实施的损害国家、集体或第三人利益的法律行为。[②]

由于对恶意串通的行为人是否包括代理人、法定代表人或社会组织的负责人存在不同的看法，相应地，恶意串通的受害人也存在不同看法。如果恶意串通行为人包括代理人、法定代表人或社会组织的负责人，那么，受害人毫无疑问应当包括被代理人、法定代表人或社会组织的负责人所代表的合同当事人，反之则不包括。

由此笔者认为，如前所述，该条的立法宗旨主要是保护法律关系之外的受害人，通过否定该法律行为的效力制度来救济第三人。而在代理人、单位

---

① 刘兆年：《民事法律行为》，法律出版社1986年版，第52页；穆生秦主编：《民法通则释义》，法律出版社1987年版，第71页。

② 彭万林主编：《民法学》，中国政法大学出版社2011年版，第154页。

的负责人等与相对人恶意串通,损害被代理人、本单位利益情况下,法律规定了各相关的法律制度给予救济和解决。对于狭义的无权代理中,如果代理人与相对人恶意串通,可以按照无权代理的法律规定处理,既无须考虑是否恶意串通,也无须考虑是否损害被代理人利益,被代理人行使追认权或拒绝追认权得以解决。而对于法定代表人或社会组织的负责人越权代表行为,所代表的组织因恶意串通而受损害,受害人可以依据其他法律行为效力的相关制度解决。因此,恶意串通的受害人不应包括被代理人以及法定代表人或社会组织的负责人所代表的法律关系当事人。

（三）损害国家、集体利益问题

关于损害国家利益、集体利益问题,《民法通则》第58条第4项、《合同法》第52条第2项均将损害国家、集体、第三人并列规定。而《民法典》第154条不再将恶意串通损害国家、集体利益明确规定为无效法律行为,这点是十分值得肯定的。

之前有很多学者提出,不应将损害国家利益的无效行为给予规定,"为消除误解、避免重复,根据我国的实际情况将国家利益纳入社会公共利益之中予以统一构造,而将《合同法》第52条第1项整合到第52条第4项之中,并将损害社会公共利益作为决定合同无效的一种重要事由"。[1] 主要理由是:首先,国家利益在相当程度上具有社会公共利益的性质,国家利益越来越多地包含在社会公共利益里面,两者在内涵上是重合的。[2] 损害国家利益是典型的危害国家公序的行为。[3] 其次,"国家利益"难以界定。理论界对于何谓国家利益存在不同的看法。有人认为是指"国家经济利益、国家政治利益、国家安全利益等,而不包括国有企业的利益"。[4] 此外,对于国家利益的解释

---

① 朱广新:《法律行为无效事由的立法完善》,载《政法论丛》2016年第3期。
② 巩丽霞:《刍议合同法中的"国家利益"》,载《商业时代》2006年第23期。
③ 朱广新:《法律行为无效事由的立法完善》,载《政法论丛》2016年第3期。
④ 王利明:《合同法研究》（第一卷）,中国人民大学出版社2002年版,第643页。

还有"社会公共利益说"①"国有资产说"等。②如果国有企业等国家所有财产就是国家利益，保护这类国家财产所有权就是保护国家利益，那就意味着我们要对国家所有权设置与私人所有权不同的保护规则，违反了民事法律中的平等原则。如果国家利益不包括国家财产如国有企业等，而是指国家在整体上具有的政治利益、经济利益和战略安全利益，那么自然人、法人或其他组织之间的协议能涉及国家利益的概率和情形少之又少，如此规定几乎毫无实际意义。最后，《合同法》总则第一章（一般规定）在把"遵守法律、行政法规，尊重社会公德，不得扰乱社会经济秩序，损害社会公共利益"规定为订立、履行合同的基本原则之一时，并未将国家利益与社会公共利益相提并论，维护社会经济秩序、保护社会公共利益是管制合同自由的根本政策要求。③因此主张通过对社会公共利益的行为进行类型化研究，将损害国家利益的行为纳入损害社会公共利益。④

事实上，损害国家利益的行为，要么为法律强制性规范所涵盖，要么可以由违背公序良俗所吸收，即对于损害国家利益的行为完全可以依据违反法律强制性规定或有悖于公序良俗而认定无效。如实践中比较普遍的，当事人为偷逃税款而故意签订"阴阳合同"，该合同显然违反税收法律规定，不但违法甚至是犯罪行为，可以依据税收等相关法律认定该合同全部或者部分条款无效。因此，《民法典》不再将损害国家利益的行为规定为无效，一方面并非损害国家利益的行为有效，另一方面对于损害国家利益的行为完全可以依据《民法典》的其他条款或者其他相关法律规定认定无效。

"集体"应作为一般民事主体对待。何谓"集体"？在法律上很难查到对其准确的定义。《宪法》第17条规定："集体经济组织在遵守有关法律的前提下，有独立进行经济活动的自主权。集体经济组织实行民主管理，依照法律规定选举和罢免管理人员，决定经营管理的重大问题。"有学者认为，集

----

① 梁慧星：《民法总论》，法律出版社2011年版，第18页。
② 胡康生：《中华人民共和国合同法释义》，法律出版社2009年版，第90页。
③ 朱广新：《法律行为无效事由的立法完善》，载《政法论丛》2016年第3期。
④ 李仁玉等：《合同效力研究》，北京大学出版社2006年版，第181页。

体是介于国家与个人之间的一种组织体，是某些经济或财产权益的享有者。由于集体经济组织本质上属于由不特定多数人组成的联合体，在其财产或经济利益的享有者非以法人为明确的权利主体的情况下，集体利益实质上就是不特定的多数人利益，只不过，该"多数人"在规模或数量上比国家利益的享有者较少而已。如果认为社会公共利益本质上是指不特定的多数人利益，那么，所谓的集体利益，应理解为一种社会公共利益。[1]该观点一方面将"集体"看作一个组织，但另一方面又将其理解为"社会公共利益"不太恰当。

在民事活动领域，"集体"显然应解释为"集体经济组织"，包括各种形式的村集体企业、村镇集体企业、乡镇集体企业、农业合作社等集体性质的经济组织。那么，当集体作为一种集体经济组织时，无论是股份合作制、职工持股的公司制，还是其他集体组织形式，他们在参与市场经济活动中，均应作为一般民事主体对待，而不应与国家利益和社会公共利益相提并论，并由此认定法律行为无效。法律上直接规定为绝对无效行为，既不利于民事主体自主自愿，积极参与民事活动，也有悖于法律地位平等原则和公平原则。总而言之，应当将"集体"作为特定第三人，与其他一般民事主体一样，由其自行决定是否向法院提起诉讼请求撤销该当事人所实施的法律行为。

五、第三人请求撤销权制度

（一）建立第三人请求撤销权制度的理论基础

关于"恶意串通，损害国家、集体或者第三人利益"无效的理解和解释，在实施串通行为人的范围、损害对象以及内容真实性等诸多方面，理论以及司法实务存在不同的看法。也正因如此，在司法实务中该规则被不断滥用，以至于超越了原有边界。有学者对于司法实务中关于恶意串通的适用判

[1] 朱广新：《法律行为无效事由的立法完善》，载《政法论丛》2016年第3期。

例进行归纳，总结出常见的一些类型，主要是：代理人或代表人与相对人恶意串通、双方代理行为中的恶意串通、恶意串通逃避债务、恶意串通实施无权处分、恶意串通"一房二卖"、恶意串通实施共同欺诈、恶意串通规避法律至少七种情形，[①]我国司法实践对恶意串通行为适用的混乱反映出法律规定的自身缺陷，不仅恶意串通本身的内涵难以确定，而且造成了恶意串通与其他民事法律制度之间的诸多竞合与抵牾，难以协调，存在重大的体系问题。[②]

　　恶意串通之无效原因在于其对第三人利益的损害性。[③]考察和分析法律对于恶意串通损害他人合法权益进行干预，其立法宗旨，并非要惩处行为人的恶意串通行为，而是追求法律的公平正义，维护国家利益、社会公共利益，保护第三人的合法权益。换句话说，法律规定恶意串通无效的原因不在于行为人的"恶意串通行为"，而是法律行为在客观上损害了第三人的利益。即使当事人没有恶意串通，但如果法律行为损害第三人的利益，也应当通过某种制度进行必要的干预。但是，在当事人串通实施损害第三人利益行为时，法律未必必须通过否定其行为效力才能达到保护第三人合法权益之目的。对于法律行为的当事人损害法律关系之外特定第三人利益的法律行为，无论是恶意串通还是通过其他手段都不应当规定为绝对无效行为。只涉及特定第三人的利益的民事法律行为应当属于相对无效情形，只能由该受害的特定第三人主张无效，不必进行严格的国家干预，更不允许没有利害关系的其他人任意介入合同。[④]因此，笔者建议《民法典》应当建立一项独立的法律制度，即法律赋予受害的第三人请求法院撤销该法律行为的权利。

　　法律不但要协调法律关系当事人之间的利益冲突，同时还要协调当事人与国家利益、社会公共利益以及与特定第三人之间的利益冲突。当当事人

---

① 杨代雄：《恶意串通行为的立法取舍——以恶意串通、脱法行为与通谋虚伪表示的关系为视角》，载《比较法研究》2014年第4期。

② 黄忠：《论恶意串通损害第三人利益无效规范的存废——基于体系的一项检讨》，载《人大法律评论》（2014年卷第Ⅰ辑），法律出版社2014年版，第189页。

③ 朱建农：《论民法上恶意串通行为之效力》，载《当代法学》2007年第6期。

④ 王利明：《民法总则研究》，中国人民大学出版社2012年版，第602页。

的行为损害国家利益和社会公共利益时，其所实施的法律行为一般为绝对无效。但是，当行为人的行为损害特定第三人的利益时，一方面，法律上不宜规定为绝对无效；另一方面，也不应对第三人利益置之不理，而是应当在法律上设置一项法律救济制度，"对此种类型的利益关系进行调整，需要借助授权第三人规范"。①这就是赋予该特定的第三人请求法院撤销当事人所实施的法律行为之权利，以维护第三人的合法权益不受侵害。

（二）赋予受害的第三人撤销权的法律理由

第一，如果将侵害第三人利益的法律行为直接规定为绝对无效行为，法官或者仲裁员将可以依职权认定为无效，不但违背民事诉讼"不告不理"的基本原则，更为重要的是，在认定无效时缺乏事实根据。因为，如果没有人提出主张其权益因该法律行为受到侵害，法官或者仲裁员将根据什么认定该行为损害第三人的利益？这就如同刑事案件中指控某嫌疑人杀人却没有受害人（尸体）是一样的。因此，将法律行为直接认定为损害第三人利益是无本之木，以此认定法律行为无效等于法官自己主张自己审判，判案结果无论如何都将令人难以信服。

第二，法律行为是否损害了第三人的利益，只能由该受害的第三人自己来判断，他人包括法官或者仲裁员无论是客观上还是主观上都无法代替该第三人本人作出判断。如果法律允许他人代为主张合同无效，或者法院依职权主动审查并宣告该合同无效，则未必使该第三人认为此种处理对其有益。"更有甚者该特定第三人对该损害行为进行默示的同意，则此种情形若他人或法院出面宣告合同无效则可视为对该第三人所享有的处分权的侵害。"②此外，如果合同一方当事人恶意毁约，则可以以其行为损害第三人利益为由主张无效而不履行合同义务，这样无疑授予当事人毁约的法定事由。

① 王轶：《民法总则法律行为效力制度立法建议》，载《比较法研究》2016年第2期。
② 邹忠玉、王俊儒、侯德斌：《合同无效之"恶意串通"法律研究》，载《长春理工大学学报（社会科学版）》2015年第6期。

第三，我们民事立法理念是鼓励交易，尊重当事人的意思。如果法律行为损害国家利益或社会公共利益，但由于其严重的违法行为缺乏具体特定的受害主体，因此法律规定为无效。但是，当法律协调当事人之间以及当事人与第三人之间的利益关系时，已经有具体受害主体，该受害人完全可以以自己的意志作出判断和决定，法律已无必要代替受害人作出决定，故将其直接规定为无效行为。

（三）几种常见恶意串通损害他人权益行为之分析

1.恶意串通与逃避税收

实践中，有当事人为了逃避税收而进行恶意串通实施不正当法律行为。最为典型的是偷漏税费，在房屋交易中签订"阴阳合同"，故意将买卖合同约定为赠与合同，或者故意压低交易价格。此为典型的恶意串通损害国家利益的行为，因此，《民法通则》《合同法》对此均规定为无效行为（合同）。但是否是因为有必要通过"恶意串通损害国家利益"或者他人利益而否定该法律行为无效？笔者认为完全没有必要以"恶意串通"来否定法律行为效力。

第一，偷逃国家税款，无论是恶意串通还是通过其他方式损害国家利益均应当认定为无效。法律行为或者说合同无效的原因并不在于"恶意串通"的方式，而是因为"逃避税款"损害国家利益。所以没有必要规定以什么手段或方式损害国家利益，列举手段或方式反而限制了损害国家利益行为无效范围。无论是以"恶意串通"的方式还是以其他方式，只要出现"逃避税款"，损害国家利益的情况，则均应属无效。

第二，《合同法》以及《民法总则》均规定："违反法律、行政法规的强制性规定的民事法律行为无效""损害社会公共利益"或者"违背公序良俗的民事法律行为无效"。另外，《民法典》第146条第1款规定："行为人与相对人以虚假的意思表示实施的民事法律行为无效。"偷逃税款而签订的"阴阳合同"很显然违反国家强制性规定，且签订"阴阳合同"也明显属于行为人与相对人以虚假的意思表示实施的民事法律行为，因此，无论是真买卖假赠与还是故意压低交易价格，完全可以依据上述法律规定确定该合同无效或者其中交易价格条款无效。

第三，房地产买卖之税收的确定，一般以采用公估价格的方法确定税基。① 也就是说，当事人约定的交易价格并不被法律所认可，而是按照政府有关机关认定的交易价格确定税收，使当事人逃避税费之目的无法得以实现。正因如此，甚至有人认为，单纯逃避税收的问题是不能构成法律行为无效的原因，税收问题应当与法律行为的效力问题区别对待。当事人无论是通过恶意串通还是其他方式逃避税收，都应当依据税法的规定补交税款，也可以依据行政法的规定予以行政处罚，但不能因为合同存在逃税的问题而使合同本身归于无效。②

2.代理行为中的恶意串通问题

在代理行为中，代理人与交易相对人恶意串通损害被代理人的利益，或者法人的法定代表人、社会组织的负责人与相对人恶意串通损害其所代表单位的利益，此种情况下具有恶意串通的事实。比如，买卖交易中，代理人与相对人串通故意压低或抬高标的物价格从中获取回扣，由此损害被代理人的利益。对于此种情况下的法律行为并非一律无效，而应当具体分析：

（1）代理人与相对人恶意串通损害被代理人的权益问题。代理人代理行为均在授权范围内，在实施代理行为过程中与相对人恶意串通，其所实施的民事法律行为效力并不因所谓的恶意串通而无效。换句话说，被代理人不能以恶意串通主张该法律行为无效或者请求撤销，被代理人因此所受到的损害只能依据其他相关法律制度主张赔偿责任。

《民法典》第162条规定："代理人在代理权限内，以被代理人名义实施的民事法律行为，对被代理人发生效力。"第164条规定："代理人不履行或者不完全履行职责，造成被代理人损害的，应当承担民事责任。代理人和相对人恶意串通，损害被代理人合法权益的，代理人和相对人应当承担连带责

---

① 黄忠：《论恶意串通损害第三人利益无效规范的存废——基于体系的一项检讨》，载《人大法律评论》（2014年卷第I辑），法律出版社2014年版，第202页。
② 黄忠：《论恶意串通损害第三人利益无效规范的存废——基于体系的一项检讨》，载《人大法律评论》（2014年卷第I辑），法律出版社2014年版，第203页。

任。"《民法通则》第66条第3款规定"代理人和第三人串通，损害被代理人的利益的，由代理人和第三人负连带责任"。从以上规定的逻辑关系分析，《民法典》虽然规定"由代理人和相对人负连带责任"，但并未明确否定法律行为的效力。笔者认为，一方面，代理人在代理权限范围内实施的法律行为应当有效，被代理人应承担因此所产生的法律后果。另一方面，代理人与相对人恶意串通损害被代理人合法利益的，代理人和相对人应当对被代理人因此所遭受的损失承担连带责任。易言之，代理人在代理权限范围内实施的法律行为，不能因为代理人与相对人恶意串通而否定其效力，但同时被代理人有权要求代理人和相对人承担连带赔偿责任，代理人以及相对人因此所取得的收益应当归入被代理人。[①]

（2）狭义的无权代理。相对人明知代理人没有代理权、超越代理权或代理权已经终止，却仍然与代理人实施法律行为，在此情况下可以按照无权代理情形处理，即通过被代理人的追认权或者拒绝追认权进行解决。如果被代理人拒绝追认，法律行为自然对被代理人不发生法律效力，其后果就是行为人与相对人对被代理人承担连带法律责任，在此自然无须考虑他们是否恶意串通。从以上分析可以看出，无论是有权代理还是狭义的无权代理，《民法典》第154条规定的恶意串通之无效均不应包括代理人与相对人的恶意串通。

3. 代表行为中的恶意串通问题

法人的法定代表人或者其他组织的负责人与相对人恶意串通。《合同法》第50条规定："法人或者其他组织的法定代表人、负责人超越权限订立的合同，除相对人知道或者应当知道其超越权限的以外，该代表行为有效。"《民法典》第504条基本延续了这一内容。一方面，该条虽然规定的是越权代表

[①] 对此，有观点认为，准用无权代理的规定（《民法通则》第66条第1款），从而赋予本人对于代理行为效力的拒绝权和追认权。因为本人的授权行为一般是不可能包含允许"代理人和第三人串通、损害被代理人的利益"的内容的。因此当"代理人和第三人串通、损害被代理人的利益"时，可以认为构成无权代理，其代理行为应定性为效力待定。黄忠：《论恶意串通损害第三人利益无效规范的存废——基于体系的一项检讨》，载《人大法律评论》（2014年卷第Ⅰ辑），法律出版社2014年版，第202页。

而订立合同，但其中应当包括恶意串通的情形，因为相对人明知或者应当知道越权但仍然订立合同，属于恶意串通的情形之一。另一方面，对于越权代表订立合同的效力，是从积极的角度出发作出规定，即合同原则上是有效的，但如果相对人知道或者应当知道法定代表人、负责人超越权限的，则合同属于无效。但是，此种无效的根本原因不在于他们恶意串通，而是法定代表人、负责人超越权限，且相对人对此明知，实施了损害本单位的合法权益的行为。

4. 行为人恶意串通诱使第三人作出意思表示

笔者认为，恶意串通是指同一个法律关系的双方当事人之间串通，实施的法律行为使法律关系之外的第三人遭受损害。某一法律关系的当事人与该法律关系之外的第三人恶意串通，诱骗另一方当事人作出错误的意思表示，致使该法律关系的当事人遭受损害，则另有法律制度解决，即该种情况属于欺诈行为，法律关系的当事人可以适用有关欺诈法律制度主张权利。以合同为例，《民法典》第154条规定的恶意串通行为无效，应当是指合同关系双方当事人恶意串通所订立的合同，损害合同关系之外的第三人权益的无效，即受害人不是合同的当事人。合同中的一方当事人与合同关系以外的第三人串通，诱使合同相对人作出错误表示，使相对人违背真实意思而订立的合同，属于一方当事人与合同之外的行为人共同实施欺诈行为，在此种情形下，应当按照有关欺诈的规定以及其他相关法律规定处理，而不是按照恶意串通处理。《民法典》第149条规定："第三人实施欺诈行为，使一方在违背真实意思的情况下实施的民事法律行为，对方知道或者应当知道该欺诈行为的，受欺诈方有权请求人民法院或者仲裁机构予以撤销。"比如，刘某2011年曾向某农村商业银行（以下简称银行）借款500万元，但到期无力偿还。银行为收回贷款，由银行客户经理李某与刘某商量，刘某再向银行借款500万元归还前期借款，并请有清偿能力的赵某担保。之后李某找到赵某说，刘某因经营煤炭急需用钱要从银行贷款，请赵某担保。为打消赵某顾虑，李某还向赵某出示了刘某拥有1000多万元的财产清单等（均系刘某编造，李某对此知道），向赵某保证其担保没有风险，赵某信以为真并碍于情面表示同意。2012年某日，刘某与银行签订了500万元的《个人借款合同》，并约定了还款期限、利息等。同日，赵某与银行签订了《保证合同》。合同签订后，银行将500万元借款打入刘某个人账户，同日，该笔500万元转入鲍某的个人账户，后又将该500万元转入银行，归还了刘某2011年的500万元贷款。该笔贷款到期后，因刘某未按期还款，银行将刘某、保证人赵某起诉至法院，要求被告连带偿还借款。[①]

本案是一起典型的合同一方当事人与合同以外的他人合谋共同实施欺诈，诱使保证合同相对人即保证人签订合同。银行在明知借款人刘某无力偿还借款的情况下，为了自己的利益，与刘某共同编造借款用途和刘某拥有的财产等虚假情况，诱使赵某与银行签订了《保证合同》。就保证合同而言，在订立合同过程中，由于主合同当事人双方恶意串通，骗取保证人提供保证，对于保证人来讲应当属于欺诈，而非恶意串通。因此，此处的恶意串通不同于《合同法》第52条规定的恶意串通情形，应属共同欺诈行为。只不过是保证合同一方当事人即银行与合同以外的第三人刘某串通起来，共同欺诈合同的另一方当事人，诱骗保证人赵某与银行签订了保证合同。对此，赵某可以依据《担保法》关于欺诈的规定，主张该担保合同无效，而不应当主张恶意串通行为无效。"担保法上恶意串通问题通常都在《合同法》第52条第2项的射程范围之外，而没有适用《合同法》第52条第2项的必要。"[②]

从以上分析可以看出，实践中常见的恶意串通已经各个相关法律制度给予解决和救济，因此，《民法典》没有必要继续将恶意串通损害他人合法权益行为作为独立的无效情形处理。

（四）第三人请求撤销权制度之立法

通过以上分析和论证，笔者认为，针对损害第三人的法律行为，民事立法上应当建立独立的第三人请求撤销权制度，即行为人的民事法律行为损害他人合法权益的，受害人有权向法院提起诉讼请求撤销行为人的不当法律行为。

① 王德山：《合同效力研究》，中国政法大学出版社2015年版，第245页。
② 黄忠：《论恶意串通损害第三人利益无效规范的存废——基于体系的一项检讨》，载《人大法律评论》（2014年卷第I辑），法律出版社2014年版，第204页。

1. 第三人请求撤销权不以行为人"恶意串通"为要件

无论是确认法律行为无效，还是赋予受害第三人请求撤销权，其宗旨并非对于行为人恶意串通等不法行为的惩罚，而是对于行为人不法行为的法律干预或者对受害人给予救济，对法律行为效力产生根本影响的并非因行为人恶意串通或者其他，根本原因是法律行为本身在客观上损害了第三人的利益，并通过无效或者撤销制度进行救济。即使当事人没有恶意串通，但如果法律行为损害第三人的利益，法律上必须给予制止和纠正，给受害人以法律救济，维护第三人的权益。如此这样，是否"恶意串通"与法律行为效力的认定没有必然的关系，当事人是否"恶意串通"业已无价值和意义。

另外，从有利于保护第三人合法权益，实现立法目的角度来看，受害的第三人请求撤销当事人的法律行为，只需审查法律行为是否损害其利益一个客观要件，而设置"恶意串通"以及其他手段或方式这一前提条件不利于受害人的保护。"从司法实务来看，债权人要以债务人与第三人恶意串通损害其利益为由主张无效，常常会在举证方面遇到很大的障碍。"[1]因为受害人不仅要证明以及查明法律行为的双方当事人主观上都具有加害第三人的意图，还要证明二者有相互勾结或者串通的行为，这种举证对原告来说十分困难。行为人主观上的恶意和当事人之间的串通行为都很难通过客观的证据加以证明，特别是当事人之间在订立合同过程中的串通行为往往是比较隐秘的，外人一般很难知晓和掌握，有时即使当事人知晓后往往也无法通过客观的证据加以证明。[2]这样只能给债权人保护设置不应有的障碍。

总之，一方面，在法律行为损害特定第三人利益的情况下不应当直接规定为绝对无效行为，而应当授权受害人以行使撤销权，即请求法院撤销行为人所实施的损害其合法权益的民事法律行为。另一方面，特定第三人请求撤销当事人的法律行为不以"恶意串通"为要件，无须探究实施行为人是否具有损害第三人的主观故意，客观上是否存在"串通行为"或其他手段方式，只需要确

---

[1] 王利明:《合同法研究》(第一卷)，中国人民大学出版社2002年版，第648页。
[2] 甄景善:《论恶意串通合同》，烟台大学2008年硕士学位论文，第27页。

认当事人的法律行为是否已经或将来必定损害第三人的合法权益即可。只要具备损害这一结果要件，受害的第三人就有权请求法院撤销该法律行为。

2.相对无效抑或请求撤销

对于损害第三人利益的法律行为究竟规定为"相对无效"还是"请求撤销"？有学者认为，协调法律关系当事人与法律关系以外特定第三人的利益关系，认定法律行为相对特定第三人无效较授予特定第三人撤销权更具价值判断上的妥当性。原因在于，授予特定第三人撤销权的情形，基于该特定第三人撤销权的行使，合同行为不仅相对于该特定第三人不发生效力，在合同当事人之间也丧失拘束力。但相对特定第三人无效的，该特定第三人仅得主张合同行为相对自己无效，在合同当事人之间，合同行为仍然有效。就实现对特定第三人合法权益的保护而言，认定合同相对特定第三人无效，更符合比例原则的要求。[1]

还有不少学者认为，对于损害第三人的法律行为属于相对无效。关于法律行为相对无效的含义有两种不同的观点：一种观点认为，相对无效是指可撤销的法律行为，由于此种法律行为必须由相对人提出才可撤销，因此其效力是相对的。[2]该种界定即把相对无效的法律行为等同于可撤销的法律行为。另一种观点认为，这种法律行为并不是自始的、当然的无效，仅是指针对特定的人才不发生效力，只有特定的相对人才能够主张合同无效。我国法律规定的恶意串通，损害特定第三人利益的行为属于相对无效法律行为。[3]

笔者认为，仅"确认该行为相对其无效"并不能彻底解决该法律行为的效力以维护第三人的权益。因为，对该第三人相对无效，从字面理解是指对第三人无法律约束力，行为人不能以其法律行为内容对抗该第三人。但是，如果该行为已经履行并且已经给第三人造成了实际损害，那么对于受害的第三人仅仅没有法律约束力或不能对抗该第三人或许是不够的，只有彻底否定该行为的法律效力，即确认自始无效，行为人因此取得的收益应当恢复原状或者返还给

---

① 王轶：《民法总则法律行为效力制度立法建议》，载《比较法研究》2016年第2期。

② 杨立新：《合同法总则》，法律出版社1999年版，第168页；李永军：《合同法》，法律出版社2004年版，第385页。

③ 崔建远：《合同法总论》（上卷），法律出版社2008年版，第257页。

第三人，才能使第三人的权益得到充分而有效的保护。因此，笔者认为，应当明确规定第三人请求撤销权，即"法律行为损害特定第三人利益的，该特定第三人有权请求人民法院撤销该行为。该行为被撤销的，自始无效"。

3. 第三人请求撤销权与《民法典》第538条、第539条规定的债权人撤销权

《民法典》第538条、第539条规定了债权人撤销权制度。[1]《民法典》第154条等规定恶意串通损害第三人的利益无效行为，与第538条、第539条规定的债权人的撤销权是否存在冲突？即行为人恶意串通损害他人合法权益为无效，同时符合债权人行使撤销权的构成要件。如当满足债务人无偿转让财产，或者债务人以明显不合理的低价转让财产，对债权人造成损害，并且受让人知道该情形的条件时，债权人可以请求人民法院撤销债务人的行为。而这一行为还可以作另一种理解，即债务人与受让人恶意串通，订立的合同损害包括债权人在内的他人合法权益，债权人有权依据无效合同的规定主张无效。因此，债权人享有主张合同无效和主张撤销该合同的两种权利，在此情况下，债权人有权在两种权利当中作出选择。[2]笔者认为，一方面，将恶意串通损害他人利益的合同规定为无效合同，其本身就是不恰当的，不应当直接规定为无效合同，而应当赋予受害第三人撤销权。另一方面，从立法体系而言，上述规定无疑存在权利冲突问题，同一个法律行为既是无效的，同时又是可撤销的，而法律行为无效与可撤销存在较大的差异。首先，绝对无效法律行为自始、当然无效；而可以被撤销的法律行为在撤销前属于有效行为。其次，无效法律行为不受诉讼时效的限制，而债权人行使撤销权依法受到一年除斥期间的限制。最后，无效法律行为，法院或者仲裁员可以依职权直接认定，无须当事人提出请求；但对于法律行为的撤销，必须由权利人向法院提出诉讼请求。因此，对于同一法律行为作出两种不同法律效力之规定很显然是不合适的。

---

[1]《民法典》第538条、第539条规定的撤销权制度，与《合同法》第74条规定的撤销权制度无本质差别。

[2] 王利明：《合同法研究》（第一卷），中国人民大学出版社2002年版，第650页。

笔者认为，债权人针对债务人可以行使撤销权的几种法律行为，如债务人无偿转让财产，或者债务人以明显不合理的低价转让财产等行为，同样是损害他人（包括债权人）合法权益的行为，也就是债务人与相对人实施的行为减少了债务人能够用于清偿债务的财产，对债权人的合法债权造成损害。由此《民法典》第538条、第539条特别明确规定"影响债权人的债权实现"。所以，《民法典》第538条、第539条规定的情形本质上仍属于行为人实施民事法律行为损害他人合法权益的情形，完全可以纳入统一的法律制度之中进行规范。

4.法律条文具体规定的建议

综合以上分析和论证，我们建议，《民法典》第154条未来可作如下修改："行为人的民事法律行为损害他人合法权益的，受害人有权请求人民法院予以撤销。"即无论是通过恶意串通损害他人合法权益，还是通过其他方式，凡是民事法律行为损害他人合法权益的，受害的第三人均可向法院提起诉讼请求撤销。同时，将《民法典》第538条、第539条规定的有害于债权人的法律行为纳入其中，作为损害他人合法权益的情形之一进行调整。

六、余论——民事法律行为法不禁止即可为

《民法通则》第55条规定："民事法律行为应当具备下列条件：（一）行为人具有相应的民事行为能力；（二）意思表示真实；（三）不违反法律或者社会公共利益。"第58条列举式规定了7种民事行为无效情形，第59条规定了两种可以撤销的法律行为。《民法典》继续沿用《民法通则》的立法模式，其中规定了法律行为应当具备的三个有效要件，[①]之后在其他条文中规定了法律行为的无效以及可撤销情形等。对此，笔者认为，不应当既规定有效要件

----

①《民法典》第143条规定："具备下列条件的民事法律行为有效：（一）行为人具有相应的　民事行为能力；（二）意思表示真实；（三）不违反法律、行政法规的强制性规定，不违　背公序良俗。"

又同时列举规定无效情形。

从逻辑上讲，法律规定了法律行为的有效条件，就意味着法律行为符合该条件的均为有效，凡不符合或者不完全符合该条件的行为，均为无效或至少为其他效力情形，二者必居其一。反过来，法律列举方式规定了无效的法律行为，就意味着没有明确规定为无效的，就应当是有效的，二者同样必居其一。[①]但从整个立法体系看，事实并非如此。

第一，在公法领域"法无授权"不可为，但在私法领域则"法不禁止即可为"。我们应当更多地贯彻私法自治原则，实行法律不禁止即为合法有效的判定标准。既然法律明确规定了无效法律行为情形，意味着当事人的法律行为不属于所规定的无效情形就应当推定为有效，已没有必要再规定法律行为的有效要件，以利于人们判断自己的行为是否为法律所禁止。

第二，法律规定了法律行为一般有效条件，但没有满足法律行为的有效条件，并不能够就得出该法律行为一定无效的结论。[②]例如，有效要件中规定"意思表示真实"，但单独虚伪表示，即行为人故意意思与表示不一致，属于意思表示不真实情形。对此学界通说认为，基于真意保留所为的法律行为，效力不因意思表示不真实而无效，除非该真意保留为相对人明知。[③]相反，符合该有效条件的法律行为未必一定就是绝对有效。例如，恶意串通损害他人合法权益的行为，当事人意思表示往往是真实的，但法律恰恰规定为无效。

第三，就立法体系而言，法律规定了有效要件，那么进而应当对于不具备有效要件的法律行为的法律后果作出明确规定。对于某些法律行为，在其他条文中列举式规定了一些无效情形或其他效力情形。但是，这就出现一个问题，当该行为没有被规定为无效情形或者其他效力情形，但又不符合有效要件时，该法律行为的效力如何？按照通行观点，法律行为的有效要件体现

---

① 张广兴：《法律行为之无效——从民法通则到民法典草案》，载《法学论坛》2003年第6期。

② 王轶：《民法总则法律行为效力制度立法建议》，载《比较法研究》2016年第2期。

③ 梅仲协：《民法要义》，中国政法大学出版社2004年版，第108页。

的是国家意志，反映的是国家对人们自由缔结的法律行为的干预，不符合有效要件的法律行为不具有法律效力，不能得到法律认可。[①]同时，在以往司法实务中，如果当事人所为民事行为不符合有效要件的，一律认定为无效。如此这样就有可能使大量的稍有瑕疵的法律行为被认定为无效，与私法理念和鼓励交易原则相悖。有效或者无效之法律规范既是民事主体的行为规范又同时是裁判的规范，正面列举法律行为的有效条件，在司法实务中可能产生误导作用，亦将造成不同的民事主体作出不同的判断，法官或者仲裁员也将根据自己的理解作出认定和裁判，其结果将导致司法不统一。

第四，将行为人具有相应的民事行为能力作为法律行为一般生效条件未免失之过宽。因为该项条件仅是对自然人，而非对所有类型民事主体提出的要求。[②]法人或者其他组织超越目的范围实施法律行为，属于没有权利能力的问题。但是，按照《最高人民法院关于适用〈中华人民共和国合同法〉若干问题的解释（一）》第10条的规定，当事人超越经营范围订立合同，人民法院不因此认定合同无效，但违反国家限制经营、特许经营以及法律、行政法规禁止经营的除外。因此，将行为人具有相应的民事行为能力作为法律行为一般有效条件加以规定未必妥当。

第五，在司法实务中，法官或者仲裁员在审理案件时，一般不会先审查该法律行为是否符合有效要件，然后再审查是否具有无效情形，之后决定其有效或无效，而是仅仅审查是否具有法律规定的无效情形，若不属于无效情形即为有效。因此，立法应当根据司法审查逻辑作出相应的规定。

因此，笔者认为不应当既规定有效要件又同时列举规定无效情形，仅对无效法律行为作列举性规定即可。凡不在规定的无效情形范围之内的行为一律为有效法律行为或者归入其他效力范畴。

① 王利明：《合同法研究》（第一卷），中国人民大学出版社2002年版，第630页。
② 王轶：《民法总则法律行为效力制度立法建议》，载《比较法研究》2016年第2期。

结　语

法律行为效力制度不但关系到行为当事人的权益，也要协调行为人与国家利益、社会公共利益以及第三人之间的利益。《民法典》应当根据不同的利益主体，设计不同的效力制度。当涉及当事人与国家利益和社会公共利益时，法律进行强制干预，限制或剥夺当事人的意志，即如果法律行为严重违法直接规定为无效。当法律行为仅仅是调整当事人之间以及当事人与第三人之间的利益时，应当充分尊重利害关系人的意志，可以授权他们进行自主决定。对于法律行为损害第三人利益时，《民法典》有必要建立第三人撤销权制度，而没有必要给予强制性干预，即规定为无效法律行为。

第三节　我国日常家事代理权的完善

日常家事代理权是婚姻家庭关系中的一项重要权利，日常家事代理权的范围及行使是判定夫妻共同债务的重要依据，在司法实践中多有适用。各国对日常家事代理权在法律上均有规定，但我国目前法律上对此尚无明确规定，但其作为婚姻法中配偶权的一项重要内容，值得深入探讨。

一、个案审理的司法困境

新中国成立至今，我国共生效过三部《婚姻法》，即1950年、1980年和2001年的婚姻法，这三部婚姻法均未对家事代理权制度进行过相关规定，2020年颁布的《民法典》对家事代理也未予以规定。仅有《最高人民法院关于适用〈中华人民共和国婚姻法〉若干问题的解释（一）》（以下简称《婚姻法司法解释（一）》）第17条涉及了家事代理权，但这一司法解释也并未使用"家事代理"这一概念，只是间接地承认了夫妻一方在日常家事范围内享有代理另一方的权利。尽管我国立法对该制度并未作出完整规定，但日常家事代理在民事生活中却被广泛实践着，夫或妻一方对共同财产进行一定的家庭生活消费，夫或妻一方在与第三人为一定行为时，第三人当然地认为由其夫妻双方共同承担该行为的后果。在中国裁判文书网上以"家事代理"为关键词进行搜索，就出现了2133份民事判决书，"家事代理"在司法实践中已然客观存在并得到运用。本书选取了其中一个典型案件作为切入点，探讨我国家事代理权。

（一）案件事实

被告李某（女）与蔡某（男）于2009年11月11日登记结婚后孕有一子，夫妻双方婚后一直感情不和，蔡某因长期赌博不在家中生活，李某依靠个人工作收入抚养孩子。自2014年起，李某一直在外租房居住，与蔡某分居，经济独立，直至2015年9月21日最终达成协议离婚并登记离婚。李某与蔡某在婚姻关系存续期间并无房产或其他资产，只有一辆贷款购得的奥迪车。蔡某于2015年9月8日、9月15日分两次向俞某借款20万元、30万元，共计50万元。后蔡某未能如期归还借款，与债权人俞某发生纠纷并诉至法院。

一审法院认为：俞某与蔡某之间的民间借贷关系成立。俞某向蔡某提供借款后不到15日，李某与蔡某即协议离婚，自2014年起，李某一直在外租房居住，与蔡某分居。据此可以认定，在蔡某向俞某借款的同时，蔡某与李某之间的夫妻感情已经不和。50万元借款，对于俞某和蔡某应当属于较大金额，超出了家事代理权的范围，作为出借方的俞某理应尽到谨慎审查的义务。李某关于借款未用于夫妻共同生活或共同经营的主张，具有合理性。因此认定该50万元债务非夫妻共同债务，系蔡某个人债务。俞某不服一审判决并上诉，二审法院则认为：债权人就婚姻关系存续期间夫妻一方以个人名义所负债务主张权利的，应当按夫妻共同债务处理。但夫妻一方能够证明债权人与债务人明确约定为个人债务，或者能够证明属于《婚姻法》第19条第3款规定的情形除外。本案所涉借款发生于蔡某与李某婚姻关系存续期间，虽然李某辩称涉案借款系蔡某个人债务，但其并未举证证明蔡某与俞某明确约定涉案借款为个人债务，或具有《婚姻法》第19条第3款规定的情形。因此认定涉案借款为夫妻共同债务，判决50万元借款由蔡某与李某共同承担。后浙江省高级人民法院对此案进行再审，认为根据《婚姻法》及相关司法解释的立法精神，夫妻一方以个人名义所负债务并不当然构成家事代理，亦不应当然地推定为夫妻共同债务。结合本案借款发生时借款人蔡某的举债行为外观、出借人俞某的主观状态及夫妻生活状况，再审认定此借款为蔡某的个人债务。①

（二）争议焦点

本案争议焦点：其一，涉案借款是否为夫妻共同债务；其二，可否依据超越家事代理权范围认定涉案借款非夫妻共同债务。本案经过两审终审及再审程序，面对相同的法律事实，在认定判断涉案借款是否为夫妻共同债务的问题上，一审法院与二审法院作出了完全不同的认定，适用不同的判断标准。一审法院以超出家事代理范围且借款未用于夫妻共同生活为由，认定涉案债务非夫妻共同债务，再审法院也赞同此观点；但二审法院则直接依据《最高人民法院关于适用〈中华人民共和国婚姻法〉若干问题的解释（二）》（以下简称《婚姻法司法解释（二）》）第24条的规定，以夫妻关系存续期间一方以个人名义所欠债务按夫妻共同债务处理为由，认定该借款为李某与蔡某的夫妻共同债务，判决李某对此承担连带清偿责任。由此也反映了司法裁判中对夫妻共同债务问题审理标准不统一，对家事代理权限在司法实务中的运用规则选择性适用，同一法律问题的个案审理差别极大。

（三）家事代理权是夫妻共同债务认定的突破口

笔者认为，建立家事代理权制度，在家事代理范围内以个人名义产生之债可直接认定为夫妻共同债务，在家事代理范围之外，则应依据民法基本规则以及合同法、侵权责任法对债务性质进行认定。如此，对夫妻共同债务问题的认定规则清晰简单且易操作，釜底抽薪地解决因"第24条"而产生的法律漏洞问题。需要说明的是，《民法典》第1064条已经改变了《婚姻法司法解释（二）》第24条的认定规则，该条规定："夫妻双方共同签名或者夫妻一方事后追认等共同意思表示所负的债务，以及夫妻一方在婚姻关系存续期

---

① 参见浙江省高级人民法院（2016）浙民再189号民事判决书，载中国裁判文书网，https://wenshu.court.gov.cn/website/wenshu/181107ANFZ0BXSK4/index.html?docId=939AmlYaUQ/ieBHFZIjBnE17pAAcPWqKf8WTboYmEhj79dhnNqIv/ZO3qNaLMqsJUTWcuuSWqFJE3z3XhifmxiN05NRB6QgWvb77MR4zDn7wDSn1B+J6NhJXB2uNdsPS，最后访问时间：2023年1月30日。

间以个人名义为家庭日常生活需要所负的债务，属于夫妻共同债务。夫妻一方在婚姻关系存续期间以个人名义超出家庭日常生活需要所负的债务，不属于夫妻共同债务；但是，债权人能够证明该债务用于夫妻共同生活、共同生产经营或者基于夫妻双方共同意思表示的除外。"

二、日常家事代理权的性质

（一）日常家事代理权的内涵

日常家事代理权也称家事代理权。日常家事代理行为中包括三方主体，即夫、妻以及第三人，只有夫或妻一方对外为一定法律行为时，家事代理权才发生并产生法律效果。大陆法系中关于日常家事代理权制度源起于古罗马，在家父权制度下，妻子作为他权人不享有任何财产权，唯一享有完整独立法律人格的家长又无法做到事必躬亲，家事代理权制度应运而生，家长将部分事项委托给他人，对外为一定法律行为，该法律行为结果归于家长。随着社会文明发展以及女权运动兴起，男女平等成为社会常态，夫妻双方在婚姻家庭关系中享有平等的法律地位，家事代理权转变为夫妻双方在日常家事范围内互相享有代理对方之权，各国普遍将此纳入本国法律中，由此成为婚姻家庭法中配偶权的重要内容。

夫妻日常家事代理权，指夫妻因日常家庭事务与第三人为一定法律行为时互为代理的权利。[1]其关键在于因日常家事代理而产生的债务为共同债务，夫妻双方因此债务对第三人承担连带清偿责任。夫妻日常家事代理权的范围一般理解为为满足"日常家庭生活之需要"，具体包括家庭基本衣食住行、医疗保健、子女教育等。

---

① 马忆南：《论夫妻人身权利义务的发展和我国〈婚姻法〉的完善》，载《法学杂志》2014年第11期。

（二）日常家事代理应认定为法定代理

《民法通则》将代理分为三类：法定代理、委托代理和指定代理。[①]《民法典》将代理分为两类：委托代理和法定代理。[②]法定代理即指代理权非基于本人授权，而直接依据法律规定而享有的权利，我国具体体现为《民法通则》第14条、《民法典》第23条，即监护人对无民事行为能力人、限制民事行为能力人的代理权。

经笔者的梳理归纳，认为学界对日常家事代理权的性质有三种观点。第一种是委托代理说，认为妻子代理权源自丈夫授权，此种观点有其历史成因。早期，女性在法律上并没有独立法律人格，对家庭财产没有处分权，但家庭日常事务又主要由妻子一方料理，因此产生妻子日常家事代理权源于丈夫授权的规定。因其不承认妻子平等独立的法律人格，与现代家庭伦理相悖，此种观点已被学界摒弃。第二种是法定代理说，认为家事代理权源于婚姻关系，由婚姻家庭法律的直接规定而产生。马忆南教授以及史尚宽、刘德宽等学者主张此种观点。第三种是特殊代理说，认为家事代理权区别于传统民法中的委托代理、法定代理，但又与此两种代理在法律地位上并列，是一种新型的特殊代理。

笔者赞同第二种学说，应认定家事代理权为法定代理。婚姻法因其涉及身份关系而具特殊性，区别于普通民事法律关系，但从根本上来说，还是属于广义民法调整范围。在《民法典》中，婚姻家庭编与总则编属于分编与总则编的关系，也是特别规定与一般规定的关系。若将日常家事代理权作为一种特殊的代理与《民法典》总则编中委托代理、法定代理并列规定，显然与婚姻家庭编作为分编的地位不相称，与民法体系形成的基本代理制度格格不入。日常家事代理中的"代理"与我国现行民法中监护人的法定代理不同，但从其权利来

---

①《民法通则》第64条规定：代理包括委托代理、法定代理和指定代理。委托代理人按照被代理人的委托行使代理权，法定代理人依照法律的规定行使代理权，指定代理人按照人民法院或者指定单位的指定行使代理权。

②《民法典》第163条规定：代理包括委托代理和法定代理。委托代理人按照被代理人的委托行使代理权。法定代理人依照法律的规定行使代理权。

源看，皆是倚赖于特殊身份关系，并因此基础法律关系，借法律直接规定之桥而产生。在不改变《民法典》总则编代理分类（委托代理与法定代理）的基础上，认定日常家事代理与监护人代理同属于法定代理，可将修法范围降到最小，也使代理制度更加完整清晰，且有利于婚姻家庭编与总则编的衔接。

从比较法角度来看，《法国民法典》一开始确实采用委任说将家事代理权认定为委托代理而产生，但随着女权运动以及男女平等观念的发展，1942年修订的《法国民法典》第222条抛弃委任说，而明确将家事代理规定为法定代理的一种。德国、瑞士等国民法典中也将家事代理认定为法定代理，因夫妻作为婚姻共同体，日常家事代理权则是婚姻的当然效力。

因此，将日常家事代理权纳入法定代理的范畴较为恰当。

三、我国日常家事代理权的立法现状

（一）日常家事代理权缺乏法源基础

自2001年婚姻法修正以来，为适应社会发展、解决司法实践中法律缺乏可操作性等问题，最高人民法院先后三次颁布《婚姻法司法解释（一）》。其中关于家事代理权的部分争议较大，严格意义上来说，《婚姻法》并没有关于家事代理权的规定，遑论家事代理权制度。《婚姻法》第17条第2款规定的"夫妻对共同所有的财产，有平等的处理权"并不能当然解释为对家事代理权的规定。学界普遍认为，对家事代理权首次较为明确规定是在《婚姻法司法解释（一）》第17条。[①]但在该条文中也仅对家事代理权作原则

[①]《婚姻法司法解释（一）》第17条：婚姻法第十七条关于"夫或妻对共同所有的财产，有平等的处理权"的规定，应当理解为：（一）夫或妻在处理夫妻共同财产上的权利是平等的。因日常生活需要而处理夫妻共同财产的，任何一方均有权决定。（二）夫或妻非因生活需要对夫妻共同财产做重要处理决定，夫妻双方应当平等协商，取得一致意见。他人有理由相信其为夫妻共同意思表示的，另一方不得以不同意或不知道为由对抗善意第三人。

性、模糊性规定，对权利主体、代理范围、责任分配、权利限制等均未作具体说明，造成司法实践中法官自由裁量权过大，裁判标准不统一，影响司法权威。

尽管《婚姻法司法解释（一）》第17条可作为对我国家事代理权的间接规定，但司法解释在我国法律体系中效力位阶低，且不是严格意义上的法律来源，有鉴于此，我国日常家事代理权尚没有正当法源基础。

就世界范围内看，各国普遍在本国民法典中明确规定日常家事代理权，如《德国民法典》第1357条、《法国民法典》第222条、《瑞士民法典》第166条、《日本民法典》第761条。

（二）缺乏日常家事代理权具体适用规定

从传统民法的角度来看，代理权作为民法体系中的重要权利，不论是委托代理还是法定代理，对其主体、权利范围、法律效力、责任分配等均有详细规定，从而形成完整且具有可操作性的代理制度。日常家事代理权作为婚姻法与民法衔接的重要权利，仅有《婚姻法司法解释（一）》第17条作模糊性规定，对家事代理权适用范围等诸多事项均悬而未决，以致司法实践各行其是，对日常家事范围认定或大或小，对司法解释选择性适用，裁判规则、裁判结果大相径庭，有损司法权威和公信力。

就我国现行法律来看，对日常家事代理权缺乏以下几项具体规定：

1.权利主体不明确。家事代理权的主体仅限于夫妻双方还是也包括其他家属，仅限于合法夫妻还是也承认事实婚姻以及同居关系中的男女朋友，对此都没有规定。权利主体的限定是行使权利的首要问题。英美法系上承认同居关系中的男女双方互相享有家事代理权，由于经济发展程度、历史文化观念迥异，如果我国也承认同居关系中双方互相享有家事代理权，就意味着以登记为成立要件的婚姻关系将产生重大变化，尤其家事代理权直接涉及对财产的处分，未来立法不可不察。

2.适用范围不明确。现行法律和司法解释对何谓"日常家事"并未作出详细说明。例如，本案中，法院审理时要适用家事代理权限制规则，必须明确涉案借款是否为家事代理范围，如果认为在家事代理范围内，则涉案借款为夫妻共同债务，否则认定为个人债务，配偶一方将不承担连带清偿责任。

3.未规定法律效力产生与消灭。家事代理权何时生效，是否只有登记的合法婚姻，还是也包括1994年2月1日后未履行婚姻登记手续的"夫妻关系"，现行法律未有规定。此外，是否仅以夫妻关系解除作为丧失日常家事代理权的唯一情形，分居状态下夫妻双方是否仍享有代理对方之权，也没有相关规定。

4.对权利行使没有限制性规定。任何权利行使都应有其边界，权利没有限制就容易被滥用，即便是在亲密的夫妻关系中。最高人民法院及时回应群众关切，并发布《婚姻法司法解释（二）补充规定》，正是基于实践中出现"夫妻以不知情为由规避债权人，通过离婚恶意转移财产给另一方，借以逃避债务，联手'坑'债权人"问题。而家事代理权直接涉及对家庭共有财产的处分，更应谨慎。

（三）法律规定之间不协调

尽管缺乏具体可操作性条文规定，运用日常家事代理权限定规则作为认定夫妻共同债务的标准，却在司法实践中多有适用。有学者就夫妻共同债务问题，分析总结出四大认定规则：共同生活之用途规则、双方约定之合意规则、家事代理之权限推定规则、婚姻期间借款之时间推定规则。[1]但就夫妻共同债务问题，这些规则间是冲突矛盾的。在法律条文上直接体现在《婚姻法》第41条、《婚姻法司法解释（一）》第17条与《婚姻法司法解释（二）》第24条的不协调。

《婚姻法》第41条明确规定：原为夫妻共同生活所负的债务，应当共同偿还。《民法典》第1089条基本沿袭了这一规定。[2]这里所说的"共同债务"应当理解为：双方或一方为共同生活需要所负的债务，包括履行抚养义务所

---

[1] 陈法：《我国夫妻共同债务认定规则之检讨与重构》，载《法商研究》2017年第1期。

[2]《民法典》第1089条规定："离婚时，夫妻共同债务应当共同偿还。共同财产不足清偿或者财产归各自所有的，由双方协议清偿；协议不成的，由人民法院判决。"

负的债务；夫妻一方或双方为治疗疾病所负的债务；夫妻购置家庭用品、修缮房屋及为支付生活开支所负的债务等。①《婚姻法司法解释（一）》第17条的日常家事代理权范围与此是一致的，对共同债务认定标准也一致，即以"债务是否因共同生活所负"为标准。但《婚姻法司法解释（二）》第24条，仅以"债务是否处于婚姻关系存续期间"作为认定夫妻共同债务的标准，以共同债务推定为主，认定个人债务为例外，举证责任分配给债务人的配偶，适用举证责任倒置，显然与婚姻法立法精神不符，与《婚姻法》第41条认定夫妻共同债务的标准不一致，不对"是否因共同生活所负"进行判断，而是"一刀切"。有些法院直接依据《婚姻法司法解释（二）》第24条的规定，只要债务人配偶无法证明此为债务人个人债务，即推定为夫妻共同债务。②

　　实务中，有些法院也认为，简单、机械地将夫妻关系存续期间形成的债务一概认定为共同债务，不仅使非举债的夫妻一方的利益严重失衡，亦不符合婚姻法规定的关于夫妻共同债务的主旨，为平等保护债权人和非举债的夫妻一方的合法权益，实现利益衡平，当非举债的夫妻一方举证证明该债务为非法债务、非用于家庭共同生活等情形时，参照《婚姻法司法解释（一）》第17条规定，运用家事代理权限推定规则，最终认定是否属于夫妻共同债务。③这也与最高人民法院发布的《婚姻法司法解释（二）补充规定》的精神一致，目的是尽可能在现有法律框架内弥补漏洞，尽量将向债权人倾斜而

---

① 参见国务院法制办公室编：《中华人民共和国婚姻法注解与配套》（第三版），中国法制出版社2014年版，第83页。

② 参见江苏省高级人民法院（2014）苏民终字第00400号民事判决书，载中国裁判文书网，https://wenshu.court.gov.cn/website/wenshu/181107ANFZ0BXSK4/index.html?docId=eX0NdUhOs0OmHYF1FvewLeIoQTVhFMKzpt/uqCs1TCXa6Lfirat8ULfWnudOoarTz6L1iIsn50d49T0Xm0IYeLm71mdMj0d3wj3PjPyA6lQ7bT2cNw0Wq4w3DkGRYYOz，最后访问时间：2023年1月13日。

③ 参见广东省高级人民法院（2014）粤高法民二申字第264号民事裁定书，载中国裁判文书网，https://wenshu.court.gov.cn/website/wenshu/181107ANFZ0BXSK4/index.html?docId=GkmKHoK+rz8MGTfdIm/hSXnLl2o2yaIDqJUjBC+Pd2J1a0NjVMFYHLfWnudOoarTz6L1iIsn50d49T0Xm0IYeLm71mdMj0d3wj3PjPyA6lT+wf0G7nPMA4eEZD2JoLyC，最后访问时间：2023年1月13日。

损害举债人配偶利益的天平平衡过来。

四、各国家事代理权规定之考察

（一）大陆法系国家

各国对家事代理权普遍有明确规定。《德国民法典》第1357条规定：（1）婚姻的任何一方均有权处理使家庭生活需求得到适当满足并且效力也及于婚姻对方的事务，婚姻双方通过此种事务而享有权利和承担义务，但是如果根据情况得出另外的结论的则除外。（2）婚姻一方可以限制或排除婚姻另一方处理效力及于自己事务的权利；如果此种限制或排除无充足理由，则经申请，由监护法院撤销之。此种限制或排除仅依照本法第1412条的规定相对于第三人有效（第1412条规定的是争议发生后婚姻合同对此种限制已经登记或已为该第三人所知，才对第三人有效）。[1]《德国民法典》中对家事代理权制度的规定是比较完善的，对家事代理权的范围限定在"满足家庭生活之需要"内，权利行使的主体也限定在合法婚姻双方当事人，认定此种代理为法定代理，是直接依据婚姻关系而产生，不依托于另一方授权即享有的互为代理的权利。除此之外，为了避免配偶一方滥用家事代理权，法律特别规定了对家事代理权的限制，双方不得滥用。

《法国民法典》在家事代理权上也有比较细致的规定，《法国民法典》第222条规定：夫妻各方都有权单独订立旨在维持家庭日常生活与子女教育的合同。夫妻一方依此缔结的债务对另一方具有连带约束力。但是，视家庭生活状况，所进行的活动是否有益及缔结合同的第三人是善意还是恶意，对明显过分的开支，不发生此种连带义务。以分期付款方式进行的购买以及借贷，如未经夫妻双方同意，亦不发生连带义务；但如此种借贷数量较少，属于家

----

① 陈卫佐译注：《德国民法典》，法律出版社2015年版，第439页。

庭日常生活之必要，不在此限。①法国民法典在日常家事代理权范围上特别突出对子女教育的开支，在夫妻互为代理并与第三人发生法律行为上，要求对配偶一方尽到"善良管理人义务"，出于恶意而处分财产的，配偶一方不承担连带清偿责任。

此外，《瑞士民法典》第166条规定：配偶双方中任何一方，于共同生活期间，代表婚姻共同生活处理家庭日常事务。②《日本民法典》第761条规定：夫妻一方就日常家事同第三人实施了法律行为时，他方对由此而产生的债务负连带责任，但是，对第三人预告不负责任意旨者，不在此限。③均是对日常家事代理权的明文法律规定。就日常家事的范围来看，各国在立法表述上虽然存在一些差异，但都认为家事代理权范围主要在于"为共同生活所负"，且对家事代理权的行使普遍作了限制性规定，以防止权利被滥用。

（二）英美法系国家

由于没有成文民法典，在英美法系国家，有关家事代理权的规定散见于各个婚姻家庭的法案中。以英国为典型代表，英国法上的家事代理权制度与大陆法系很多国家最大的差异在于，其核心不在于"婚姻"，而在于"同居关系"。在英美法上，称为"因同居关系而构成的代理（agency from cohabitation）"的制度。在英国1935年《法律改革法案》颁布之前，妻子一般不拥有自己的独立财产，不能对自己订立的合同承担责任，为保护与妻子进行交易的第三人的利益，法律规定丈夫必须对其妻子的交易行为负责，从代理角度来讲，妻子是丈夫的代理人，这就是所谓的"因同居关系而构成的代理"。④

"二战"后，随着世界政治经济体系发生重大变化，在法律上要求对等的法律人格和对财产的处分权，各国婚姻家庭法律也有相当大的变化。到

---

① 《法国民法典》，罗结珍译，法律出版社2005年版，第207页。
② 《瑞士民法典》，于海涌、赵希璇译，法律出版社2016年版，第65页。
③ 渠涛编译：《最新日本民法》，法律出版社2006年版，第161页。
④ 徐海燕：《英美代理法研究》，法律出版社2000年版，第150页。

1970年，英国《婚姻程序及财产法》废除了原法律中丈夫对家务契约单独负责的规定，改为夫妻互相享有家事代理权，承认了双方在法律上的对等地位。而因同居关系构成的代理一般仅适用于妻子购买生活必需品的场合，妻子代理权限的范围相比大陆法系的日常家事代理权要狭窄得多。①英国法认为，这种夫妻间互相代理的权利并非源于双方授权，也不是因婚姻而当然产生，其根本在于同居关系的事实，只要具备同居、家庭住所等因素，同居关系的双方就享有日常家事代理权；反之，即便是合法夫妻，如果双方分居，也不能享有日常家事代理权。这与我国目前的婚姻家庭观有相当大的差异。

五、完善我国日常家事代理权的建议

（一）《民法典》婚姻家庭编总则中加入日常家事代理

民法的调整对象、基本原则、一般性规范等宏观抽象、具有指导性的立法理念和价值取向决定了民法与婚姻家庭法的基本关系。但婚姻家庭法作为调整亲属身份关系的法律与其他民事法律调整之财产关系的法律相比，具有其身份法的固有特点，并决定了婚姻家庭法在民法体系中的相对独立性。②

由于目前我国家事代理权缺乏正当法源基础，有必要在《民法典》中增加日常家事代理权的规定。依照夏吟兰教授对民法典体系下婚姻家庭法体例结构的设想，婚姻家庭编可分为九章：第一章总则、第二章亲属通则、第三章结婚制度、第四章夫妻关系、第五章离婚制度、第六章父母子关系、第七章收养、第八章其他家庭成员、第九章监护。③考虑到民法体系的协调性，兼顾婚姻家庭关系的特殊性，笔者建议在《民法典》婚姻家庭编总则中规定

---

① 史浩明：《论夫妻日常家事代理权》，载《政治与法律》2005年第3期。
② 夏吟兰：《论婚姻家庭法在民法典体系中的相对独立性》，载《法学论坛》2014年第4期。
③ 夏吟兰：《民法典体系下婚姻家庭法之基本架构与逻辑体例》，载《政法论坛》2014年第5期。

日常家事代理，以法律条文的形式明确家事代理属于法定代理，夫妻双方在日常家事范围内有代理对方之权。并增加日常家事代理终止情形：基础法律关系消灭。意指监护关系消灭和夫妻关系解除。

由此，日常家事代理在法律上有明文规定，日常家事代理权的产生才有正当合法的来源，法律的明确规定是日常家事代理权制度构建的基础。

（二）《民法典》婚姻家庭编分则中具体规定日常家事代理权

日常家事代理权作为配偶权的重要内容，在分则中理应纳入第四章夫妻关系中，并作以下几项具体规定。

1. 日常家事代理权的主体。我国实行法定财产制与约定财产制相结合，由于受传统家庭文化影响，法定财产共有制始终在婚姻家庭中占据主导地位，夫妻间进行财产约定的少之又少，也正因如此，人们始终将婚姻家庭作为一个整体，并将这种观点代入法律中，错把家庭作为一个民事主体来看，与我国民法认定的法律关系主体相左，有必要在日常家事代理中明确权利主体，使法律关系更加清晰明确。应当规定：夫妻双方就日常家庭事务互为代理人。夫妻一方就日常家庭事务同第三人实施了法律行为时，另一方对由此而产生的债务负连带责任。代理人滥用代理权的情形除外。此规定中的夫妻双方是指合法婚姻的夫妻双方，包括1994年以前的事实婚姻以及1994年后经过合法登记的婚姻，排除同居关系状态下的男女双方，也不包括夫妻之外的其他家属。

2. 日常家事代理权的范围。由于夫妻生活的私密性，第三人往往无法得知，夫妻一方在对外为一定法律行为时，夫妻双方是否形成合意，尤其在借贷关系中，债权人无法得知所借之债的用途与目的，更无法得知是否用于夫妻共同生活。以法律的形式明确日常家事代理权的范围，有利于第三人在与夫妻一方为借贷等法律行为时有较为清晰的预判，减少因夫妻内部原因而产生的损失，更大程度保障交易安全。日常家事代理权的范围限于日常家庭生活所必需的事务，包括家庭所需衣食住行、子女教育、医疗保健、家庭雇佣、亲友间小额宴请馈赠等。但由于日常家庭事务之琐碎，无法采用列举式立法加以穷尽。

就立法体例而言，各国普遍采用对日常家事的范围进行抽象的原则性规定，同时对不属于日常家事的情况作出除外性规定的立法模式。结合我国社会发展状况，笔者认为，日常家事代理的除外规定应主要包含以下几项：（1）不动产的转让；（2）数额巨大的家庭财产的赠与；（3）其他重大事务。

3. 日常家事代理权的限制。作为社会中比较稳定的婚姻家庭关系，基于各种原因，在现实中也难免出现裂痕。我国婚姻法律规范始终以维护善良风俗、维持家庭关系稳定、保障弱者利益、展现人文关怀为价值向导，这种良好的价值理念也应更多地体现在立法设计上。一切权利行使都有边界，尤其在日常家事代理权中，涉及财产处理问题。基于这一考量，理应对日常家事代理权作出一定限制。借鉴法国对家事代理权的规定，参考民法中一般代理人的注意义务，建议夫或妻在行使日常家事代理权时，也应尽到善良管理人的注意义务。① 防止夫或妻一方在婚姻关系不稳定时滥用日常家事代理权，进而损害另一方的利益。夫妻一方滥用家事代理权，为保护善意第三人利益，应适用表见代理制度。②

4. 日常家事代理权的法律效力。包括生效和效力终止。从日常家事代理权的权利来源看，毫无疑问，婚姻关系合法有效时，即产生日常家事代理权，夫妻双方互为代理人。婚姻关系解除为日常家事代理权消灭的唯一情形，由此，呼吁总则中加入的法定代理终止情形之基础法律关系消灭，实现婚姻家庭编中总则与分则的良好衔接。

综上，形成民法典婚姻家庭编中总则到分则的逻辑链条，框架性建立起我国的日常家事代理权制度。

（三）建立认定夫妻共同债务的日常家事代理权限定规则

上述分析了《婚姻法》第41条、《婚姻法司法解释（一）》第17条以及《婚姻法司法解释（二）》第24条在认定夫妻共同债务问题上的不协调。从

---

① 熊玉梅：《论交易安全视野下的夫妻日常家事代理权》，载《法学杂志》2011年第3期。
② 史尚宽：《亲属法论》，中国政法大学出版社2000年版，第318页。

法理上说，夫妻一方以个人名义对外借债，与第三人形成债权债务关系，依据合同相对性原理，债务人配偶并未与债务人形成合意，也并非合同当事人，与此债务没有任何关系，仅因夫妻关系而直接推定个人债务为夫妻共同债务，对不知情的债务人配偶明显有失公允。一般而言，作为理性成年人的第三人，在夫妻一方来大额借债时，势必会询问借款用途，为保证如期还款还会询问其配偶的意见。《婚姻法司法解释（二）》第24条不仅没有保护弱势一方的债务人配偶，反而偏袒强势的债权人，为促进交易效率而有违公平正义，实在是捡了芝麻，丢了西瓜。

夫妻共同债务是为了共同生活或者从事经营活动所负债务，认定婚姻关系存续期间发生的债务是否为夫妻共同债务，应当充分考虑夫妻有无举债的合意以及是否分享债务所带来的利益。因此，为完善我国婚姻家庭法律中对夫妻共同债务认定规则，有必要建立认定夫妻共同债务的日常家事代理权限定规则。将对夫妻共同债务认定标准统一为"因共同生活所负"，也即是日常家事代理权的范围。为保证《民法典》婚姻家庭编内部条文的连贯协调，维护婚姻家庭稳定、保护弱势方利益，摒弃《婚姻法司法解释（二）》第24条所设立的仅以"婚姻关系存续"片面认定夫妻共同债务的规则。

建立认定夫妻共同债务的日常家事代理权限定规则，在家事代理权范围内夫妻一方以个人名义而产生的债务，可直接认定为夫妻共同债务；但在家事代理权范围之外，如上文所提到的较大数额的借款，则仍应依据民法基本原理，结合合同法、侵权责任法相关规定，作为普通债务进行法律定性，需有夫妻双方对外借款之合意，在借款合同上共同签字，才能将此债务认定为共同债务。

关于举证责任的分配。在婚姻关系存续期间，夫妻一方以个人名义所负债务，在家事代理权范围之外的，一般认定为个人债务；但举债一方能够证明债务用于夫妻共同生活的除外。废除《婚姻法司法解释（二）》第24条中由举债配偶承担举证责任的规定。

第五章

民事责任与时效

第一节 《民法典》总则编与侵权责任编责任形态的对接

一、《民法典》总则编规定损害赔偿责任形态的必要性

（一）《民法典》总则编中民事责任独立成章的必要性

2017年10月1日起实施的《民法总则》在第八章设12个条文对"民事责任"作出一般性规定，《民法典》总则编继续沿用了这一模式。这一方面继承了《民法通则》的立法范式，另一方面又力求避免《民法通则》立法内容的重复与空洞，不但吸收了《侵权责任法》对多数人侵权行为责任分担方式的立法经验，而且涵盖了《物权法》《合同法》《侵权责任法》甚至《消费者权益保护法》中的民事责任承担方式，旨在体现《民法典》总则编的指导性、概括性特点。

长期以来在民法学界围绕是否有必要在《民法典》总则编中设立"民事责任"一章一直存在不同观点。有学者认为，第八章"民事责任"之规定，或因无法律适用价值、或因他处已有规定而应删除，或因体系错误而应移至债法部分，故本章应整体取消。[1]并且，这一章的内容与单行法的规定多有重复，实属画蛇添足。但也有学者认为，民法总则规定民事责任具有正当性，[2]

---

[1] 金可可：《对草案体系等若干重大问题的修改意见》，载《东方法学》2016年第5期。

[2] 郭明瑞：《民法总则规定民事责任的正当性》，载《烟台大学学报（哲学社会科学版）》2014年第4期。

甚至可以说是草案的最大创新之处，同《法国民法典》和《德国民法典》形成强烈的对比，[①]能实现"民事责任与债分离"的目的。[②]这样的做法不仅可以统领民法分则各个部分的民事责任规则，而且各个部分对于民事责任的一般性规则都可以舍弃而不予规定，是"抽取公因式"的立法方法。[③]

在《民法典》总则编中设立"民事责任"一章的必要性主要体现在以下两个方面：首先，在《民法典》总则编中规定民事责任的一般性内容，虽然不符合大陆法系的民法典立法传统，但是从立法逻辑上来看，符合"权利—义务—责任"的一般思路。要考虑《民法典》对既有法律如《侵权责任法》等单行法的继承性，既不能将单行法中的规定全部照搬进民法典，也不能将单行法中予以规定的内容从民法典中全部剔除。通过继承与创新，形成《民法典》各编相互独立又密切联系的完整的规范体系。

其次，从我国的立法传统上来看，这一做法与《民法通则》一脉相传，同时也具有方便法律适用的现实意义。《民法通则》受制于时代的局限性，将合同责任、侵权责任等规定在一起的做法的确在理论和实践中已显示出弊端，随着民事单行法的陆续出台，其规定已经形同虚设，但不能因此否定《民法典》总则编中规定民事责任的必要性。民事责任立法作为统领分则各编的一般性规定，是对抽象出来的共通规则加以规定，从法典体系、内容、结构来看都有必要性，可以在接下来的立法过程中起到精简分则各编条文的作用。[④]

（二）《民法典》总则编中规定民事责任形态的必要性

在《民法典》总则编"民事责任"一章中规定连带责任和按份责任等损害赔偿责任形态的基本内容旨在实现体系完整性、本土实用性、立法前瞻性

---

① 张民安：《〈中华人民共和国民法总则（草案）〉的创新与不足》，载《法治研究》2016年第5期。

② 魏振瀛：《民事责任与债分离研究》，北京大学出版社2016年版，第27页。

③ 杨立新：《民法总则规定民事责任的正当性基础》，载《南方都市报》2016年8月31日。

④ 参见杨立新：《民法总则规定民事责任的必要性及内容调整》，载《法学论坛》2017年第1期。

的立法要求，是有理论和现实意义的。

首先，在《民法典》总则编中规定民事责任形态具有重要的理论意义。关于民事责任形态的规定，在大陆法系国家民法典中基本上体现在债法规定的多数人之债中，其虽然与连带债务密不可分，但并不能混为一谈，需要将责任与债务分离。而我国民法总则中规定了民事责任形态，使其与债法分离，并且，在总则中作出统一规定后，就无须再在各个分则中进行重复规定。将民法总则中的民事责任形态的相关规定与《侵权责任法》中的责任形态对接，具有提纲挈领的作用，可以指导《侵权责任法》《合同法》等单行法的具体适用。

其次，在《民法典》总则编中规定民事责任形态也具有重要的实践意义。在高度组织化、关系复杂化的现代社会，多数人侵权行为问题正受到各国侵权法理论研究者的密切关注，需要通过按份责任、连带责任等责任形态解决责任分担的问题。当然，这一问题的研究不能停留在教义学的解释上而与司法实践脱节，除了传统的连带责任与按份责任的责任分担理论之外，进行适度的理论创新，以解决复杂因果关系下的责任合理分配问题也是理论和实践提出的重大课题。

（三）《民法典》总则与分则关于民事责任规定的对接

虽然从逻辑上来看，有必要在《民法典》总则编中规定民事责任以及民事责任形态的相关内容，但这种规定应当是提取公因式的规定，理论上要能够统领指导整部民法典，协调与各分则中关于民事责任的单独规定之间的关系。遗憾的是，目前《民法典》总则编中有关民事责任的规定并没有充分发挥这样的作用，甚至必然会导致与分则中的相关规定发生重复或者冲突。

现有内容的设计有所取舍地吸纳了部分分则中关于民事责任的相关规定，而对其他分则中相关内容的覆盖并不充分。例如，抗辩事由虽然列举得十分周全，但有些只适用于侵权法，如紧急避险、正当防卫，这些内容是否有必要规定于总则之中的确有待商榷。又如，关于民事责任的竞合也只是列举了侵权责任与违约责任的竞合，并没有考虑其他的责任竞合类型等。

此外，关于《民法典》总则编中对民事责任形态的列举，完全是吸收了《侵权责任法》中关于连带责任和按份责任的规定。暂且不论其忽视了单独责任的存在，即便在解决多数人侵权责任分担的问题上，这种列举也并不充分，需要结合实践中的新情况补充其他责任类型，如不真正连带责任、部分连带责任等。现有民法总则关于民事责任的相关规定必将为民法典的体系架构带来困惑，今后在实现民法总则与分则侵权责任编关于责任形态的对接时，需要进一步考虑是否有必要还在分则中规定连带责任和按份责任以及如何加以规定等问题。

二、《民法典》总则编对按份责任与连带责任的规定

（一）按份责任的法理基础及规则

多数人侵权责任的基本类型区分按份责任与连带责任。按份责任是指数个责任人各自按照一定的份额对债权人承担的赔偿责任。[1]承担按份责任的各个行为人仅对自己行为所造成的部分损害后果负有相应比例的损害赔偿责任，对于超越其本人行为所造成的损害部分不承担任何责任。按份责任的法理基础是多数人之债中的按份之债，在按份之债中各债权人享有独立的按份之债权，各债务人负有独立的按份之债务，在没有特别意思表示时原则上是均等的。各债权人可以单独行使自己享有的份额的债权，各债务人只要赔偿自己负担的份额则债务消灭。

从比较法视角来看，《法学阶梯》在多数债权人和债务人这一部分仅规定了连带责任，说明罗马法上在无法律规定或明确约定时，多数债务人之间一般适用按份责任。这一规则影响至今，现在德国、法国、荷兰等多数国家的民法典中关于多数人侵权行为只规定了连带责任的适用范围，说明了在多

---

① 王利明：《侵权责任法研究》（上卷），中国人民大学出版社2011年版，第550页。

数国家的民法体系中关于多数人侵权行为，仍然认为适用按份责任属于一般情形，无须法律作出特殊规定，仅在符合法律规定或约定时适用连带责任。而在法律中直接规定按份责任的国家比较罕见，如我国在《民法典》第1172条中规定由数个行为人承担相应的或者均等的按份责任，再有就是《魁北克民法典》第1478条规定了"数人引起的损害，依他们各自过错的严重程度的比例分担责任"。

我国侵权法律中的按份责任具有以下特点：第一，性质上属于赔偿义务人的对外责任，受害人只能请求单个行为人承担一定份额的责任，而非全部责任。第二，按份责任是一般的责任形态。对按份责任的适用不以法律有特别规定为前提，在不符合法律规定适用连带责任的情况下，即适用按份责任。第三，各赔偿义务人按照责任份额承担一定比例的责任。每个赔偿义务人的责任是单独的，部分的，对责任份额的确定可以由法律作出特别规定。《民法典》第1172条中既规定了按照侵权行为人责任大小确定比例的情形，也规定了平均承担责任的情形。此外，《民法典》侵权责任编还存在两种按份责任，一是第1231条在环境侵权领域适用市场份额规则的按份责任；二是第1254条抛掷物、坠落物加害人不明时按照公平规则承担补偿责任的按份责任。

（二）连带责任的法理基础及规则

连带责任的法理基础是多数人之债中的连带之债，指的是债务人有数人，债权人得请求全部之给付或各债务人负有全部给付之义务，唯因一次全部给付，而其债之全部关系归于消灭的债务关系。[①] 连带债务中各债务人就同一给付内容，各自独立地负担全部给付义务。只要债务人中的一个履行了给付，其他债务人的债务也得以免除。连带债务是数个独立的债务，以同一内容的给付为目的。对于各连带债务人相互间负担的比例，有约定的按照约定比例，无约定的各自负担均等份额。

连带之债的主要功能表现为，当某行为人履行其债务，向受害人支付

---

① 史尚宽：《债法总论》，中国政法大学出版社2000年版，第640页。

全部损害赔偿金额时，某行为人将获得求偿权，向其他亦负担全部损害赔偿责任的行为人请求共同承担其损害赔偿责任。而该求偿权是独立于受害人之外加以设计或考量的，如果某一行为人因无资力偿还而无法履行损害赔偿债务，此不公平的损害赔偿分配结果只能在行为人之间进行考量，受害人无须负担此行为人陷于无资力境地的不公平结果。

对于多数人侵权行为的责任分配，以德国法为代表的大陆法系国家秉承"恢复原状"的理念，主张采用"完全赔偿原则"，基于相当因果关系说的限制事实上缺乏实际价值，对于多数人侵权行为造成损害后果的情形，多采用较为严格的连带责任。而英美法则倾向于采用"限制赔偿原则"，基于规范性的、法政策性的考虑，对于成为赔偿对象的损害范围进行一定程度上的限制。现代社会出于及时充分地救济受害人的需要，适当扩大连带责任的适用范围，一方面能够将部分风险转移给强者，另一方面有利于惩戒和预防危险的发生。但在我国侵权法的各个领域适用完全赔偿原则会具有一定的僵硬性，容易导致个案的不公，有必要适当缓和完全赔偿主义。

（三）按份责任与连带责任的规定

在《民法典》总则编中关于民事责任形态规定了按份责任和连带责任。

按份责任是对自己行为责任原则的体现，每个行为人只对自己行为造成的损害后果承担责任是具有公平性的。不过，很多学者认为按份责任难以对受害人提供充分救济，因为在缺少部分行为人或者部分行为人无偿还能力时，受害人就无法得到充分保护。为此，在我国民法理论和实践中，往往为了保护受害人而较多地选择适用连带责任，为了适用连带责任又不断地扩大解释共同侵权行为。这种"保护受害人＝连带责任＝共同侵权行为"的认识，事实上忽视了共同侵权行为制度的规则和价值，随意扩张其适用范围和规范目的，已经引起部分学者的警戒。有学者批评这种做法"使得共同侵权行为乃至整个多数人侵权责任的规范目的——减轻受害人因果关系的证明——落空，导致连带责任在实践中被任意地扩大，也不利于正确地理顺各类多数人侵权责任之间的适用关系，构建一个和谐的多数人侵权责任体系"。[①]

一方面，对于一般的多数人侵权行为，其损害赔偿责任形态以按份责任和连带责任为主。适用连带责任是考虑到复数行为的紧密结合有可能对损害的发生有更大的贡献，产生一个人单独侵权所不能达到的后果。不过适用连带责任必须以法律规定或约定为基础，不能随意扩大适用范围，侵犯加害人的行为自由。适用按份责任虽然符合自己责任原则，但往往不利于保护受害人，而且对于责任比例的分割也需要有更客观和可操作性的标准。另一方面，对于复杂因果关系的多数人侵权行为。例如，数个原因力大小不同的侵权行为相互结合导致同一损害结果的情形，或者法律特别规定的数个行为发生竞合导致同一损害结果的情形，应当允许存在除了按份责任和连带责任之外的更加公平的责任分担方式。

三、多数人侵权适用部分连带责任的现实考量

（一）多数人侵权适用部分连带责任的实践经验

《最高人民法院关于审理环境侵权责任纠纷案件适用法律若干问题的解释》（以下简称《环境侵权司法解释》）第3条规定，对复数污染者分别实施污染行为造成同一损害的环境分别侵权行为作出三款规定，分别对应了分别侵权行为的三种类型，即叠加的分别侵权行为（《侵权责任法》第11条规定的侵权行为形态）、典型的分别侵权行为（《侵权责任法》第12条规定的侵权行为形态）与半叠加的分别侵权行为（介于《侵权责任法》第11条和第12条之间的侵权行为形态）[②]。

该解释第3条第3款关于"两个以上侵权人分别实施污染环境、破坏生

[①] 程啸：《我国〈侵权责任法〉中多数人侵权责任的规范目的与体系之建构》，载《私法研究》2010年第2期；王利明、周林彬：《民商法司法适用新论：经验与学术》，法律出版社2011年版，第78—85页。

[②] 参见陶盈：《环境分别侵权行为的法律适用》，载《国家检察官学院学报》2016年第5期。

态行为造成同一损害，部分侵权人的污染环境、破坏生态行为足以造成全部损害，部分侵权人的污染环境、破坏生态行为只造成部分损害"的表述，正是半叠加的分别侵权行为在环境污染责任中的实际表现；而关于"被侵权人根据侵权责任法第十一条规定请求足以造成全部损害的污染者与其他污染者就共同造成的损害部分承担连带责任，并对全部损害承担责任的，人民法院应予支持"的规定，则明确规定了半叠加的分别侵权行为承担责任的部分连带责任规则。据此，半叠加的分别侵权行为及其责任，就不再是一般的学理解释，而成为有适用价值的有效司法解释规范。

尽管该司法解释是在解释环境污染责任的法律适用问题，但其理论价值和司法实践意义，并不局限于环境侵权领域之中，而是对整个侵权责任法领域都具有重要的价值和意义。该司法解释将隐藏在《侵权责任法》第11条和第12条规定之间的半叠加的分别侵权行为挖掘出来，并且以司法解释的形式固定下来，使其成为司法实际操作的法律依据，法官不仅在司法实践中对于环境污染责任这种分别侵权行为有了裁判的依据，而且可以推而广之，在其他侵权责任领域，对于所有的半叠加的分别侵权行为，都可以比照这一司法解释，在司法判决中予以引用和参照。

（二）部分连带责任的法理基础及其适用规则

本书关于部分连带责任这一侵权行为的责任形态的讨论，是受到日本学者川井健教授提出的与过错和原因力相应的"部分连带责任说"的启发。该学说主张鉴于加害方对造成损害的原因力不同，在各自原因力大小的共同限度内，承认提取最大公约数的部分连带责任，其余部分由原因力较大的加害人承担个人赔偿义务。这种观点虽然也立足于客观关联共同说，但并非由各个共同侵权行为人对因共同行为而产生的全部损害承担责任，而是承担与各自行为违法性相当（范围相当）的责任，违法性大的加害人负有全责，仅在违法性小的行为人的责任范围内承担连带责任，因此称为部分连带责任说。

在日本，部分连带责任说的提出是对共同侵权行为"客观说"的缓和。当采取"客观说"立场时，共同侵权行为的成立不以行为人的主观共同为必要，只要具有客观关联共同性即可，但随着关联共同性的范围不断扩大，有可能会导致行为人承担过于严苛的连带责任。此时，适用部分连带责任可以避免这种无限扩大适用连带责任的危险性。例如，A、B基于共同侵权行为产生了80万元的损害，A占了八分之一的原因，B占了八分之七的原因，则根据部分连带责任说的观点，A、B对10万元承担连带责任，仅由B对70万元承担个人责任。

根据日本侵权行为法研究会1986年提出的《日本侵权行为法重述》的规定，对于共同侵权行为中"客观共同原因造成的共同侵权行为"，"当某人行为作为损害原因程度显著轻微时，可以适当减少其损害赔偿金额"。不过该条提案是通过对判例的重述迈出较大一步，由于存在诸多问题，一经提出在研究会内部也受到很多批判。很多学者认为在成立共同侵权行为的前提下，如果对部分行为人减责，需要慎重进行，只能适用于原因力"显著轻微"的情形。而适用"部分连带责任说"的条件之一，也应当是可以减责的部分行为人的原因力显著轻微。根据以上分析，在日本"部分连带责任说"这种责任分担方式通过区分数人共同原因造成的损害部分和数人各自原因造成的损害部分，对部分原因力显著轻微的共同侵权行为人适当减轻责任，其适用基础仍然是以成立共同侵权行为为前提，并且受到很多限制。

（三）侵权责任编里规定部分连带责任的设想

《民法典》侵权责任编第1171条和第1172条只规定了分别侵权行为的两种类型：一是第1171条规定的全叠加的分别侵权行为，在传统侵权法理论中称之为"以累积因果关系表现的无意思联络的数人侵权"[1]，即每一个分别侵权行为人实施的行为都足以造成全部损害，也就是每一个行为人的行为对损害发生的原因力都是100%时，数个责任人要承担的责任形态才是连带责任。二是第1172条规定的典型的分别侵权行为，在传统侵权法理论中称之

---

[1] 王利明：《侵权责任法研究》（上卷），中国人民大学出版社2011年版，第543页。

为"以部分因果关系表现的无意思联络的数人侵权"①，即每一个分别侵权行为人实施的行为相加，才是造成该损害的全部原因，如两个人实施的分别侵权行为，每一个分别侵权行为人的行为对损害发生的原因力各为50%，因此，每个人按照自己行为的原因力比例，承担按份责任。上述这些规定并不存在问题。

但是，在分别侵权行为中还存在另一种类型——半叠加的分别侵权行为，即数人实施的分别侵权行为，有的行为人实施的行为对于损害的发生具有全部原因力，有的行为人实施的行为对于损害的发生只具有部分原因力，因而形成了数个行为人行为的原因力部分叠加的情形。这种情形，既不能适用连带责任规则，也不能适用按份责任规则，而应当适用部分连带责任，即对于原因力重合的部分损害，应当由原因力重合的行为人承担连带责任，原因力不重合的行为人则对不重合的原因力部分的损害，承担按份责任。

四、多数人侵权适用不真正连带责任的现实考量

（一）不真正连带责任的法理基础及其适用规则

不真正连带责任的法理基础在于德国、日本等大陆法系国家传统的债法理论中存在的不真正连带债务的概念。不真正连带债务不同于真正的连带债务，不能适用于绝对性效力事由，如在免除部分债务人的债务、发生债务混同或者时效完成的情形下，不对其他连带债务人发生效力。

在日本侵权法理论中不真正连带债务对应的是共同侵权行为类型。大村敦志教授将共同侵权行为分为三类：一是适用《日本民法典》第719条第1项前段的"行为共同型"，包括有主观关联共同性和强的客观关联共同性行为；二是适用第719条第1项后段的"加害人不明型"，不需要关联共同性，

---

① 王利明：《侵权责任法研究》（上卷），中国人民大学出版社2011年版，第543页。

而是具备择一性关系；三是适用第719条第1项后段的"结果同一的原因力不明型"，即复数行为人引起了某个同一的结果，两个行为并非完全因为偶然发生竞合，而是存在某种关联共同性（弱的客观关联共同性）。在日本法上成立共同侵权行为的效果是适用连带责任，而判例学说一致认为这意味着成立了"不真正连带债务"。

而我国民法理论中关于共同侵权行为的分类并不包括日本法上的第三种类型。虽然在我国侵权法理论中也存在不真正连带责任的概念，从债法的角度来讲，也是不真正连带债务不履行的后果，但我国侵权法领域的不真正连带责任与大陆法系传统的不真正连带债务的含义存在明显不同。

杨立新教授通过对多数人侵权行为进行分类，提出了"竞合侵权行为"的概念，认为其是与不真正连带责任对接的侵权行为形态，指两个以上的民事主体作为侵权人，有的实施直接侵权行为，与损害结果的发生具有直接因果关系；有的实施间接侵权行为，与损害结果的发生具有间接因果关系，行为人承担不真正连带责任的侵权行为形态。从客观上来看，间接侵权人的行为多为直接侵权人实施侵权行为提供便利，对直接侵权人的行为起到间接作用。具体可以归纳为以下三种类型：一是典型的竞合侵权行为，也就是提供必要条件的竞合侵权行为，承担典型的不真正连带责任；二是承担先付责任的竞合侵权行为，也就是提供必要条件和法律政策考量相结合的竞合侵权行为；三是承担相应补充责任的竞合侵权行为，也就是提供机会的竞合侵权行为，而以上三种责任都属于广义的不真正连带责任。虽然这种大而全的归纳方式引发了较多争论，但这一创造性的解释为构建简洁明了的行为形态与责任形态的对接关系提供了一种理论支持。

尽管竞合的概念在传统民法上多被用于责任的竞合，如用以讨论违约责任与侵权责任发生竞合时的请求权问题等，但实际上除了责任的竞合，行为也会发生竞合。当两个以上的行为对于同一损害结果都有因果关系时，发生的就是行为的竞合。竞合侵权行为这一概念最初是借鉴日本法中的"竞合的不法行为"，潮见佳男教授认为，其指的是导致同一不可分损害的数个侵权行为发生竞合而不作为共同侵权行为处理的情形。并进一步区分了两种类型，即要件相同的数个侵权行为的竞合以及要件不同的数个侵权行为的竞合，并明确了竞合的侵权行为存在以下特征：一是针对存在侵害相同的权利、法益的情形，二是对单个行为的侵权责任成立要件的补充，三是承担与原因力相应的按份责任（比例性责任）。不过，日本的主流学者一直将这种情形视作共同侵权行为，也有学者称之为"损害一体型"的共同侵权行为，主张由全体行为人承担连带责任。从日本教授对"竞合的不法行为"的行为形态的描述来看，实际上包括杨立新教授所说的竞合侵权行为和分别侵权行为这两种情形，应当注意加以区别。

（二）《民法典》侵权责任编规定不真正连带责任

虽然也有学者认为我国《民法典》侵权责任编中没有规定不真正连带责任，主张这些所谓的规定本质上体现的是赔偿请求权让与的法理，各债务人的债务根本不具连带性。但多数学者还是承认不真正连带责任的存在，认可《民法典》侵权责任编中第1203条生产者与销售者之间，第1223条生产者与血液提供机构、医疗机构之间，第1233条第三人与污染者之间，第1245条第三人与动物饲养人或管理人之间的责任属于较为典型的不真正连带责任类型。

暂且不论先付责任、补充责任是否也应当纳入不真正连带责任的范畴，单就承担典型的不真正连带责任的竞合侵权行为类型来看，其的确现实地存在于我国侵权法司法实践当中。此种竞合侵权行为是由间接侵权人承担了赔偿责任之后，再向直接责任人请求追偿，二者中具有主要作用的是直接侵权人，其与第三人侵权行为中的第三人或其他责任人的地位与作用较为类似。成立竞合侵权行为的两个以上的侵权责任主体中，既有实施与损害有直接因果关系的直接侵权行为的，也有实施与损害有间接因果关系的间接侵权行为的，数个行为人承担不真正连带责任。[①]此时，竞合侵权行为人承担的也是共同责任，只是这种不真正连带责任仅在责任形式上连带，而实质上不连带。受害人可以向任何一个行为人请求赔偿全部损失，但实施直接侵权的行为人承担的是最终责任，实施间接侵权的行为人承担的是中间责任，承担了

① 杨立新：《论竞合侵权行为》，载《清华法学》2013年第1期。

中间责任的行为人可以向最终责任人追偿。

　　基于以上观点，笔者认为未来《民法典》侵权责任编相关司法解释中可以增加如下关于不真正连带责任的规定：两个以上的民事主体作为侵权人，其中部分行为人的行为与损害结果具有直接因果关系，部分行为人的行为与损害结果具有间接因果关系，每个行为人都有义务承担赔偿责任，承担了赔偿责任的间接侵权行为人有权向直接侵权行为人追偿。

　　侵权责任的分配旨在实现加害人与受害人之间的公平正义、加害人团体内部责任分配的公平正义以及在全体社会成员中分摊责任的公平正义，体现法律实现公平正义的理念与实现救济受害人的理念相互博弈平衡的过程。侵权责任形态的选择与适用不能脱离侵权法的目的与功能，不可忽视民事责任的分担与控制。责任分担规则的构建应当充分考虑该制度的规范功能和对未来社会发展的引导作用。对于多数人侵权行为适用连带责任、按份责任还是部分连带责任、不真正连带责任，是法律政策基于救济受害人的需要而做出的选择。适用连带责任，是让加害人相互对各自的支付能力进行担保，有利于保护受害人。适用按份责任是根据自己责任的基本法律原理，避免将决定谁是赔偿责任最终承担者的权利完全交给受害人。适用部分连带责任或者不真正连带责任则是为了缓和连带责任的弊端，避免多个加害人造成损害却由部分人承担全部责任的不公平结果。未来《民法典》侵权责任编的相关司法解释中，应当充分考虑《民法典》总则编在关于民事责任形态的列举，补充部分连带责任和不真正连带责任等责任形态类型，实现与《民法典》总则编的现实对接。

第二节　诉讼时效利益研究

一、诉讼时效利益的含义、特征与类型

（一）诉讼时效与诉讼时效利益

1.诉讼时效

作为法律事实之一的诉讼时效，是指当事人在法律规定的期间内不行使权利，法定期间届满后其权利不再受法律强制保护的民事法律制度。综观世界各国民法典，对于诉讼时效届满后的效力立法共有三种立法例：（1）实体权利消灭。此种立法将诉讼时效届满后的效力规定为权利人的实体权利直接消灭，如《日本民法典》第167条规定，债权因10年间不行使而消灭。（2）诉权消灭。此种立法认为诉讼时效完成后，权利本身仍然存在，仅诉权归于消灭。如《法国民法典》第2262条规定，一切物权或债权的诉权，均经30年的时效而消灭。（3）抗辩权发生。此种立法认为，时效完成后，义务人取得拒绝履行的抗辩权，若义务人自愿履行，视为放弃其抗辩权，该履行行为有效，[①]债权人不因此构成不当得利，其对于债务人的履行内容依法享有保有的权利。如《德国民法典》第214条规定，消灭时效完成后，债务人有拒绝履行给付的权利。

我国《民法典》第192条中关于诉讼时效届满后的法律效果，采取抗辩权发生说的立法模式，即诉讼时效期间届满的，义务人可以提出不履行义务

------

① 魏振瀛主编：《民法》（第四版），北京大学出版社2011年版，第193页。

的抗辩。诉讼时效期间届满后，义务人同意履行的，不得以诉讼时效期间届满为由抗辩；义务人已自愿履行的，不得请求返还。

2.诉讼时效利益

基于诉讼时效制度的法律效果可以看出，当诉讼时效期间届满后，如果债务人行使了依法产生的抗辩权，债务人本应当向债权人履行的给付义务及其基于对给付义务的违反所应当承担的其他责任如违约金的给付等在法律上都无须履行，所有应当移转的财产利益都无须移转，归义务人享有，这些内容就是时效利益。诉讼时效利益是指诉讼时效期间届满后债务人所获得的利益，其内容主要是债权人对债务人原来所享有的全部债权，或者说债务人对债权人所负的全部债务以及因债务人的违约行为或者违法行为所应该承担的财产责任。诉讼时效利益简称为时效利益。债权人在法定的诉讼时效期间内，没有积极行使自己对义务人享有的权利，法定诉讼时效期间经过后，义务人取得法定诉讼时效抗辩权，该项义务失去强制性，转化为自然义务，转化后的自然义务即为诉讼时效利益，其与债权人的权利实为一体两面。从程序角度观之，时效利益即债务人享有的时效抗辩权（不履行抗辩权），故放弃时效利益即放弃时效抗辩权。[①]

（二）诉讼时效利益的特征

诉讼时效利益作为诉讼时效制度的重要内容，具有以下特征：

1.诉讼时效利益的多元性。诉讼时效利益不仅涉及权利人、义务人、第三人的利益，而且涉及社会公共利益，具有多元性。权利人通过在法定时效期间内积极行使自己的权利，从而造成诉讼时效期间的中断，以达到维护自己的诉讼时效利益的目的；义务人通过积极行使自己的诉讼时效期间经过抗辩权，对抗权利人的请求权，以此作为保护自己时效利益的手段，依法取得自己的时效利益；第三人通过对权利人能行使权利而没有行使权利的行为产生信赖利益，认为权利人不会再继续行使其请求权，从而对义务人现存状态进行确认，与义

[①] 尹田：《民法典总则之理论与立法研究》，法律出版社2010年版，第815页。

务人进行民商事活动等；更有人认为，诉讼时效制度的基本目的就是社会的公共利益。[1]由此可以看出，多元性是诉讼时效利益的显著特点之一。

2.诉讼时效利益的可放弃性。诉讼时效利益在本质上属于财产利益，原来的义务人取得实效利益后，其对是否放弃自己享有的诉讼时效利益拥有完全的自主选择权。义务人基于自己的意愿，可以选择行使诉讼时效期间经过的抗辩权，对抗权利人的请求权；也可以选择放弃诉讼时效期间经过的抗辩权，继续向权利人履行义务。因此，在诉讼时效期间届满后，义务人对时效利益是否享受具有选择权，其在本质上是财产自由的体现。

但是，世界上没有绝对的权利，权利人必须在法律规定的范围内行使自己的权利，放弃自己的时效利益时不得损害国家利益、社会公共利益和第三人利益，否则其放弃行为无效。如果没有该限制性规定，就容易导致权力滥用，恶意放弃诉讼时效利益的事件大量增加，这与设立诉讼时效制度的目的相违背。

3.诉讼时效利益的法定性和强制性。诉讼时效利益的法定性是指诉讼时效利益的产生和归属等都是基于法律的强制性规定。时效利益之产生必须基于法律的明确规定，如果权利人在时效进行期间行使权利、义务人承认债务等导致时效中断的事由和法定中止的事由存在时，即阻碍时效期间届满，则不产生时效利益。[2]只有在诉讼时效期间届满诉讼时效利益才能产生；当事人通过缩短诉讼时效期间促使诉讼时效利益提前到来的行为在法律上是无效的；在时效利益产生后，其依法属于义务人享有，除非义务人放弃该时效利益。另外，义务人放弃时效利益的时间也只能是在诉讼时效期间届满后，预先放弃诉讼时效利益的行为是无效的。

4.诉讼时效利益的财产性。民法中的利益有财产利益和非财产利益，诉讼时效利益仅指财产利益。诉讼时效约束的债权人的债权内容有多种表现形式，但是有的是没有财产内容的，如在人身权遭受侵害时也可能单独产生

---

[1] 关于时效制度的正当性，我国有学者进行了深入分析。参见尹田：《民法典总则之理论与立法研究》，法律出版社2010年版，第757—768页；杨巍：《民法时效制度的理论反思与案例研究》，北京大学出版社2015年版，第103—144页。

[2] 秦伟、李功田：《论时效利益之归属与抛弃》，载《法学论坛》2000年第6期。

赔礼道歉请求权、恢复名誉请求权等。如果债权人的该请求权因诉讼时效届满而不受法律保护，义务人的责任承担无强制，但是义务人并未获得时效利益，因为义务人未获得财产利益。之所以要求时效利益必须具有财产属性，这是由时效制度的目的在于维护现时稳定及第三人的预期所决定的。

（三）诉讼时效利益的分类

对诉讼时效利益进行分类，对于更加清楚地理解与适用诉讼时效制度，使其发挥最大的功效，实现设立诉讼时效制度的最终目的具有较大的理论以及现实意义。笔者认为，根据不同的标准，可以将时效利益分为以下几类：

1.债务给付义务内容时效利益和责任内容时效利益。如果是基于债权人的原权利债务人有给付义务，债务人因债权人的原权利请求权因诉讼时效届满而获得的利益，是债务给付义务内容时效利益；因义务人违约或者违法行为对权利人产生的财产赔偿责任，由于权利人请求权诉讼时效届满债务人获得的时效利益是责任内容时效利益。

2.违约诉讼时效利益、侵权诉讼时效利益与其他诉讼时效利益。根据当事人诉讼时效利益产生的原因，可以将时效利益分为违约诉讼时效利益、侵权诉讼时效利益与其他诉讼时效利益。违约诉讼时效利益是指义务人因违反合同约定的义务、合同附随义务或违反法律规定的义务后，权利人在诉讼时效期间未行使权利而使义务人获得的利益。侵权诉讼时效利益是指因义务人侵犯他人财产权益或人身权益后，权利人在诉讼时效期间未行使权利而使义务人获得的利益。其他诉讼时效利益就是违约诉讼时效利益与侵权诉讼时效利益之外的其他诉讼时效利益，如基于不当得利、无因管理而产生的，权利人超过了诉讼时效期间未行使权利而使义务人获得的利益。

3.单独诉讼时效利益与共同诉讼时效利益。根据享有诉讼时效利益的主体数量可以将诉讼时效利益分为单独诉讼时效利益与共同诉讼时效利益。单独诉讼时效利益是指债务人为一人时，在债权人的债权请求权诉讼时效期间届满的情况下，所产生的时效利益。在此情况下，该诉讼时效利益只是属于单个债务人单独享有，属于单独诉讼时效利益。绝大多数时效利益属于单独诉讼时效利益。共同诉讼时效利益是指两个或者两个以上的民事主体共同享有的，超过了诉讼时效期间的利益，如义务人与保证人共同享有的诉讼时效利益、共同共有人共同享有的诉讼时效利益等。总而言之，在存在连带债务的情况下，如果债权人的债权请求权因时效期间届满不受法律保护时所产生的时效利益即为共同诉讼时效利益。

二、诉讼时效利益的内容与诉讼时效利益的归属

诉讼时效利益的内容，是指诉讼时效利益所包含的对象。我国《民法通则》对诉讼时效利益的内容并未作出明确规定，甚至未明确提出诉讼时效利益的概念，只是在最高人民法院 2008 年 8 月 21 日发布的《关于审理民事案件适用诉讼时效制度若干问题的规定》（以下简称《诉讼时效若干规定》）才明确了诉讼时效利益。在《民法典》总则编中规定了诉讼时效利益一词，但是并未从立法上明确诉讼时效利益的含义。[1] 因此我们必须结合《民法典》总则编和最高人民法院《诉讼时效若干规定》等司法解释的内容，才能分析出诉讼时效利益的内容。从逻辑上看，必须先明确诉讼时效适用的对象才能把握诉讼时效利益的内容。

（一）诉讼时效适用的对象

诉讼时效适用对象也称为诉讼时效的适用范围、诉讼时效的客体。[2]《民法典》第 188 条第 1 款规定，"向人民法院请求保护民事权利的诉讼时

---

[1]《民法典》第 197 条规定，诉讼时效的期间、计算方法以及中止、中断的事由由法律规定，当事人约定无效。当事人对诉讼时效利益的预先放弃无效。

[2] 在我国民法理论界对该三种提法存在不同的认识，有人认为诉讼时效的适用范围与诉讼时效的客体，二者是等同的概念；有人认为用诉讼时效的客体来表达诉讼时效的适用范围与对象是不当的，应当用诉讼时效的适用范围来表达诉讼时效的适用对象与范围。参见李开国：《民法总则研究》，法律出版社 2003 年版，第 403 页；马俊驹、余延满：《民法原论》，法律出版社 2005 年版，第 252 页等。

效期间为三年。法律另有规定的，依照其规定"。第194条还规定，"在诉讼时效期间的最后六个月内，因下列障碍，不能行使请求权的，诉讼时效中止……自中止时效的原因消除之日起满六个月，诉讼时效期间届满"。第196条还明确规定"下列请求权不适用诉讼时效的规定"等。基于上述规定可以看出，诉讼时效制度适用的对象是"请求保护民事权利"的权利是请求权而不是民事权利本身。请求权与民事权利的关系是救济性权利与原权利的关系，只有当原权利（民事权利）受到损害后才会产生救济性的权利（请求权）。是否所有基于民事权利受损害而产生的请求权都受诉讼时效制度的约束呢？当然不是。作为适用诉讼时效制度主要对象的是债权请求权。通说认为，基于义务人的义务所产生的债权请求权主要有：基于合同之债的履行请求权；基于不当得利之债的返还请求权；基于无因管理之债的费用补偿请求权；票据上的付款请求权、追索权；物权法上善意占有人返还占有物及孳息后，在占有期间为维护物的价值而支出的必要费用的补偿请求权等，这些债权请求权适用诉讼时效制度已无争议。[①]相应地，基于这些债权请求权因时效届满而产生的利益均属于诉讼时效利益的范围。但应当注意的是，并非所有债权请求权均适用诉讼时效制度。《诉讼时效若干规定》第1条规定："当事人可以对债权请求权提出诉讼时效抗辩，但对下列债权请求权提出诉讼时效抗辩的，人民法院不予支持：（一）支付存款本金及利息请求权；（二）兑付国债、金融债券以及向不特定对象发行的企业债券本息请求权；（三）基于投资关系产生的缴付出资请求权；（四）其他依法不适用诉讼时效规定的债权请求权。"由此可见，诉讼时效适用的对象是债权请求权但并非适用所有的债权请求权。上述债权请求权之所以不受诉讼时效制度的限制，主要在于涉及公共利益、交易安全和社会信用。

对基于物权受到侵害而产生的物权请求权是否受诉讼时效的限制，在我

[①] 我国有学者认为，诉讼时效适用的对象应界定为民事责任请求权。参见杨巍：《民事权利时间限制研究》，武汉大学出版社2011年版，第365页。本书采纳通说。

国理论界存在不同观点，在国外的立法中也有不同的立法例。[1]《民法典》第196条对此作出了规定："下列请求权不适用诉讼时效的规定：（一）请求停止侵害、排除妨碍、消除危险；（二）不动产物权和登记的动产物权的权利人请求返还财产；（三）请求支付抚养费、赡养费或者扶养费；（四）依法不适用诉讼时效的其他请求权。"由此可见，就所有物返还请求权而言，不动产物权和登记的动产物权的返还请求权不受诉讼时效的限制，不属于诉讼时效利益范围。所有物返还请求权作为最典型的物权请求权，如果所有权人享有无限期的所有物返还请求权，难免会对新的权利秩序造成破坏。而排除妨碍请求权和消除危险请求权不应受时效期间的制约，妨碍、危险状态都属于持续性状态，根据诉讼时效的适用规则，只有当这些侵权行为结束之日起，才开始计算诉讼时效期间，而并非侵权行为开始就计算期间。但是一旦这些侵权行为结束，权利人请求排除妨碍、消除危险的事实基础丧失，也不能获得法律上的支持，只能转向主张行使损害赔偿请求权，这种请求权属债权请求权，应适用诉讼时效。

另外，《民通意见》第170条规定，未授权给公民、法人经营、管理的国家财产受到侵害的，不受诉讼时效期间的限制。该例外性规定所体现的基本思想是将国家利益放在优先保护的地位。

（二）诉讼时效利益的内容

承接诉讼时效适用的对象，我们可以看出，在债权债务法律关系中，权利人对债务人所享有的债权请求权的内容可以是完全不同的。一旦其所享有的请求权的内容因诉讼时效期间的届满而失去法律的强制保护，该内容就转化为义务人诉讼时效利益的内容之一。概括而言，可以包括以下几种情况：

1.合同之债中，权利人的原权利，或者说是义务人的合同义务本身。在合同之债中，义务人的义务本身是诉讼时效利益的绝对主体。例如，甲作为债权人对于债务人乙享有10万元的债权，即乙有向甲履行10万元借款返还

---

[1] 参见杨巍：《民法时效制度的理论反思与案例研究》，北京大学出版社2015年版，第196—212页。

的义务。现在甲的债权因诉讼时效届满而不受法律保护，对于债务人乙来讲，其所获得的时效利益即为他应当向甲履行的义务本身，即10万元。

2.在合同之债和非合同之债中，义务人基于义务违反所产生的财产责任内容。权利人基于义务人违反义务后所产生的要求义务人承担责任的请求权主要有：基于合同之债的违约金请求权、损害赔偿请求权；基于无因管理之债的损害赔偿请求权；基于侵犯所有权、人身权、知识产权、继承权等侵权行为所产生的损害赔偿请求权等。这些请求权基于义务人违反义务而产生的责任，适用诉讼时效制度，属于诉讼时效利益的内容。

3.物权请求权中义务人基于义务违反所产生的财产性责任。物权具有对世性，义务人不存在积极给付义务，只负有消极的不作为义务。其违反消极不作为义务即构成侵权，应当承担侵权责任。其中具有财产内容的责任可以成为诉讼时效利益的客体。例如，就动产的返还请求权而言，义务人承担的责任内容就是返还原物。如果权利人的返还请求权因诉讼时效期间届满而不受法律保护，义务人所获得的时效利益即为其应该返还的原物。

（三）诉讼时效利益归属

确定诉讼时效利益的归属是研究诉讼时效利益的重要意义之一。我国立法对诉讼时效利益归属问题没有作出明确具体的规定。但是，我们从具体的法律条文中可以推出其一般性的归属。

《民法典》第192条规定："诉讼时效期间届满的，义务人可以提出不履行义务的抗辩。诉讼时效期间届满后，义务人同意履行的，不得以诉讼时效期间届满为由抗辩；义务人已经自愿履行的，不得请求返还。"最高人民法院《诉讼时效若干规定》第3条第1款也规定："当事人在一审期间未提出诉讼时效抗辩，在二审期间提出的，人民法院不予支持，但其基于新的证据能够证明对方当事人的请求权已过诉讼时效期间的情形除外。"[1]这些条文表明权利人的实体权利并没有消灭，但义务人取得了诉讼时效抗辩权，义务人可

---

[1]《最高人民法院关于审理民事案件适用诉讼时效制度若干问题的规定》第3条。

以自主决定是否履行该项义务。也就是说，如果义务人主动引用诉讼时效进行抗辩，那么权利人就丧失了胜诉权，相应的诉讼时效利益归属于义务人。基于上述内容可以看出，诉讼时效利益原则上归属于债务人享有，除非债务人自愿履行或者放弃时效抗辩，或者直接放弃时效利益。如果义务人同意履行或者已经自愿履行的，等同于其放弃了诉讼时效利益，则该诉讼时效利益属于债权人享有。

公平原则是民法的基本原则之一，而诉讼时效利益一般归属于债务人享有，貌似对债权人不公平。但这是符合时效制度目的的。时效制度在表面上是直接使义务人获得利益（而且是不正当利益），但其实质作用是在于对有可能遭受破坏的生活秩序及第三人利益的保护，故其既不是对不履行义务的奖励，也不是对"有权利不行使"的惩罚，而是对既有秩序的保护。[1]更何况从诉讼时效的起算时间来看，是从权利人知道或者应当知道其权利受到侵害之时起算。在权利人知道或者应当知道其权利受到侵害后的期间内，不采取有效措施维护自己的权利致诉讼时效期间届满，权利人是有过错的。对自己的过错所造成的后果负责本身是公平的。

三、诉讼时效利益的放弃

（一）诉讼时效利益预先放弃的禁止

预先放弃，是指权利人对尚未取得的诉讼时效利益事先进行放弃。一般而言，在合同订立之时，诉讼时效期间尚未计算，义务人尚未取得时效利益，义务人就对以后可能产生的诉讼时效利益进行放弃的，为预先放弃诉讼时效利益。[2]大陆法系各国一般均不允许当事人预先放弃时效利益。如《法国民法典》第2220条规定，任何人均不得提前抛弃时效；《日本民法典》第

---

① 尹田：《民法典则之理论与立法研究》，法律出版社2010年版，第767页。

② 张雪楳：《诉讼时效前沿问题审判实务》，中国法制出版社2014年版，第15页。

146条规定，时效利益不得预先放弃；《意大利民法典》第2937条规定，仅得在时效届满的情况下可以放弃消灭时效。

我国《民法典》第197条第2款规定："当事人对诉讼时效利益的预先放弃无效。"最高人民法院《诉讼时效若干规定》第2条明确规定："当事人未提出诉讼时效抗辩，人民法院不应对诉讼时效问题进行释明。"[①]最高人民法院〔2004〕民二他字第28号"关于借款到期后债务人在多份空白催收单上加盖公章如何计算诉讼时效请示的答复"中，亦对预先放弃诉讼时效利益的行为不予认可。[②]

严格来讲，预先放弃时效利益，债务人所预先放弃的并不是时效利益，而是将来可能获得时效利益的机会。因为时效利益只是指债权人的权利因诉讼时效期间届满后债务人所获得的财产利益，"预先"必定是在时效届满前，此时诉讼时效利益根本还未产生。

笔者认为，预先放弃时效利益的禁止，其背后主要考虑的因素有两点：一是如果允许债务人预先放弃时效利益，可能损害其意思自由。在成立债权债务关系时，债务人通常处于弱势地位，债权人处于强势地位，债权人可能利用其地位迫使债务人预先同意放弃时效利益，债务人别无选择，从而损害债务人的意思自由，也将因债权人的过错（知道或者应当知道自己的权利受到损害而为维护自己的权利）产生的不利后果（权利不受法律保护）转嫁给债务人承担，对债务人有失公平。二是时效立法之动机乃社会公益，落到实处即以牺牲已罹于时效的债权人的利益为代价，为以债务人为中心的现时及将来的交易关系提供安全保障。[③]禁止债务人预先放弃时效利益，就是为了防止他人因无法得知债务人时效利益早已抛弃而信赖债务人的财产状况并建立起来的财产关系因债务人的出乎意料的、过分迟延的履行行为而被破坏。[④]

[①]《最高人民法院关于审理民事案件适用诉讼时效制度若干问题的规定》第2条。
[②] 张雪楳：《诉讼时效前沿问题审判实务》，中国法制出版社2014年版，第16页。
[③] 梁慧星：《中国民法典草案建议稿附理由》（总则编），法律出版社2004年版，第244页。
[④] 葛承书：《民法时效——从实证的角度出发》，法律出版社2007年版，第135页。

1.预先放弃诉讼时效利益的形式

诉讼时效利益的预先放弃，是指债务人在法定诉讼时效期间届满前，通过明示或默示放弃诉讼时效利益的行为。相对于事后放弃时效利益之单方法律行为而言，预先放弃时效利益的行为类型可以是单方法律行为，也可以是基于约定的双方法律行为。其具体的行为形式可以是明示，也可以是默示。

（1）明示

预先以明示的形式放弃自己的诉讼时效利益，是指义务人在法定诉讼时效期间届满之前向债权人明确表示即使诉讼时效期间届满自己仍须履行义务的行为。或者是债权人与债务人约定，在债权人的债权诉讼时效期间届满后，债务人仍须要履行债务的意思表示。

（2）默示

预先以默示的形式放弃诉讼时效利益，是指债务人通过自己的行为表明其放弃将来可能获得的诉讼时效利益的行为。例如，在债权人的债权诉讼时效期间届满前，债务人在债权人提供的空白催债通知书上签字，默许债权人任意填写催收日期。①

2.预先放弃诉讼时效利益的法律效果

根据《民法典》和相关司法解释的规定，当事人对诉讼时效利益的预先放弃无效，人民法院不予认可。

无效是从法律行为效力的角度进行的明确规定。因为诉讼时效的预先放弃可以是单方法律行为，也可以是双方法律行为。不管其意思表示真实性如何，由于违反了法律的强制性规定因而无效。

人民法院不予认可是从法律适用的角度进行规范的，是无效法律行为的当然结果。从另一方面来看，由于预先放弃诉讼时效利益的行为是违反法律的强制性规定的无效行为，在涉及对预先放弃行为无效的确认时，就不能如诉讼时效的援引规则那样由当事人发起，而应该由法官或者仲裁者依照职权主动审查。

....

① 张雪楳：《诉讼时效前沿问题审判实务》，中国法制出版社2014年版，第15页。

（二）诉讼时效利益的事后放弃

事后放弃时效利益是指债权人的债权诉讼时效期间已经届满、债务人已经获得时效利益后，债务人放弃该时效利益的行为。由于时效利益本来就是财产利益的一种形式，故债务人放弃时效利益是其行使财产处分权的一种体现。关于诉讼时效利益放弃的性质，存在不同学说。一是赠与说，该说认为民事时效的放弃是债务人将已经取得的权利赠与原权利人的一种法律行为；二是新债务发生说，该说认为民事时效的放弃是时效受益人对于已经消灭的债务重新予以承认，进而发生新债务；三是不受时效利益之意思表示说，该说认为民事时效的放弃是债务人不接受时效利益的一种意思表示。[①]笔者赞同"不受时效利益之意思表示说"。因为义务人放弃时效利益的行为是民法上的行为，其所产生的利益丧失的法律效果来源于义务人自身的行为而不是来源于法律的规定，这正是意思表示的效果，因为意思表示是行为人将其追求产生私法效果的意思表示于外部的行为。

《民法典》第192条第2款规定："诉讼时效期间届满后，义务人同意履行的，不得以诉讼时效期间届满为由抗辩；义务人已经自愿履行的，不得请求返还。"在《诉讼时效若干规定》中也都有相同或者相类似的规定。从相关的法律规定中可以看出，诉讼时效利益的放弃主要有两种形式：自愿履行和同意履行。

1.事后放弃时效利益的形式

（1）自愿履行

自愿履行是指义务人在诉讼时效期间届满以后，仍向权利人履行义务，权利人予以接受的行为。由此可见，我国明确承认在诉讼时效期间届满以后，义务人以履行的方式作为其放弃诉讼时效利益的形式。

（2）同意履行

同意履行是指债务人在承认债务的基础上表达出愿意履行所承认的债务

[①] 邹开亮、肖海：《民事时效制度要论》，知识产权出版社2008年版，第106页。

之内容的单方法律行为。债务承认，即在法定诉讼时效期间经过以后，义务人以口头或书面形式作出的承认债务的意思表示。这种意思表示可以通过明示的方法表现出来，如与权利人达成分期付款协议、在债权人催款的函件上签章等。也可以通过默示的方法表现出来，如履行部分债务、为债务提供担保、主张债务抵销等。债务的承认既可以是单方法律行为也可以是双方法律行为，其中都必然表明义务人对原来义务的承认。

如果债务人仅承认债务的存在，但是未表明是否愿意履行债务，是否构成诉讼时效利益的放弃呢？有人认为，债务人明知时效完成之事实而为承认者，其承认可认为系抛弃时效利益之默示意思表示。[1]但是根据《民法典》及《诉讼时效若干规定》中规定的内容，义务人仅仅承认债务的存在是不够的，必须是"同意履行义务"的意思表示方产生诉讼时效利益放弃的法律效果。

笔者认为，义务人仅对债务承认但未明确履行债务的意思时不可以推定其放弃时效利益。从放弃诉讼时效抗辩权制度的价值取向进行分析，该制度是对义务人进行保护的制度。诉讼时效期间完成后，义务人已享有权利，故对诉讼时效抗辩权的放弃实质为对义务人重新确认债务行为的认定，而由于诉讼时效期间届满、义务人已取得权利，故对于权利的丧失和放弃的认定条件应相对严格，以实现权利人与义务人之间的利益平衡。[2]

2.事后放弃时效利益的法律后果

《民法典》第192条第2款规定："诉讼时效期间届满后，义务人同意履行的，不得以诉讼时效期间届满为由抗辩；义务人已经自愿履行的，不得请求返还。"《诉讼时效若干规定》第22条也规定："诉讼时效期间届满，当事人一方向对方当事人作出同意履行义务的意思表示或者自愿履行义务后，又以诉讼时效期间届满为由进行抗辩的，人民法院不予支持。"由此可以看出，义务人事后抛弃时效利益的效力对权利人与义务人而言是不同的。义务人

---

① 王泽鉴：《民法总则》，北京大学出版社2009年版，第432页。

② 最高人民法院民二庭编著：《最高人民法院关于民事案件诉讼时效司法解释理解与适用》，人民法院出版社2008年版，第367页。

放弃诉讼时效利益后，也就放弃了诉讼时效抗辩权，对于诉讼时效期间届满后，义务人自愿履行已超过诉讼时效的义务，权利人有权接受；权利人有权请求义务人按照双方达成的协议或债务人单方放弃诉讼时效利益的意思表示履行义务，并受法律强制力保障。对义务人而言，义务人放弃诉讼时效利益后，其在时效届满后实际履行义务或同意履行义务的行为具有法律效力，义务人自愿履行后，不得以已超过诉讼时效为由反悔，否则法律不予支持；义务人与权利人达成的协议或义务人单方放弃时效利益的意思表示，具有法律效力，义务人应按照其履行债务。总之，事后诉讼时效利益一经放弃，义务人不得再以诉讼时效已经完成为由拒绝给付。

四、诉讼时效利益事后放弃的撤销

从《民法典》第192条中的相关规定来看，诉讼时效期间届满后，义务人同意履行的，不得以诉讼时效期间届满为由抗辩；义务人已自愿履行的，不得请求返还。仅就义务人放弃时效利益的意思表示形式之一——同意履行义务的意思表示而言，还是可能基于意思表示瑕疵而申请撤销的；如果同意履行义务损害第三人利益的情况下，第三人也可以申请撤销。

（一）"同意履行义务"行为的性质

笔者认为，同意履行义务的行为是单方法律行为，是有相对人的单方法律行为。一旦义务人同意履行义务的意思表示作出即可成立，并且自成立时生效，并不需要经过权利人的同意。同意履行义务的行为必须是向债权人或者其代理人作出才产生诉讼时效利益放弃的法律效果，才能使债权人的债权请求权获得法律的强制保护。

（二）基于意思表示瑕疵的撤销

意思表示瑕疵，是指表意人由于受到外界其他因素的影响，使自己所表达出来的意思表示与表意人的内心真意不符，主要表现为因欺诈、胁迫、重大误解等情形下作出的意思表示。

根据《民法典》的规定，对于意思表示存在瑕疵的法律行为，一方有权请求人民法院或者仲裁机关予以撤销。但是就诉讼时效利益放弃之单方法律行为而言，笔者认为并不能当然全部适用《民法典》，而仅仅是当义务人因胁迫而作出放弃诉讼时效利益的意思表示时，其放弃行为可申请撤销，从而导致放弃的法律效果不发生。根据《民法典总则编司法解释》第22条的规定，胁迫是指以给自然人及其近亲属等的人身权利、财产权利以及其他合法权益造成损害或者以给法人、非法人组织的名誉、荣誉、财产权益等造成损害为要挟，迫使其基于恐惧心理作出的意思表示。相对于其他存在瑕疵的意思表示而言，胁迫行为比较容易证明，行为人的过错甚为明显，该胁迫行为对于债务人而言并不是仅仅损害其真意表达，甚至可以认为是对其财产权的直接侵害！而重大误解等举证不易，还可能产生鼓励不道德行为的消极后果。

（三）非基于意思表示瑕疵的撤销

非基于意思表示瑕疵的撤销也可以称为法定撤销，是指债务人放弃诉讼时效利益的行为因存在违法事由，利害关系人申请撤销债务人的放弃行为。根据《民法典》的规定，债务人以明显不合理的低价或者无偿转移财产而损害债权人利益的，债权人可以申请人民法院撤销。此时债务人在真意表达放弃诉讼时效利益意思的情况下，如果损害他的债权人的利益的，仍然存在撤销的可能，只不过此时撤销的请求人并不是债务人，而是与债务人有直接利害关系的人。这也符合诉讼时效制度维护安全、秩序的基本目的。基于此，笔者认为在此特定情况下诉讼时效利益不能预先放弃，也不能事后放弃。

五、诉讼时效利益僵局

我国《民法典》第419条规定："抵押权人应当在主债权诉讼时效期间行

使抵押权；未行使的，人民法院不予保护。"该规定的主要内容有两点，一是抵押权不受诉讼时效的限制，这既是法律的规定，也完全符合理论认识；二是抵押权的行使期间等同于主债权的诉讼时效期间，如果主债权人（抵押权人）未在主债权诉讼时效期间行使抵押权的，其抵押权不受人民法院保护。但是基于物权法定原则，既然《民法典》没有明确规定是抵押权消灭，仅仅规定是不受保护，就应当认定为抵押权还是存在的，犹如诉讼时效届满后的债权一样。如果债权人的债权诉讼时效届满不受法律保护，抵押权在主债权诉讼时效期间也未行使，此时抵押人要求抵押权人协助解除抵押物上存在的抵押权，抵押权人当然有权拒绝，因为其抵押权还确实合法地存在；而抵押权所担保的主债权已经因诉讼时效的届满不受法律保护了。此时就产生了债务人获得了诉讼时效利益，但是抵押人（或者同时也是债务人）的财产特别是不动产上却永久背上负担的现象。抵押人要解除抵押财产上的负担就需要放弃时效利益；要享有时效利益就要永久使特定财产上背负负担，笔者将此概括为诉讼时效利益僵局。笔者认为，诉讼时效利益僵局，是指在有抵押担保的合同债权中，主债务诉讼时效期间届满，义务人依法对权利人主张诉讼时效届满的抗辩权，而债权人以自己对义务人财产上享有的抵押权并没有丧失实体权利为由拒绝为义务人解除抵押物上的负担，义务人的时效抗辩权与权利人的抵押权同时存在且双方互不让步，最终导致债务人一项财产权利产生、一项财产权利受限的窘境。①

　　由于法律中对此僵局的破解无规则可循，使得债务人陷入时效利益僵局的情况经常出现。即使依据最高人民法院《关于适用〈中华人民共和国民法典〉有关担保制度的解释》（法释〔2020〕28号）第44条第1款的规定，"主债权诉讼时效期间届满后，抵押权人主张行使抵押权的，人民法院不予支持；抵押人以主债权诉讼时效期间届满为由，主张不承担担保责任的，人民法院应予支持。主债权诉讼时效期间届满前，债权人仅对债务人

---

① 笔者认为只有在抵押担保下才会有僵局的出现，因为法律规定抵押权有行使的期间，而质权、留置权没有权利人行使权利的期间限制。

提起诉讼，经人民法院判决或者调解后未在民事诉讼法规定的申请执行时效期间内对债务人申请强制执行，其向抵押人主张行使抵押权的，人民法院不予支持"。也无法解决僵局问题。因为其与《民法典》第419条的规定一样，只是强调当主债权诉讼时效一旦届满，抵押权也将归于非强制力保护的范畴，而没有明确抵押权是否消灭。基于物权法定原则及诉讼时效届满后的法律效果，笔者认为抵押权还是存在，只是不受法律的强制性保护而已。所以不管是适用《民法典》还是适用相关的司法解释，均不能解决时效利益僵局问题。

由于时效利益僵局的存在，可能使债权人所得的时效利益流于形式，或者造成抵押权人的抵押财产无法物尽其用，最终导致资源浪费。所以说，对时效利益陷入僵局时的利益归属问题作出具体规定十分必要。

解决时效利益僵局的要点在于如何解除抵押物上的抵押权，特别是在不动产上存在的已登记的抵押权。笔者认为有多种方案可供选择：一是明确有物权担保的债权不适用诉讼时效制度。在有物权担保的情况下，义务人基于其所拥有的担保物权，比那些没有财产担保的权利人更加自信，他们相信自己的权利可以得到保障。债权人要求债务人提供担保本身就表明了债权人对自己债权的重视程度。二是不设定抵押权的存续及行使期间。抵押权只要是依法存在并且可以行使的情况下，不因期限问题产生实现的障碍，但是要赋予抵押人催告的权利以及明确催告的效果。三是明确规定抵押权存续期间的除斥期间性质，除斥期间届满抵押权消灭。

笔者认为上述三种不同方案中第三种方案更优。第一种方案虽然考虑到了权利人对权利的重视，但是容易鼓励担保产生，降低契约关系中当事人的道德信赖，甚至不利于契约关系的建立；第二种方案加重了抵押人的义务，更容易鼓励抵押权人消极对待抵押权使抵押人处于不利地位；而第三种方案直接导致抵押权消灭，表面看对于债权人而言不甚公平，但这是其不重视自己权利的结果，是过错与责任一致的体现，更能督促其及时行使权利，从而充分发挥物的效用。

图书在版编目(CIP)数据

民法典总则编重大疑难问题专题研究 / 米新丽等著
. — 北京：中国法制出版社，2023.7
ISBN 978-7-5216-3208-8

Ⅰ.①民…　Ⅱ.①米…　Ⅲ.①民法－总则－研究－中
国　Ⅳ.①D923.14

中国版本图书馆CIP数据核字（2022）第237285号

责任编辑：孙　静　　　　　　　　　　　　　　　　封面设计：周黎明

民法典总则编重大疑难问题专题研究
MINFADIAN ZONGZEBIAN ZHONGDA YINAN WENTI ZHUANTI YANJIU
著者 / 米新丽等
经销 / 新华书店
印刷 / 北京虎彩文化传播有限公司
开本 / 730毫米 × 1030毫米　16开　　　　　　　　印张 / 18.25　字数 / 269千
版次 / 2023年7月第1版　　　　　　　　　　　　　2023年7月第1次印刷

中国法制出版社出版
书号ISBN 978-7-5216-3208-8　　　　　　　　　　　　　　　　定价：68.00元

北京市西城区西便门西里甲16号西便门办公区
邮政编码：100053　　　　　　　　　　　　　　　　传真：010-63141600
网址 http://www.zgfzs.com　　　　　　　　　　　　编辑部电话：010-63141787
市场营销部电话：010-63141612　　　　　　　　　印务部电话：010-63141606
（如有印装质量问题，请与本社印务部联系。）